普通高等院校经济管理类"十三五"应用型规划教材
【经济管理类专业基础课系列】

计量经济学基础
BASIS OF ECONOMETRICS

主编 付宏 尹康
参编 刘亚飞 刘习平 宋来胜 黄璨

机械工业出版社
CHINA MACHINE PRESS

图书在版编目（CIP）数据

计量经济学基础 / 付宏，尹康主编 . —北京：机械工业出版社，2016.8（2024.1 重印）
（普通高等院校经济管理类"十三五"应用型规划教材·经济管理类专业基础课系列）
ISBN 978-7-111-54494-4

I. 计… II. ①付… ②尹… III. 计量经济学 – 高等学校 – 教材 IV. F224.0

中国版本图书馆 CIP 数据核字（2016）第 182514 号

本书作为计量经济学的入门教材，从经管类专业本科教学的实际出发，强调方法应用，注重计量案例讲解。全书共 9 章，包括统计基础知识回顾、经典回归模型、违背经典假设情形的建模、模型的诊断以及两个计量专题——离散数据和面板数据的建模。书中各章都穿插了相应例子，并给出了 EViews 软件的操作结果，便于读者对理论模型的理解与掌握。

本书侧重计量经济学基础知识介绍，适合作为面向本科生的计量经济学课堂教材使用，也特别适合作为经管类专业学生自学计量经济学的参考书。

出版发行：机械工业出版社（北京市西城区百万庄大街 22 号　邮政编码：100037）
责任编辑：董凤凤　　　　　　　　　　　　　责任校对：殷　虹
印　　刷：北京建宏印刷有限公司　　　　　　版　　次：2024 年 1 月第 1 版第 5 次印刷
开　　本：185mm×260mm　1/16　　　　　　 印　　张：9.75
书　　号：ISBN 978-7-111-54494-4　　　　　　定　　价：25.00 元

客服电话：（010）88361066　68326294

版权所有·侵权必究
封底无防伪标均为盗版

Preface 前言

计量经济学是现代经济学的一个重要分支，是融经济学、统计学、数学和计算机科学于一体的综合、交叉性学科。它以经济理论和经济数据的事实为依据，以统计知识为基础，以数学模型为手段，以计算机软件为分析工具，是研究经济系统中各种经济变量之间的数量关系和规律的一门经济学科。它可以进行结构分析、经济预测、政策效果分析，是一门极具实用价值的经济学科。

作为从事了多年计量经济学教学工作的教师，我们先后尝试使用过多个版本的计量经济学教材，有国内专家编写的，也有国外引进改编的教材，这些教材都各有特色，但在教学活动中，我们也发现这类教材普遍存在一个问题，对于省属财经类高校的本科生而言，这些教材都显得理论色彩过于浓厚，诸多的数学公式使得学生望而生畏。所以，我们一直希望能编写一本属于我们"自己"的计量经济学教材。我们对本书的期待是：能给经管类专业的本科生提供计量经济学的入门指导，内容设置紧凑、合理，难度适宜，注重案例，强调操作。基于上述原则，我们制定了相应的教材编写大纲。

在本书的编写过程中，参考了《计量经济学基础》（古扎拉蒂著，中国人民大学出版社）、《计量经济学》（詹姆斯 H. 斯托克、马克 W. 沃森著，格致出版社）等多本中外教材，在此向有关作者表示衷心感谢。

本书编写工作分配如下：付宏副教授负责全书的统稿工作，尹康博士承担本书的第1、2、8章的编写工作，宋来胜博士承担第3章的编写工作，刘习平博士承担第4、5章的编写工作，黄璨博士承担第6章的编写工作，刘亚飞博士负责第7、9章的编写工作。

由于时间和水平的限制，书中的疏漏、错谬之处在所难免，恳请读者批评并提出宝贵意见。希望通过我们的共同努力，提高计量经济学的教学水平。

付宏　尹康

2015 年 4 月 16 日

教学建议 Suggestion

教学目的

本课程的教学目的是让学生理解和掌握计量经济学的基本原理与方法,重点掌握回归分析工具在经济实证研究中的应用,更进一步鼓励学生尝试对一些复杂类型的经济数据进行建模分析。

教学方式和教学手段

本科阶段的计量经济学教学一直是一个具有挑战性的难题。对理论介绍过多,容易让学生对课程性质产生质疑,以为是在上数学课;如果理论讲解过少、过浅,有些结论又难以解释清楚。因此建议在理论教学的基础上,辅助以案例教学,并配以软件操作演示,让教学过程以应用为导向,使学生通过对案例以及软件操作的理解,加深对计量理论的认识,从而达到较好的教学效果。

学时分配

教学内容	学习要点	学时安排
第1章 导论	1. 了解计量经济学的发展历史 2. 了解计量经济学的基本概念 3. 掌握计量经济学建模的一般步骤	2
第2章 统计基础知识回顾	1. 了解概率、随机变量和概率密度等基本概念 2. 了解多元随机变量中联合密度、边缘密度、条件密度等概念 3. 掌握期望、方差、协方差和相关系数的定义及其运算规则 4. 熟悉几类常见的统计分布 5. 掌握参数估计的基本思想及其构造方法 6. 掌握假设检验的基本思想及其检验的一般步骤	4
第3章 一元线性回归模型	1. 了解总体回归方程和样本回归方程 2. 掌握古典回归模型的假定 3. 掌握OLS的基本原理 4. 了解系数的估计误差和置信区间 5. 掌握回归模型统计显著性检验的意义和方法 6. 掌握回归模型参数估计和统计检验的EViews软件实现	6

(续)

教学内容	学习要点	学时安排
第4章 多元线性回归模型	1. 了解多元线性回归模型的基本形式 2. 掌握多元线性回归模型的设定、估计和模型检验 3. 了解多元线性回归模型的预测 4. 掌握运用多元线性回归模型解决现实的经济问题	4
第5章 线性回归模型的扩展	1. 了解线性回归模型的其他形式 2. 掌握过原点回归和标准化变量回归模型的特点 3. 掌握对数模型、倒数模型和多项式回归模型的线性转换以及模型的经济意义 4. 掌握虚拟解释变量回归模型中加法模型与乘法模型的应用方法	4
第6章 违背经典假设的模型	1. 了解违背经典假设的几种情况 2. 掌握多重共线性产生的原因、检验和判断方法以及补救措施 3. 掌握异方差产生的原因、如何检验以及修正的方法 4. 掌握自相关产生的原因、如何检验以及修正的方法	12
第7章 计量经济模型的设定与诊断	1. 了解模型选择的标准 2. 掌握模型拟合不足和过度拟合产生的后果 3. 掌握因变量和解释变量的测量误差对估计结果的影响 4. 了解嵌套模型和非嵌套模型的区别 5. 掌握对非嵌套模型进行选择的方法	4
第8章 定性响应回归模型	1. 了解定性响应模型的特征及其分类 2. 掌握线性概率模型的估计方法 3. 掌握 Logit 模型和 Probit 模型的估计方法 4. 了解三类定性响应模型的优劣	6
第9章 面板数据模型初步	1. 了解面板数据的定义 2. 了解混合 OLS 方法 3. 理解不可观测的异质性对混合 OLS 估计量的影响 4. 理解固定效应估计量和随机效应估计量 5. 理解如何通过 Hausman 检验在随机效应估计量和固定效应估计量之间进行选择	6
学时总计		48

目录 Contents

前言
教学建议

第1章 导论 /1
1.1 计量经济学发展历史 /1
1.2 什么是计量经济学 /2
1.3 计量经济学研究的一般步骤 /3
- 1.3.1 建立理论模型 /3
- 1.3.2 计量模型的设定 /3
- 1.3.3 数据的收集与整理 /4
- 1.3.4 模型的参数估计 /5
- 1.3.5 模型的检验 /5
- 1.3.6 模型的应用 /5
1.4 软件的使用 /6
本章小结 /6
练习题 /6

第2章 统计基础知识回顾 /7
2.1 随机变量与概率分布 /7
- 2.1.1 概率、样本空间和随机变量 /7
- 2.1.2 离散型随机变量的概率分布 /8
- 2.1.3 连续型随机变量的概率分布 /8
2.2 二维随机变量 /10
- 2.2.1 联合分布和边缘分布 /10
- 2.2.2 条件分布 /10
2.3 随机变量的数值特征：期望和方差 /10
- 2.3.1 期望 /11
- 2.3.2 方差 /11
- 2.3.3 协方差与相关系数 /11
- 2.3.4 独立性 /12
2.4 几类重要的概率分布 /12
- 2.4.1 正态分布 /12
- 2.4.2 卡方分布 /14
- 2.4.3 t 分布 /14
- 2.4.4 F 分布 /14
2.5 参数估计 /14
- 2.5.1 统计推断的基本思想 /14
- 2.5.2 参数估计量及其评价标准 /15
- 2.5.3 点估计的构造 /16
- 2.5.4 区间估计 /18
2.6 假设检验 /18
本章小结 /21
练习题 /21

第3章 一元线性回归模型 /23
3.1 回归分析的基本概念 /23
- 3.1.1 回归的基本含义 /23
- 3.1.2 回归与相关 /24
- 3.1.3 回归与因果 /24
- 3.1.4 总体回归方程 /24
- 3.1.5 随机扰动项的意义 /26
- 3.1.6 样本回归方程 /26
- 3.1.7 对"线性"的解释 /27
- 3.1.8 回归模型的基本假定 /28
3.2 一元线性回归模型的估计 /28

3.2.1 普通最小二乘法 /28
3.2.2 模型估计结果的评价 /29
3.2.3 参数估计量的统计性质 /31
3.2.4 参数的区间估计 /33
3.3 模型的检验 /33
3.3.1 回归系数的显著性检验 /33
3.3.2 回归方程的显著性检验 /34
3.4 预测 /35
3.4.1 点预测 /35
3.4.2 区间预测：均值预测 /35
3.4.3 区间预测：个值预测 /36
3.5 案例分析 /36
3.5.1 研究目的与要求 /36
3.5.2 模型设定 /36
3.5.3 估计参数 /37
3.5.4 模型检验 /39
3.5.5 回归预测 /40
本章小结 /41
练习题 /43

第4章 多元线性回归模型 /45

4.1 多元线性回归模型的设定 /45
4.1.1 多元线性回归模型 /45
4.1.2 多元线性回归模型的矩阵形式 /46
4.1.3 多元线性回归模型的基本假定 /46
4.2 多元线性回归模型的估计 /47
4.2.1 参数的普通最小二乘估计 /47
4.2.2 偏回归系数的含义 /48
4.2.3 参数最小二乘估计的最优性质 /49
4.2.4 随机扰动项方差的估计 /49
4.3 多元线性回归模型的检验 /50

4.3.1 拟合优度与调整拟合优度检验 /50
4.3.2 回归系数的显著性检验（t检验）/51
4.3.3 回归方程的显著性检验（F检验）/51
4.4 多元线性回归模型的预测 /52
4.4.1 均值预测 /52
4.4.2 个值预测 /53
4.5 案例分析 /53
4.5.1 研究的目的要求 /53
4.5.2 模型设定和数据 /53
4.5.3 参数估计 /54
4.5.4 模型检验 /55
本章小结 /56
练习题 /56

第5章 线性回归模型的扩展 /59

5.1 过原点回归 /59
5.2 标准化变量回归 /60
5.3 可线性化的非线性模型 /61
5.3.1 对数模型 /61
5.3.2 倒数模型 /62
5.3.3 多项式回归 /63
5.4 虚拟解释变量回归 /63
5.4.1 加法模型与方差分析 /64
5.4.2 乘法模型：交互效应与邹至庄检验 /66
5.5 案例分析 /67
本章小结 /68
练习题 /68

第6章 违背经典假设的模型 /70

6.1 多重共线性 /70

6.1.1 定义及特质 /70
6.1.2 对模型估计的影响 /72
6.1.3 多重共线性的检验 /74
6.1.4 补救措施 /75
6.1.5 案例分析 /80
6.2 异方差 /82
6.2.1 异方差的性质 /82
6.2.2 出现异方差对OLS估计的影响 /85
6.2.3 异方差的检验 /85
6.2.4 异方差补救措施 /87
6.2.5 案例分析 /90
6.3 自相关 /94
6.3.1 自相关的性质 /94
6.3.2 自相关对OLS估计的影响 /95
6.3.3 自相关的检验 /96
6.3.4 自相关的修正 /98
6.3.5 案例分析 /100
本章小结 /103
练习题 /104

第7章 计量经济模型的设定与诊断 /108

7.1 模型选择的标准 /108
7.2 模型误设 /109
7.2.1 不足拟合 /109
7.2.2 过度拟合 /110
7.3 测量误差 /111
7.3.1 因变量的测量误差 /111
7.3.2 自变量的测量误差 /112
7.4 嵌套与非嵌套模型 /114
7.4.1 基于信息准则的判别 /114
7.4.2 基于统计检验的判别 /115
本章小结 /115

练习题 /116

第8章 定性响应回归模型 /117

8.1 定性响应模型的性质 /117
8.2 线性概率模型 /118
8.2.1 随机扰动项 ε_i 的非正态分布 /119
8.2.2 干扰项的异方差 /119
8.2.3 不满足 $0 \leqslant E(Y_i|X_i) \leqslant 1$ 情形 /120
8.2.4 R^2 缺乏参考意义 /120
8.3 LPM以外的其他方法 /123
8.4 Logit模型 /124
8.4.1 Logit模型的估计：个体数据 /124
8.4.2 Logit模型的估计：分组数据 /126
8.5 Probit模型 /130
8.6 三类模型的比较 /131
本章小结 /132
练习题 /132

第9章 面板数据模型初步 /135

9.1 引入面板数据的背景 /135
9.1.1 什么是面板数据 /135
9.1.2 混合OLS /136
9.1.3 不可观测的异质性 /136
9.2 固定效应模型 /137
9.3 随机效应模型 /139
9.4 Hausman检验 /140
本章小结 /141
练习题 /141

附录A /143

参考文献 /148

Chapter 1

第 1 章

导　论

学习目标

1. 了解计量经济学的发展历史
2. 了解计量经济学的基本概念
3. 掌握计量经济学建模的一般步骤

计量经济学作为经济学专业的三大核心课程之一，几乎与宏观经济学同时出现在历史舞台上，其发展历时不足百年。20 世纪 30 年代，以挪威人弗里希为代表的一批经济学家，在面对电气化时代所出现的大批量经济观测数据时，深感有必要建立一套有力的分析工具，以便有效整理、分析在当时看来过于庞大的经济数据。从那时起计量经济学就以一个独立的分支开始出现在经济学的研究领域。经过近一个世纪的快速发展，计量经济学的工具箱已非百年前所能比，分析的方法更为精细，模型的种类更为丰富，所能处理的数据形式也更为复杂。尽管今天的计量经济学文献在面貌上与当初已有很大的区别，但是，其分析基础和研究目的则始终未变。不容置疑，计量经济学就是经济学的一个分支领域，它运用数理统计的某些方法对经济理论所假定的关系进行实证研究。

1.1　计量经济学发展历史

在学术界，一般认为"计量经济学"（econometrics）一词最早是由挪威人弗里希模仿生物计量学（binometrics）所提出的。在弗里希看来，如果经济理论在纯定性基础上"工作"，而不设法定量测度不同因素影响的重要性，是不可能得出和论证任何科学结论的。基于这种判断，通过以他为首的一批经济学家的大力倡导，世界计量经济学会（Econometric Society）于 1930 年 12 月 29 日成立，随后，在 1933 年，由该学会创办的学术刊物《计量经济学》（*Econometrica*）正式出版。这一系列事件标志着计量经济学作为一个独立的学科分支正式诞生了。正如萨缪尔森所说："第二次世界大战（以下简称二战）后的经济学是计量经济学的时代。"在二战结束后，计量经济学迎来了第一次发展高峰。分析工具不断推陈出新，已有的分析方法得到完善，新的分析工具不断被提出。受到宏观经济学中国民经济学运行体系的分析范式的启发，哈维尔莫（Haavelmo）、库普曼斯（Koopmans）以及克莱因（Klein）等人相继发表多篇关于联立方程的学术论文，把计量经济学的建模思路从单方程模型推进到多个方程（联立方程）模型，从而使研究者能更为系统地分析国民经济运行的内在规律。

在随后的半个多世纪中，由于众多计量经济学家的共同努力，计量经济学取得了进一步的发展。新问题、新数据、新方法的不断涌现，使得计量经济学在时间序列分析、离散数据建模以及面板数据建模等方面取得重大突破，很多新的建模方法改变了人们传统的以回归分析为基础的建模框架。发端于20世纪60年代，成熟于90年代的非参数计量经济学则以一种全新的思路去研究变量之间的关系。进入新世纪以后，随着互联网技术以及数据存储技术的快速发展，大数据逐渐成为大家研究的热点，如何快速有效地分析大数据背后所隐含的量化，势必将触发计量经济学新一轮的大发展。

在中国，计量经济学的发展虽然起步晚，但速度并不慢。1960年，中国科学院成立了一个经济数学研究组，开始尝试用量化方法研究经济活动规律，但研究范围主要集中于投入产出、生产优化等领域。"文革"中，此研究一度停滞，改革开放以后，社科院于1979年成立了中国数量经济学会，并创办了一份学术杂志《数量经济技术经济研究》，正式与国际主流的研究范式接轨。1980年，中国数量经济学会首次举办计量经济学讲习班，因上课地点在颐和园龙王庙，又被称为龙王庙讲习班，这可以说是中国计量经济学的一次启蒙式教育，主讲教师由七位来华的美国专家组成，他们分别是：克莱因、邹至庄、刘遵义、萧政、粟庆雄、安德森、安藤。之后的十多年，计量经济学在中国的发展虽然遭受少许挫折，但整体发展方向未变。随着对外交流日趋频繁，越来越多的中国学者开始进入计量经济学的国际舞台，如艾春荣、白聚山、陈小红等人陆续在国际顶尖的学术期刊发表关于计量经济学理论方法方面的开创性论文，陈小红更是成为大陆首位世界计量经济学会会员（econometric society fellow）。

作为一门课程，计量经济学已经在我国高等院校的经管类专业有20多年的开设历史，其重要性也逐渐为人们所认识。1998年，教育部明确规定计量经济学为经济类专业的8门核心课程之一，目前，计量经济学课程已经在高校广泛开设，整体的教学水平、研究水平相比以往有了显著提高，学生学计量、用计量的意识也日渐加强。

1.2 什么是计量经济学

计量经济学在最初引进国内时，很长一段时间被译为经济计量学，因此从字面上解读就是经济测量的意思。虽然开展计量经济学的研究首先就是要对经济指标进行测量，但计量经济学有着更广泛的内涵。古扎拉蒂在其编著的《计量经济学基础》一书中罗列了七条不同学者给计量经济学所下的定义，我们摘录其中一部分如下：

萨缪尔森认为，计量经济学可定义为实际经济现象的数量分析。这种分析基于理论与观测的并行发展，而理论与观测又通过适当的推断方法得以联系。

戈登博格（Goldenberg）认为，计量经济学可定义为这样的社会科学：它把经济理论、数学和统计推断作为工具，应用于经济现象的分析。

哈维尔莫认为，计量经济学的研究方法是，以统计推断的理论和技术作为桥头堡，以达到经济理论和实际测算相衔接的目的。

弗里希在《计量经济学》的创刊词中这样总结道："经验表明，统计学、经济理论和数学这三者对于真正了解现代经济生活的数量关系都是必要的，但本身并非是充分条件。只有这三者结合起来才能形成力量，这种结合便构成了计量经济学。"

综合前人的观点，我们不难发现，从本质上来说，计量经济学就是一门经济学课程，它不是统计学，更不是数学。尽管在模型参数估计领域大量借鉴了统计学的方法和工具，但是如果离开了问题的经济背景、方法本身的经济学解释、方法应用的经济对象，计量经济学的众多方法不过是一堆"神秘"的数学符号而已。

1.3 计量经济学研究的一般步骤

传统的计量经济学进行实证研究时一般遵循如下步骤：①建立理论模型；②计量模型的设定；③数据的收集与整理；④模型的参数估计；⑤模型的检验；⑥模型的应用。建立模型包括根据相关理论假说建立理论模型，并以此为基础建立计量模型；数据的收集与整理工作是实证研究的基础，数据质量直接决定实证研究结果的质量，这一环节的工作通常在统计类课程中会被重点讨论；计量经济学教科书则主要论述后面三个步骤：模型的参数估计、模型的检验以及模型的应用等问题。

1.3.1 建立理论模型

计量经济学的实证研究总是关注经济领域的某个方面，对所要研究的经济问题，根据相关的经济理论确定经济指标之间的数学关系，即理论模型。经典的经济学理论或者数理经济学为计量经济学的实证研究提供了许多参考。例如，若想研究居民的消费行为特征，有经典的凯恩斯绝对收入假说，也有弗里德曼的持久收入假说，哪一个更适用？这正是计量实证要回答的问题；若想研究某个行业的企业生产规模是否适应企业所处的发展阶段，可以借鉴柯布—道格拉斯生产函数，通过分析劳动和资本的边际生产率所处的区间进行判断；若想分析中央银行的货币政策是否导致一国的通货膨胀，宏观经济学有经典的货币需求理论为我们的分析提供指导，费雪的货币方程式 $MV=PY$，是这一领域的经典理论，类似的例子不胜枚举。在 CC 学派⊖的观点看来，一项有经济理论支撑的实证研究才是有现实意义的研究工作。

1.3.2 计量模型的设定

计量模型和经济理论模型或数理经济学的模型之间有联系，但也有区别。计量模型是

⊖ CC 学派，或称 CC 方法论。它源自 1932 年美国商人 A. 考尔斯（A. Cowles）出资成立的一个基金委员会（Cowles Committee），用于资助计量经济学的研究。在该委员会的资助下，形成计量经济学研究中最为主流的范式，他们以概率统计为基础，强调经济理论对模型的指导意义。在不严格意义下，也称其为 CC 学派。

在经济理论模型基础上的继承与发展，理论模型描述的是经济变量之间的抽象联系，不涉及具体经济个体的行为差异，而且理论模型中的很多经济变量也是抽象的，在建立计量模型时，这些都需要具体化。在宏观经济学的教科书中，我们根据凯恩斯的理论给出了一个大家都非常熟悉的消费函数：$C=\alpha+\beta Y$，C 表示消费，Y 表示收入。这样一个纯数学模型对计量经济学家的帮助是有限的，当我们考虑对中国的城镇居民进行消费支出调查时，首先要确定消费、收入具体应该用什么指标来合理度量。被调查者一年中全部的开支能当作消费吗，是否应该剔除一些投资性支出？对于收入，也许用可支配收入更为合适。指标的合理设定都是计量建模者需要仔细思考的问题。假定我们抽取了 100 个家庭，那么这 100 个家庭的消费行为除了受到收入的影响外，还有可能受到其他一些因素的影响，比如家庭结构、户主的受教育程度、文化背景等。因此，在实际样本分析过程中，收入和消费绝不存在确定的一一对应关系，在构建计量模型时，我们考虑引入随机扰动项 ε_i 来表示那些不在理论模型中但同时又有可能影响被解释变量的影响因素。同时，为了区分不同的个体，我们给变量添加下脚标以示区别。修改之后的模型如下：

$$C_i = \alpha + \beta Y_i + \varepsilon_i \tag{1-1}$$

在这个计量模型中，等号左边的变量 C_i 被称为被解释变量，也称因变量；α、β 被称为参数，Y_i 被称为解释变量，或称自变量。

1.3.3 数据的收集与整理

样本数据的收集与整理，是建立计量经济学模型过程中最具挑战性的工作，也是对模型质量影响至关重要的一环。很多初学者可能会认为计量经济学的理论方法对他们而言是最大的障碍，但是实际上一旦掌握理论方法便不再有任何难度。然而实际问题千变万化，所涉及的数据也各不相同，很多时候理论模型很完美，但就是找不到合适的数据，导致模型的估计无法顺利进行。对于有丰富实证经验的研究者而言，数据一定是他研究工作中可能遇到的最大障碍，正所谓"巧妇难为无米之炊！"

常规的获取数据的渠道主要有以下几种：政府机构的官方统计数据，如国家和省市地区的统计年鉴以及一些专业统计年鉴；研究机构的专业调查数据库，如中国健康与养老追踪调查 CHARLS 数据库、中国健康与营养调查 CHNS 数据库等；在金融领域，还有一些专业的数据库如 WIND、CSMAR、RESET、CCER 中国经济金融数据库等。当然，如果有经费支持，研究者也可自行针对所要研究的问题，开展问卷调查获取第一手数据资料。

收集所得的数据，按数据结构一般可以分为以下三类：时间序列数据、横截面数据和面板数据。时间序列数据是对同一个体某一指标持续一段时间的观测记录。如 GDP、CPI、失业率等指标的年度或季度数据，均为时间序列数据。横截面数据是对多个个体的某一指标在某一时刻的观测记录，如全班同学的身高或体重的数据。面板数据是对多个个体的某一指标持续一段时间的观测记录，如全国各个省市自治区过去 5 年的 GDP 统计数据。

数据的整理是保证数据质量很重要的一项工作。根据建模的需要，有时我们需要将一些名义变量的指标进行调整，使之变为实际变量。有些数据中的个别指标可能会出现数据缺失，这时还需要采用特定的技术将缺失数据补充完整。

1.3.4 模型的参数估计

有了观测数据之后，接下来就是估计模型中的参数。从技术上讲，模型的参数估计包括模型的识别和估计方法的选择两个方面，实际操作上则主要依赖于软件。在经典的计量经济学中，参数估计主要有两种方法：最小二乘法和极大似然估计，当然还有广义矩估计方法，但它的技术性细节远超出本书所设定的难度，因此不在讨论之列。在本书接下来的几章当中，将重点讨论最小二乘法以及它在某些特定场合下的拓展，后面我们也将在定性响应模型部分展示极大似然估计的应用。

1.3.5 模型的检验

在模型参数估计以后，我们初步得到一个"可见"的计量模型，这样的模型是不是现实中的一个较好的近似，还必须通过适当的规则来判断估计结果是否与理论预期一致。正如弗里德曼的观点，凡是不能通过经验证据来证实的理论或假设，都不能称为科学探索的一部分。对于一个计量模型而言，一般有三个层面的检验，即经济意义检验、统计学检验和计量经济学检验。

经济意义检验主要是检验模型的参数估计值是否有合理的经济意义，主要是考察参数估计值在符号、取值大小方面与预先的理论预期是否一致。有些模型中的参数，在理论上有确定的取值区间，如果估计结果超出这一区间，则无法对结果进行合理的解释，这种情形必须重新构建模型。例如前面讨论消费函数，系数 β 表示的边际消费倾向，其取值应在 0 到 1 之间。如果估计结果超出这一范围，显然不合理，这样的估计结果是不能作为最终报告的。

统计学检验是对模型的参数估计结果，依照统计推断的标准对模型的显著性进行检验，包括系数的显著性检验和方程的显著性。前者主要是判断从统计意义上看，解释变量是否对被解释变量存在影响，后者则是判断模型的方程结构设定是否合理。

在计量模型估计之前，通常会对模型的结构以及所使用的数据做出一些假设，以保证估计结果的合理性。计量经济学检验主要是判断所用数据是否满足模型所要求的一些基本假定。

1.3.6 模型的应用

当所估计的模型通过了一些检验之后，我们就可以用这个模型来进一步研究和分析相应的经济问题。首先我们可以对经济变量之间的关系做出度量，从模型的系数中发现经济变量的结构关系，给出政策评价的一些量化依据。进行经济预测是模型的另一个重要应用，可以说，在计量经济学的早期，预测是计量模型最为重要的应用，只是最近这些年，计量模型应用才开始变得多元化，如政策评价、结构分析等。但对实际工作者而言，预测还是他们所能想到最常用的建模功能。

1.4 软件的使用

对目前的计量经济学的学习，仅掌握一些理论工具是远远不够的。要想从事实际的建模工作，必须要掌握一款计量软件。由于计量经济学的分析方法很多都是源自统计学，因此很多统计软件也能处理计量模型。本书配套的软件是 EViews，当然类似如 SPSS、SAS、STATA 以及时下非常流行的 R 软件都能胜任计量经济学模型的参数估计工作。

相比其他数据处理软件而言，EViews 软件的功能相对集中，与计量经济学经典方法和模型匹配更好。在最新的版本中，EViews 软件能有效处理各种类型的数据，例如截面数据、时间序列数据和面板数据，都有与之对应的功能模块。可以说，EViews 软件是一款小而精的计量分析软件，对于它，初学者能快速上手。对于处理复杂数据的研究人员而言，它也能胜任绝大部分工作。当然，对于一些从事理论方法创新的研究者而言，也许 R 软件更适合。

本章小结

1. 计量经济学的出现已有近百年的历史，在中国也经历了 30 多年的发展，无论在理论方面还是在实践应用方面都取得了丰硕的成果。

2. 不同的学者对计量经济学的定义表述可能不尽相同，但都在强调计量经济学作为一门经济学课程的学科属性。

3. 计量经济学作为一门强调学以致用的课程，在进行实证研究时有一套基本研究流程，包括建立模型、数据的收集与整理、模型的参数估计、模型的检验以及模型的应用。

4. 选择一款合适的计量软件是学好、用好计量经济学的关键。

练习题

1. 计量经济学在经济研究中的作用是什么？
2. 计量模型在对经济变量的数量关系进行探索的同时，能否说明变量之间是否存在因果关系？
3. 列举出几类常用的数据收集渠道。
4. 理论模型与计量模型的主要区别是什么？

Chapter 2

第 2 章

统计基础知识回顾

学习目标

1. 了解概率、随机变量和概率密度等基本概念
2. 了解多元随机变量中联合密度、边缘密度、条件密度等概念
3. 掌握期望、方差、协方差和相关系数的定义及其运算规则
4. 熟悉几类常见的统计分布
5. 掌握参数估计的基本思想及其构造方法
6. 掌握假设检验的基本思想及其检验的一般步骤

2.1 随机变量与概率分布

2.1.1 概率、样本空间和随机变量

1. 概率和结果

当你登上一辆公交车的时候里面已有的乘客人数、期末考试的成绩、某个交易日上证综指的收盘点数、今天上午你接到的电话次数等这些事件的结果都含有偶然性或随机性因素。在这些例子中你都不知道最后的结果是什么。一个更为严谨的表述是，一个随机试验可能发生的互斥的后果被称为**结果**。如上午接到电话的次数可能只有一次，也可能有五次，又或者一次都没有，这些结果显然是互斥的，即只有一种后果会发生，当然，每一种结果发生的可能性不尽相同。

结果出现的概率反映的是在长期观测过程中，特定结果出现的比例。这是对概率一个不严谨但是比较直观的认识。如果去营业厅打印你过去一个月的通话记录，30 天中有 8 天的上午一个电话都没接到，那么你可以认为，在某天上午你一个电话也没有接到的概率是 4/15。

2. 样本空间和事件

所有可能结果的集合被称为**样本空间**，而**事件**则指样本空间中的子集，即事件是一个

或多个结果的集合。事件——"今天上午接到的电话不超过 2 个"是包含没有接到电话、接到一个和接到两个电话的集合。

3. 随机变量

随机变量是随机试验发生结果的观测记录,这种观测记录可以是一些离散数值,也可以是连续区间上的数值。如果随机变量取值是离散数值,如上午接听电话的次数,只能是 0,1,2,…,则这类随机变量被定义为离散型随机变量。而像上证综指的收盘点数可能会在某一区间上取任意值,因此可视作连续型随机变量。

2.1.2 离散型随机变量的概率分布

1. 概率分布

离散型随机变量的概率分布为变量的所有可能取值及其对应发生概率的列表,且所有的概率相加之和为 1。例如 X 表示上午接听电话的次数,合理的取值范围是所有非负整数。记 X 所有可能的取值为 k ($k=0,1,2,…$),则 X 取各个可能值的概率表示如下:

$$P(X=k) = p x \tag{2-1}$$

由概率的定义可知,P_k 应满足下面两个条件:

$$P_k \geqslant 0, k = 0,1,2\cdots \tag{2-2}$$

$$\sum_{k=0}^{+\infty} P_k = 1 \tag{2-3}$$

式(2-1)通常被称为离散型随机变量 X 的概率分布或分布率。

2. 贝努利分布

结果取 0 或 1 的二值随机变量是一类很常见的离散随机变量,称为**贝努利随机变量**(Bernoulli random variable),其对应的概率分布则称为**贝努利分布**。例如 X 表示在人群中随意找出一个人的性别,若 $X=0$ 表示女性,$X=1$ 表示男性,则 X 的概率分布可表示为:

$$X = \begin{cases} 1, & \text{概率为 } p \\ 0, & \text{概率为 } 1-p \end{cases} \tag{2-4}$$

式中,p 表示此人为男性的概率。式(2-4)表示的概率分布就是贝努利分布。

2.1.3 连续型随机变量的概率分布

1. 累积分布函数

连续型随机变量的累积分布函数为该随机变量小于或等于某个特定值的概率。对于任意实数 x,随机变量 X 的分布函数 $F(x)$ 可定义为:

$$F(x) = P(X \leqslant x)$$

分布函数 $F(x)$ 具有以下性质:

1. $F(-\infty) = 0$,$F(\infty) = 1$

2. $F(x)$ 是一个单调非减函数,即如果 $x_1 < x_2$,$F(x_1) \leqslant F(x_2)$

3. $P(X > x) = 1 - F(x)$
4. $P(x_1 < X \leqslant x_2) = F(x_2) - F(x_1)$

图 2-1 是一个标准正态分布的累积分布函数图。

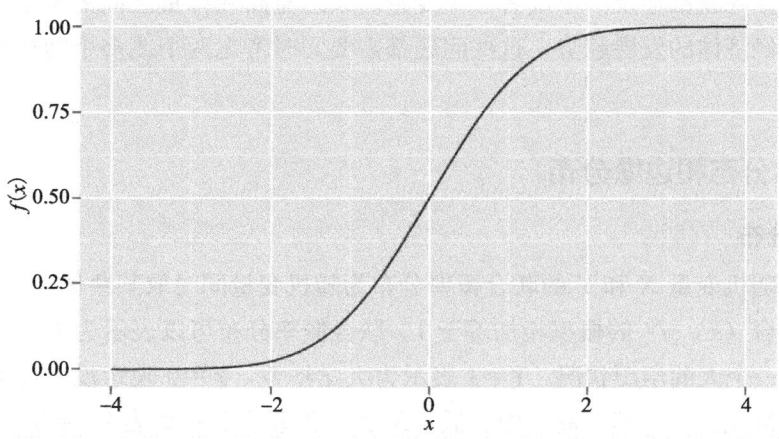

图 2-1　标准正态分布的累积分布函数图

2. 概率密度函数

若存在非负函数 $f(x)$，使得对于任意实数 x，有

$$F(x) = P(X \leqslant x) = \int_{-\infty}^{x} f(x) \mathrm{d}x \tag{2-5}$$

则称 $f(x)$ 为随机变量 X 的概率密度函数。$f(x)$ 通常具有以下性质：

1. $f(x) \geqslant 0$
2. $\int_{-\infty}^{+\infty} f(x) \mathrm{d}x = 1$
3. $P(x_1 < X \leqslant x_2) = \int_{x_1}^{x_2} f(x) \mathrm{d}x$

标准正态分布的概率密度函数如图 2-2 所示：

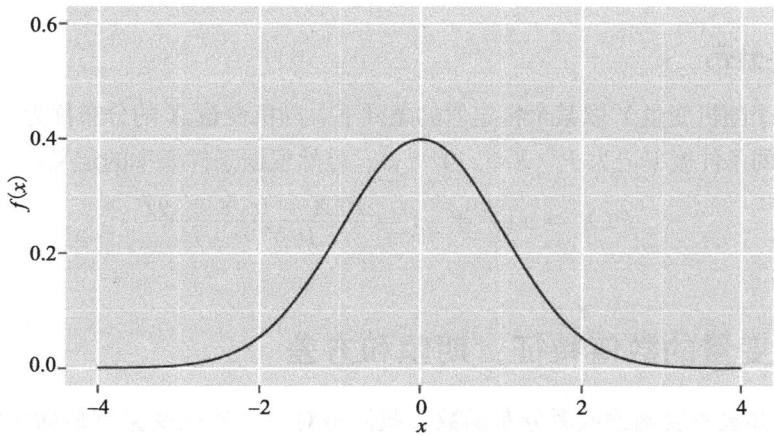

图 2-2　标准正态分布的概率密度分布图

2.2 二维随机变量

现实中很多问题都涉及两个或者多个变量。人的身高和体重之间的关系，原油价格的变动与各主要经济体的发展趋势，这些问题都需要同时考虑两个或多个随机变量的联合分布特征。

2.2.1 联合分布和边缘分布

1. 联合分布

两个离散随机变量 X 和 Y 的联合概率分布为随机变量同时取某些值如 x 和 y 的概率。所有可能的组合 (x, y) 的概率相加等于 1。联合概率分布可以表示为 $P(X=x, Y=y)$。例如，Y 表示一个人的学历状况，$Y=1$ 表示为大学毕业，$Y=0$ 表示没有读大学；X 表示其收入水平，简化分为三档：高、中、低。X 和 Y 的联合分布如表 2-1 所示。

表 2-1 二元随机变量的联合分布

		X		
		高	中	低
Y	1	1/3	1/8	0
	0	1/6	1/8	1/4

2. 边缘概率分布

随机变量 X 的边缘概率分布是 Y 的概率分布的另一种表述。这主要用来区分单个随机变量的概率分布与另一个随机变量的联合分布。由 X 和 Y 的联合分布可计算出 X 的边缘分布，即为 X 和 Y 的所有可能结果中 X 取某一特定值的所有概率之和。当 (X, Y) 的联合分布已知时，X 的边缘概率定义式为：

$$P(X=x) = \sum_{i=1}^{n} P(X=x, Y=y_i) \tag{2-6}$$

2.2.2 条件分布

给定另一个随机变量 Y 取某个特定值的条件下，随机变量 X 的分布称为 X 的条件分布，当 $Y=y$ 时 X 的条件概率记为 $P(X=x|Y=y)$。显然根据条件概率的定义，有下面的等式：

$$P(X=x|Y=y) = \frac{P(X=x, Y=y)}{P(Y=y)} \tag{2-7}$$

2.3 随机变量的数值特征：期望和方差

如果我们知道密度函数或者分布函数，我们将对一个随机变量有最彻底的了解。但在很多时候我们可能没有这么幸运，如果能知道随机变量的某些数值特征，例如期望或者方差,这也是一个不错的选择。期望能告诉我们随机变量取值的平均水平,方差则可以告诉我们其取值的分散程度。

2.3.1 期望

随机变量 X 的期望,通常记为 $E(X)$,是随机变量在多次重复试验中取值的平均水平,$E(\cdot)$ 为期望算子。离散型随机变量的期望等于随机变量可能取值的加权平均,其中权重为对应结果出现的概率。假如你在银行购买了某款理财产品,银行承诺的年回报率为 12%,但是有 1% 的可能银行到期无法兑现承诺,即到时你将无法收回本金。如果你购买了 10 000 元的理财产品,其年终返款额记为 X,则 X 有 0.99 的概率取 11 200,有 0.01 的概率取 0。因此,平均而言,你的返款额为:

$$E(X) = 0.99 \times 11\,200 + 0.01 \times 0 = 11\,088$$

更为一般的情形是,X 有 n 种可能的取值,分别为 $X_1, \cdots, X_n$ 对应的概率为 $p_1, \cdots, p_n$。X 的期望可表示为

$$E(X) = X_1 p_1 + \cdots + X_n p_n = \sum_{i=1}^{n} X_i p_i \tag{2-8}$$

类似地,对于连续型随机变量,其期望的计算公式为:

$$E(X) = \int_{-\infty}^{+\infty} x f(x) \mathrm{d}x \tag{2-9}$$

2.3.2 方差

方差和标准差用于度量随机变量取值的分散程度。随机变量的方差通常记为 $D(X)$,是 X 距离其期望偏差平方的期望,即 $D(X) = E(X - E(X))^2$。由于方差的量纲是原始数据的平方,因此在实际使用中不太方便解释。因此,在实际应用中常用标准差(standard deviation),记为 σ_X,其中 $\sigma_X = \sqrt{D(X)}$。随机变量方差的一般定义式如下:

$$D(X) = \sum_{i=1}^{n} p_i (x_i - E(X))^2 \tag{2-10}$$

贝努利分布的期望和方差

假定随机变量 X 服从贝努利分布 $B(1, p)$,则 $E(X) = 1 \times p + 0 \times (1-p) = p$,$D(X) = p \times (1-p)^2 + (1-p) \times (0-p)^2 = p(1-p)$。

2.3.3 协方差与相关系数

协方差的引入,最初是为了刻画两个随机变量之间的关联程度。借助期望运算,我们可以将 X 和 Y 的协方差定义为 X、Y 与各自均值离差乘积的期望:

$$\mathrm{Cov}(X, Y) = E[(X - E(X))(Y - E(Y))] \tag{2-11}$$

协方差是 X 和 Y 之间线性相关关系的一个度量,如果两个变量变化是同方向的,则协方差为正;如果两个随机变量之间反向变动,则协方差为负。相比协方差的符号而言,其取

值的大小不利于实际判断,由于受到量纲的影响,不同组的随机变量之间的协方差大小无法正确反映其关联程度之间的差异。为此,我们引入相关系数来避免这一缺陷。随机变量 X 和 Y 之间的相关系数记为 ρ_{XY},定义如下:

$$\rho_{XY} = \frac{\text{Cov}(X,Y)}{\sigma_X \sigma_Y} \tag{2-12}$$

σ_X 和 σ_Y 表示 X 和 Y 的标准差。从相关系数的定义式可以看出,相关系数是在协方差基础上经过了标准化变换,没有量纲,进一步可以证明相关系数的取值属于 $[-1,1]$。相关系数的绝对值越大,说明两个随机变量之间的联系越密切,如果相关系数为零,则说明两个随机变量不相关。但是,随机变量之间不相关,并不意味着它们独立!

2.3.4 独立性

若随机变量 X 和 Y 之间独立,则表明 X 结果发生的概率与 Y 结果发生的概率无关。例如扔两次骰子,第一次出现六点的概率与第二次出现六点的概率无关。对于独立性更为规范的表述是两个随机变量的联合密度等于边缘密度的乘积,即

$$P(X=x, Y=y) = P(X=x)P(Y=y) \tag{2-13}$$

这是两个随机变量独立的充分必要条件。对于独立与不相关,两者之间的关系是:独立意味着不相关,但不相关并不意味着独立。

期望和方差的一些性质

关于随机变量的期望和方差,有一些基本的运算性质,罗列如下
- $E(cX) = cE(X), D(cX) = c^2 D(X), D(X+c) = D(X)$,$c$ 为常数
- $E(X \pm Y) = E(X) \pm E(Y)$
- 若 X, Y 独立,则 $E(XY) = E(X)E(Y)$
- 若 X, Y 独立,则 $D(X \pm Y) = D(X) + D(Y)$
- $D(X \pm Y) = D(X) + D(Y) \pm 2\text{Cov}(X,Y)$
- $\text{Cov}(aX+b, cY+d) = ac\text{Cov}(X,Y)$,($a, b, c, d$ 为常数)

2.4 几类重要的概率分布

在计量经济学中,最常见的概率分布有四种,分别是正态分布、卡方分布、t 分布和 F 分布。

2.4.1 正态分布

服从正态分布的随机变量,其概率密度函数是一个对称的钟形曲线。对于任意正态分布,只需要知道它的期望和方差,就可以对其分布进行完整的描述。如果 X 服从正态分布,我们可以简记为 $X \sim N(\mu, \sigma^2)$,μ 表示 X 的期望,σ^2 表示 X 的方差。X 的概率密度函数可以表示如下:

$$f(x) = \frac{1}{\sqrt{2\pi}\sigma}\exp\left\{-\frac{(x-\mu)^2}{2\sigma^2}\right\} \tag{2-14}$$

当 $\mu=0$，$\sigma^2=1$ 时，X 即服从标准正态分布，记为 $N(0,1)$。用 $\Phi(x)$ 表示标准正态分布的累积分布函数，在许多概率论或数理统计的教科书附录中，均有标准正态分布的函数值列表。对于一般的正态分布，可以通过中心化和标准化，将其转化成标准正态分布然后再进行查表。

1. 标准正态分布

对任意服从正态分布的随机变量 X，对其中心化和标准化后，变换后的随机变量，记为 Z，服从标准正态分布。

$$Z = \frac{X-\mu}{\sigma} \tag{2-15}$$

其密度函数为：

$$f(z) = \frac{1}{\sqrt{2\pi}}\exp\left\{-\frac{Z^2}{2}\right\} \tag{2-16}$$

记住下面两个等式，对于我们应用正态分布做统计推断很有帮助。

$$P\left(\left|\frac{X-\mu}{\sigma}\right|<1.96\right)=0.95 \tag{2-17}$$

$$P\left(\left|\frac{X-\mu}{\sigma}\right|<2.57\right)=0.99 \tag{2-18}$$

上述两个公式表明，正态随机变量的观测值落在距其期望 2 倍标准差范围内的概率约为 0.95，落在 2.5 倍标准差内的概率约为 0.99。反之，观测值落在 2 倍（或 2.5 倍）标准差之外的概率约为 0.05（或 0.01）。

正态分布是概率统计中最为重要也最为常见的一类分布。在现实世界中，如果某个变量受到众多细微、杂乱无章的因素综合影响时，其结果将呈现正态分布的特征。正态分布有着许多其他分布所不具有的优良性质，在统计推断中应用非常方便。如多个正态分布的线性组合一般也服从正态分布，服从正态分布的两个随机变量，如果不相关则意味着它们独立。另外，众多中心极限定理的结论也表明了正态分布在统计推断中的中心地位。

2. 多元正态分布

正态分布可以从一元推广到多元正态分布。考虑两个随机变量的联合分布，对于随机变量 X、Y，若联合密度函数如下：

$$f(x,y)=\frac{1}{\sqrt{2\pi(1-\rho^2)}\sigma_X\sigma_Y}\exp\left\{-\frac{1}{2(1-\rho^2)}\left[\frac{(x-\mu_x)^2}{\sigma_X^2}-2\rho\frac{(x-\mu_x)(y-\mu_y)}{\sigma_X\sigma_Y}+\frac{(y-\mu_y)^2}{\sigma_Y^2}\right]\right\} \tag{2-19}$$

对于二元正态分布，有一些很特殊的性质（这些性质也能扩展到多元正态分布的情形）：①X 和 Y 的边缘分布都为正态分布；②X 和 Y 的线性组合也为正态分布；③给定 X 的取值时，Y 的条件期望是 X 的线性函数，即 $E(Y|X=x)=a+bx$。

2.4.2 卡方分布

卡方分布一般用字母 χ 表示，卡方分布中仅有一个参数，为分布的自由度。若 X 服从自由度为 n 的卡方分布，可记为：$X \sim \chi^2(n)$。自由度为 n 的卡方分布，可以由 n 个相互独立的标准正态分布的平方和构造。若存在一组相互独立的随机变量 $X_1, \cdots, X_n$ 均服从 $N(0,1)$，则 $Y = \sum_{i=1}^{n} X_i^2 \sim \chi^2(n)$。卡方分布具有独立可加性，若 $Y_1 \sim \chi^2(n_1)$，$Y_2 \sim \chi^2(n_2)$，Y_1 和 Y_2 相互独立，则 $Y_1 + Y_2 \sim \chi^2(n_1 + n_2)$。

2.4.3 t 分布

在样本数量较少时，如果要对方差未知的总体做均值检验，需要涉及 t 分布。这个分布最早由戈塞特（Gosset）发现，他以"student"的笔名发表以后，t 分布也被称为学生氏分布。自由度为 n 的 t 分布可以构造如下：假定一个服从标准正态分布的随机变量 X 和一个服从自由度为 n 的卡方分布的随机变量 Y，X 和 Y 相互独立，则

$$t = \frac{X}{\sqrt{Y/n}} \sim t(n) \tag{2-20}$$

关于 t 分布，有一些最基本的结论：
- t 分布关于纵轴对称，当自由度 $n \to \infty$，t 分布逼近标准正态分布。
- t 分布期望为零，方差为 $n/(n-2)$。

2.4.4 F 分布

F 分布是由两个相互独立的卡方分布通过代数变化得到的，因此 F 分布有两个自由度。假定 $X \sim \chi^2(n)$，$Y \sim \chi^2(m)$，则 F 分布定义如下：

$$F = \frac{X/n}{Y/m} \sim F(n, m) \tag{2-21}$$

关于 F 分布，有一些基本的结论：
- F 分布的取值在 $[0, +\infty]$，当自由度 n 和 m 都趋于无穷大时，F 分布趋于正态分布。
- $F(n, m) = \dfrac{1}{F(m, n)}$。
- 如果分母自由度相当大，即 $m \to +\infty$，有 $nF \xrightarrow{asy\ominus} \chi^2(n)$。

2.5 参数估计

2.5.1 统计推断的基本思想

计量经济学中模型的估计与检验方法来源于数理统计中的"统计推断"，统计推断包

⊖ 此处 asy 是 asymptotic 的简写，表示渐进服从某一分布。

含参数估计和假设检验两部分,其背后所蕴含的思想不仅适用于统计学以及与之有关的学科,甚至也能用于其他社会科学领域。当我们考虑对某一问题展开研究时,我们所面对的研究对象可能简单也可能复杂。如果研究对象较为简单,一般不需要专业的工具和研究方法,往往只是简单地罗列或描述就能把研究对象中所包含的信息提炼出来。但是当我们面对的研究对象比较复杂时,比如研究对象中包含的元素较多,这时可能就需要专业的统计方法才能有效地开展工作。我们把所要研究的对象称为"总体",里面每个元素称为"个体"。当个体的数量很多甚至是无限个时,逐一调查将变得缺乏效率或者不可行。在这种情形下,我们考虑从总体中随机抽取出一些样本,然后通过分析样本所具有的特征进而来推断总体可能具有的特征,这就是统计推断最核心的思想。样本来自总体,必然带有总体的部分信息,但又不是总体的全部,因此,统计推断是特定可信度下的一种判断,这种判断降低了前期调查成本,提高了研究效率,但也存在对总体特征误判的风险。

总体而言,最常用的描述指标就是期望 μ 和方差 σ^2。当我们从中随机抽取一组样本之后,我们可以计算样本的均值 $\overline{X} = \frac{1}{n}\sum_{i=1}^{n} X_i$ 和样本方差 $S^2 = \frac{1}{n-1}\sum_{i=1}^{n}(X_i - \overline{X})^2$,以此作为总体期望和方差的一个推断。这种推断不是唯一的,只不过在特定的评价标准体系下,这两个估计量最好!

2.5.2 参数估计量及其评价标准

用 $\overline{X}$ 作为 μ_X 的估计,是我们很熟悉的一种方式,但这并不是 μ_X 唯一的估计量。我们可以选择类似 $\widetilde{X} = (X_1 + X_2)/2$ 去估计 μ_X。$\overline{X}$ 和 $\widetilde{X}$ 是关于样本数据的函数,都可以用来估计 μ_X。对于不同的抽样结果,这两个函数有不同的值,因此它们都有各自的抽样分布。事实上,$\overline{X}$ 和 $\widetilde{X}$ 只是 μ_X 众多估计量中的两个特例。

定义(统计量) 对于总体 X,若已知 $X \sim f(x, \theta)$,其中 θ 为未知参数。从总体中随机抽出一组样本 $(X_1, X_2, \cdots, X_n)$,若 $T = f(X_1, X_2, \cdots, X_n)$ 是一个关于样本观测且不含未知参数的函数,则称 T 为统计量。

事实上,对于总体 X 中的未知参数 θ,任何一个关于 X 抽样结果的统计量都可以作为其估计量。因此,理论上对于 θ 的估计量有无数个,哪一个估计量更好?这需要确定一套标准。通常我们认为一个好的估计量应该具有这样三个特征:无偏性、有效性和一致性。

1. 无偏性

当我们利用重复抽样结果多次计算估计量的值时,我们希望估计量的值在真实值周围均匀出现。假如 $\hat{\theta}^{(i)}$ 表示利用第 i 次抽样结果所给出的估计量的值,那么当抽样次数 n 趋于 ∞ 时,应该有 $\frac{1}{n}\sum_{i=1}^{n} \hat{\theta}^{(i)} \to \theta$。理论上,参数估计的无偏性等价于 $E(\hat{\theta}) = \theta$。

2. 有效性

估计量的有效性是在无偏性的基础上再次做出的评判,对于一个有偏误的估计量,我们不能讨论其有效性。假如有两个无偏估计量 $\hat{\theta}$ 和 $\tilde{\theta}$，如果 $\hat{\theta}$ 抽样分布的方差比 $\tilde{\theta}$ 的小，显然应该选择 $\hat{\theta}$ 作为 θ 的估计量。在统计上，我们称 $\hat{\theta}$ 比 $\tilde{\theta}$ 更有效，即 $D(\hat{\theta}) \leqslant D(\tilde{\theta})$。

3. 一致性

一致性是估计量在大样本情形下的一个性质。通俗地讲，当样本容量较大时，由样本随机变化所引起的参数估计 $\hat{\theta}$ 的不确定性将变得很小，$\hat{\theta}$ 落入一个包含真实值 θ 的任意小区间的概率接近于1。规范的表述如下：对于任意 $c>0$，当 $n\to+\infty$ 时，
$$\lim P(|\hat{\theta}-\theta|<c)=1$$

2.5.3 点估计的构造

对于参数估计量的构造，最常见的方法有以下三种：最小二乘法、矩估计和极大似然估计。最小二乘法起源于对行星轨道观测的误差分析，最早是由数学大师高斯提出的，由于其操作简便，估计结果性质优良，现在已经成为回归分析中最为重要的参数估计方法，它通过求解残差平方和最小寻找最优参数估计结果。最小二乘法将在本书的第3章详细讨论，此处不展开讨论。

1. 矩估计

最先是由 K. 皮尔逊（K. Pearson）提出，利用类比的思想将样本矩作为总体矩的估计，然后给出参数的估计量。比较常用的是用样本的一阶原点矩估计总体的期望，用样本的二阶中心矩估计总体的方差。

例 2-1（正态分布） $X \sim N(\mu, \sigma^2)$，$\{X_i\}\ i=1,\cdots,n$ 为来自总体 X 的样本，求 μ 和 σ^2 的矩估计。

解： 显然

$$\text{一阶原点矩} \quad \mu=E(X)$$
$$\text{二阶中心距} \quad \sigma^2=E(X-E(X))^2$$

所以

$$\hat{\mu}=\frac{1}{n}\sum X_i$$
$$\hat{\sigma}^2=\frac{1}{n}\sum\left(X_i-\frac{1}{n}\sum X_i\right)^2$$

例 2-2（均匀分布） $X \sim U(a,b)$，$\{X_i\}\ i=1,\cdots,n$ 为来自总体 X 的样本，求 a 和 b 的矩估计。

解： 显然有 $E(X)=\frac{1}{2}(a+b)$，$D(X)=\frac{1}{12}(b-a)^2$

所以，

$$\frac{1}{2}(\hat{a}+\hat{b})=\overline{X}$$

$$\frac{1}{12}(\hat{b}-\hat{a})^2 = \frac{1}{n}\sum(X_i-\overline{X})^2$$

解得,

$$\hat{a} = \overline{X} - \sqrt{3\sum(X_i-\overline{X})^2}$$
$$\hat{b} = \overline{X} + \sqrt{3\sum(X_i-\overline{X})^2}$$

2. 极大似然估计

对参数的各种可能的取值情形,使得当前所观测的样本出现概率最大的参数估计,记为合意估计。假定总体 $X \sim Poisson(\lambda)$,λ 未知。现从中随机抽取 n 个样本,记为 $\{x_1,\cdots,x_n\}$。这组样本出现的联合概率密度函数为:

$$P(X_1=x_1,\cdots,X_n=x_n;\lambda) = \prod_{i=1}^{n} P(X_i=x_i;\lambda)$$
$$= \prod_{i=1}^{n} \frac{e^{-\lambda}\lambda^{x_i}}{x_i!}$$

这里的**联合概率密度函数**可以有两种理解:一是把参数视作已知,则 $P(X=x_1,\cdots,X=x_n;\lambda)$ 是观测样本 $\{x_1,\cdots,x_n\}$ 出现的概率;二是把它看成给定 $\{x_1,\cdots,x_n\}$ 时关于 λ 的一个函数。按照后一种理解,联合概率密度函数就变为似然函数,记为:

$$L(\lambda;x_1,\cdots,x_n) = P(X_1=x_1,\cdots,X_n=x_n;\lambda) \tag{2-22}$$

极大似然估计就是要找到一个使得似然函数最大化的 $\hat{\lambda}$,也就是要在 λ 的定义域内找到一个合理估计,这个估计值保证了所观测样本出现的概率是最大的。

例 2-3(泊松分布的参数估计) 延续前面提到的泊松分布的例子。

$$\Gamma = \log(L) = -n\lambda + \sum x_i \log(\lambda) - C$$

对上述表达式求极大值,可得 $\hat{\lambda} = \overline{x}$。

例 2-4(正态分布的参数估计) 正态分布总体 $X \sim N(\mu,\sigma^2)$,样本 $\{x_1,x_2,\cdots,x_n\}$。

似然函数

$$L(\mu,\sigma^2;x_1,\cdots,x_n) = (2\pi)^{-n/2}(\sigma^2)^{-n/2}\exp\left\{\frac{\sum(x_i-\mu)^2}{-2\sigma^2}\right\}$$

对数似然函数

$$\Gamma = -\frac{n}{2}\log(2\pi) - \frac{n}{2}\log(\sigma^2) - \frac{\sum(x_i-\mu)^2}{2\sigma^2}$$

求极值:

$$\frac{\partial \Gamma}{\partial \mu} = 0 \Rightarrow \hat{\mu} = \frac{1}{n}\sum x_i$$

$$\frac{\partial \Gamma}{\partial \sigma^2} = 0 \Rightarrow \hat{\sigma}^2 = \frac{1}{n}\sum(x_i-\overline{x})^2$$

2.5.4 区间估计

如果我们不是只想获得未知参数 θ 的单个估计值，而是想知道参数的一个"可信区间"，那么区间估计则可以实现这种愿望。更一般地，在区间估计中，对于给定置信水平 $1-\alpha$，我们构造两个估计量 $T_1(X_1,\cdots,X_N)$ 和 $T_2(X_1,\cdots,X_n)$，使得

$$P(T_1 \leqslant \theta \leqslant T_2) = 1-\alpha \tag{2-23}$$

对式（2-23）的解释，根据频率学派的观点，上述定义表示随机区 $[T_1,T_2]$ 以 $1-\alpha$ 的概率包含参数 θ，而不能说参数 θ 以 $1-\alpha$ 的概率落入区间 $[T_1,T_2]$，因为频率学派认为参数 θ 是非随机的。例如 $\alpha=0.05$，则 $1-\alpha=0.95$，对应的区间估计 $[T_1,T_2]$ 表示在 100 次重复抽样中，有 95 次由 $[T_1,T_2]$ 构造的置信区间会包含真实的参数 θ。由于 α 在统计推断中特指显著性水平，因此置信水平一般就用 $1-\alpha$ 表示。构造未知参数的区间估计一般遵循以下步骤：

- 寻找一个包含待估参数的枢轴量，并给出该枢轴量的分布。
- 基于枢轴量构造一个概率为 $1-\alpha$ 的事件。
- 通过该事件解出参数的区间估计。

例 2-5（方差已知时，正态总体期望的区间估计） $X \sim N(\mu,\sigma^2)$，$X_1,\cdots,X_n$ 为随机抽样，假设 σ^2 已知，求 μ 的 $1-\alpha$ 水平的置信区间。

解：

$$\overline{X} = \frac{1}{n}\sum X_i \sim N\left(\mu,\frac{\sigma^2}{n}\right) \Rightarrow \frac{\overline{X}-\mu}{\sigma/\sqrt{n}} \sim N(0,1)$$

$$P\left\{\left|\frac{\overline{X}-\mu}{\sigma/\sqrt{n}}\right| \leqslant U_{\alpha/2}\right\} = 1-\alpha$$

$U_{\alpha/2}$ 为标准正态分布的 $\alpha/2$ 的上分位数。所以在 $1-\alpha$ 的置信水平下，μ 的区间估计为：

$$\left[\overline{X}-U_{\alpha/2}\frac{\sigma}{\sqrt{n}}, \overline{X}+U_{\alpha/2}\frac{\sigma}{\sqrt{n}}\right]$$

2.6 假设检验

区间估计和假设检验是统计推断中的一对孪生问题。假定某未知总体 X 的概率密度为 $f(x;\theta)$，其中 θ 是未知参数，为了分析的简便性，假设参数是一维的。在抽取 n 个随机样本之后，我们可能会想，所抽取的样本真的来自某个特定的分布吗？比如 $f(x;\theta)$，$\hat{\theta}$ 是一个特定值。这就是我们在假设检验中最常见的问题。通常 $\theta=\theta^*$ 被称为原假设（null hypothesis），记为 H_0；相对于原假设的陈述 $\theta \neq \theta^*$ 被称为备择假设，记为 H_1。假设检验的实施依赖其背后两条基本的准则。

1. 小概率事件原理

从统计意义上看，小概率事件在一次试验中不应该发生。在计量经济学的检验场合，小概率的标准一般取 0.05，这一数值也称为显著性水平 α。

2. 概率意义上的反证法

逻辑意义上的反证法：假设 A 为真，则 $A \Rightarrow B$，若 B 违背既有公理，则可以认为原先假设 A 为真不成立；

概率意义上的反证法：假设 A 为真，则 $A \Rightarrow B$，若 B 为小概率事件，则可以认为原先假设 A 为真不成立。

由于假设检验所依赖的概率反证法，在实际判断中存在误判的可能，因为小概率并不是完全不会发生。这导致我们在实际检验时有可能犯两类错误：第一类是"弃真"错误，原假设 H_0 为真，但在实际抽样过程中，当小概率事件不幸发生时，在这种情况下，我们可能会拒绝原假设，认为 H_0 不为真。犯第一类错误的概率为 α；第二类错误是"纳伪"错误，原假设 H_0 为伪，但实际抽样的结果并没触发小概率事件发生，使得我们没有证据去拒绝原假设 H_0，犯第二类错误的概率一般记为 β。

	拒绝 H_0	不拒绝 H_0
H_0 为真	第一类错误	正确判断
H_0 为伪	正确判断	第二类错误

当然，我们希望犯两类错误的概率都尽可能的小，但在样本数量给定的情况下，这是不可能的。我们能做的是，把我们认为会带来危险后果的错误设定为第一类错误，因为第一类错误在假设检验中是可以控制的，如果你认为有必要，可以把 α 取为 0.01 甚至更小。例如在法律诉讼时，把一个无罪之人定位为有罪，后果可能很严重，特别是判决有可能实施死刑的时候更要谨慎。因此，通常我们做出这样的原假设：H_0 被告无罪。此时的两类错误分别是：第一类错误被告真的无罪被我们判为有罪，第二类错误是被告确实有罪，但我们证据不足，被告被免于起诉。如果大家的法律观念是"人生而无罪，除非你能证明他有罪"，那么上述原假设的设定就是合适的，因为你认为把一个无罪之人定为有罪后果更严重，这个错误的发生概率在我们的检验中被设定为 α，如果法官是一个相对保守的人，他完全可以把 α 取得很小。如果大家的法律观念是"宁可杀错，不可放过"，此时你更担心出现漏网之鱼，为了控制第一类错误，此时原假设的设定就要改为：H_0 被告有罪。

假设检验的基本步骤：

（1）根据所分析的问题，提出原假设和备择假设。

（2）选择合适的枢轴量 U，使得在原假设成立时能导出 U 的分布。

（3）根据 U 的分布构造小概率事件。

（4）根据抽样数据，判断小概率是否发生。

（5）下结论：若小概率事件发生，则拒绝原假设 H_0，接受备择假设 H_1，反之，不拒绝。

例 2-6（正态总体的均值检验） $X \sim N(\mu, 0.2^2)$，抽取 $X_1, \cdots, X_9$ 样本，其中 $\overline{X} = 12.35$，在 $\alpha = 0.05$ 的显著性水平下，检验 $\mu = 12$。

解： 原假设 $H_0: \mu = 12$，备择假设 $H_1: \mu \neq 12$

令
$$U = \frac{\overline{X} - \mu}{\sigma / \sqrt{n}} \sim N(0, 1)$$

故 $P\left\{\left|\dfrac{\overline{X} - \mu}{\sigma / \sqrt{n}}\right| > U_{\alpha/2}\right\} = \alpha$，所以 $\left\{\left|\dfrac{\overline{X} - \mu}{\sigma / \sqrt{n}}\right| > U_{\alpha/2}\right\}$ 即为小概率事件。若 H_0 成立，由例中数据可得，

$$\left|\frac{12.35 - 12}{0.2/3}\right| = 5.25 > U_{0.025} = 1.96$$

即小概率事件发生，因此拒绝原假设 H_0。

续上例：根据 U 在原假设成立时的分布，可以给出 μ 的一个 95% 的置信区间 $\overline{X} - 1.96 \dfrac{\sigma}{\sqrt{n}} \leq \mu \leq \overline{X} + 1.96 \dfrac{\sigma}{\sqrt{n}}$，这一区间也称**接受域**，若 μ^* 落在该区间，则不拒绝 H_0；接受域以外其他区域称为**拒绝域**。若 μ^* 落入拒绝域，则拒绝原假设 H_0。

p 值或伴随概率

p 值通常被定义为拒绝原假设时所看到的最低显著性水平。在现有的数据分析软件中，对于任何统计检验，都会给出在原假设成立时，检验统计量所对应的 p 值。在进行假设检验时，不用去查表找临界值，直接比较 p 值和 α 的大小。

例 2-7（p 值） 续上例，在 H_0 成立时，

$$|U| = \left|\frac{12.35 - 12}{0.2/3}\right| = 5.25$$

则

$$p = \int_{-\infty}^{-5.25} \frac{1}{\sqrt{2\pi}} e^{-\frac{x^2}{2}} dx + \int_{5.25}^{+\infty} \frac{1}{\sqrt{2\pi}} e^{-\frac{x^2}{2}} dx$$

p 值为图 2-3 中阴影部分的面积。给定显著性水平 α，其对应的临界值为 $-U_{\alpha/2}$ 和 $U_{\alpha/2}$，如图 2-3 所示。对于给定枢轴量 U，用 p 值判断与用临界值判断的关系：

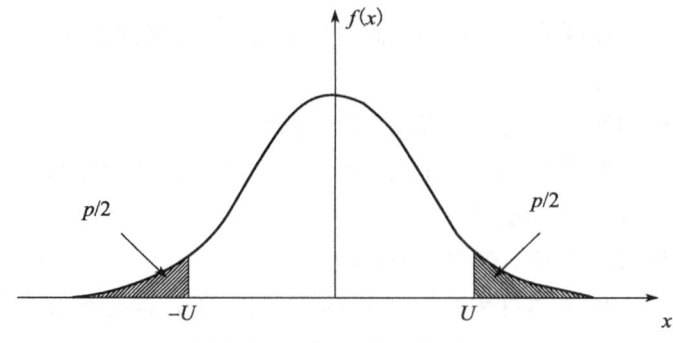

图 2-3 p 值与枢轴量的分布

$$p < \alpha \Rightarrow |U| > U_{\alpha/2} \Rightarrow 拒绝\ H_0$$
$$p > \alpha \Rightarrow |U| < U_{\alpha/2} \Rightarrow 不拒绝\ H_0$$

本章小结

1. 对随机变量的概念进行介绍，分别讨论了离散型随机变量和连续型随机变量的概率密度和分布函数。

2. 介绍二维随机变量的联合密度、边缘密度和条件密度。

3. 介绍随机变量的数值特征，包括期望、方差、协方差以及相关系数等指标，讨论了随机变量的独立性条件，整理出几条常用的期望和方差运算性质。

4. 在计量经济学中，正态分布、卡方分布、t 分布和 F 分布是最为常见的四类分布，其中正态分布最为重要。四类分布之间有着紧密的联系，相互独立的标准正态分布的平方和即为卡方分布，相互独立的标准正态分布与卡方分布经过代数变换可得到 t 分布，两个相互独立的卡方分布除以它们各自的自由度再相除又可得到 F 分布。

5. 统计推断的核心思想是利用随机抽样所得样本去推断总体特征。它包括参数估计和假设检验两部分。对参数估计又分为点估计和区间估计，评价一个点估计是否优良有三条标准：无偏、有效、一致。我们可以用矩估计和极大似然估计的方法去得到一个参数点估计量。区间估计是在给定置信水平下，找到一个最短置信区间，在实际应用中，通常选择对称置信区间。

6. 假设检验的核心思想是小概率事件原理和概率意义上的反证法。由于是概率反证法，因此假设检验的结论可能会犯两类错误：第一类错误称为弃真（概率为 α），第二类错误称为纳伪（概率为 β）。传统检验程序是根据小概率事件确定拒绝域和接受域，现在计量软件通常会报告检验统计量对应的 p 值，p 值小于显著性水平 α，则拒绝原假设，否则不拒绝。

练习题

1. 已知 $E(X)=8$，$D(X)=4$，求下列各式的期望及方差：
   (1) $Y=3X+2$
   (2) $Y=aX+b$，其中 a，b 为常数

2. 假定 X 的密度函数如下：
$$f(x) = \frac{x^2}{9} \quad 0 \leqslant x \leqslant 3$$
   求 X 的期望。

3. 如果随机变量 X 服从正态分布 $N(8, 16)$，求解：
   (1) $P(X>12)$
   (2) $P(10<X<20)$

4. 如果 $X \sim N(10, 3)$，$Y \sim N(15, 8)$，且 X 和 Y 相互独立，求下列各式的概率分布：
   (1) $X+Y$
   (2) $X-Y$

5. 有 8 位测量师分别对一枚黄金戒指进行测量，测量结果如下（单位：克）：
    $$5.002, 5.003, 4.998, 5.007, 5.001, 4.995, 4.990, 4.993$$
    求测量结果的平均值和波动水平。

6. 如果 $X_i \sim N(\mu, \sigma^2)$ 且相互独立，证明：$\overline{X} \sim N(\mu, \sigma^2/n)$，其中 $\overline{X} = \frac{1}{n} \sum X_i$。

7. 假定有一个来自正态总体的随机样本，样本容量为 10，经过计算得样本均值 $\overline{X}=8$，样本标准差 $S=4$，建立总体均值的一个 95% 的置信区间。

8. 下面的随机样本来自均值为 μ，方差为 2 的正态总体：
    $$8, 9, 6, 13, 11, 8, 12, 5, 4, 14$$
    检验：$\mu = 5 (\alpha = 0.05)$

第 3 章

一元线性回归模型

学习目标

1. 了解总体回归方程和样本回归方程
2. 掌握古典回归模型的假定
3. 掌握OLS的基本原理
4. 了解系数的估计误差和置信区间
5. 掌握回归模型统计显著性检验的意义和方法
6. 掌握回归模型参数估计和统计检验的EViews软件实现

3.1 回归分析的基本概念

3.1.1 回归的基本含义

"回归"一词最先由弗朗西斯·高尔顿（Francis Galton）提出。高尔顿发现一个趋势：父母高，儿女也高；父母矮，儿女也矮。但给定父母的身高，儿女辈的平均身高却趋向于或者"回归"到全体人口平均身高。换句话说，尽管父母都异常高或者异常矮，但儿女的身高却有走向人口平均身高的趋势。

回归分析（regression analysis）是关于研究一个称之为被解释变量的变量对另一个或者多个称之为解释变量的变量的依赖关系，用意在于通过后者（在重复样本中）的已知或设定值，去估计和（或）预测前者的（总体）均值。回归分析按照涉及的解释变量的多少，分为回归和多重回归分析；按照因变量的多少，可分为一元回归分析和多元回归分析；按照解释变量和因变量之间的关系类型，可分为线性回归分析和非线性回归分析。如果在回归分析中，只包括一个解释变量和一个因变量，且二者的关系可用一条直线近似表示，这种回归分析称为一元线性回归分析。如果回归分析中包括两个或两个以上的解释变量，且因变量和解释变量之间是线性关系，则称为多重线性回归分析。

3.1.2 回归与相关

在自然界和人类社会中，普遍存在现象之间的相互依赖、相互制约的关系。一些现象在数量上的发展变化经常伴随着另一些现象数量上的发展变化。相关关系，指的是现象之间确实存在着数量关系，但这种关系不是严格确定的，当一种现象的数量发生变化时，另一种现象的数量可能在一定范围内发生变化，出现不同的数值。比如，单位产品成本同产量之间的关系，一般来说，当工厂规模扩大，产品产量增加时，单位产品成本会随之下降，这种变化趋势体现了规模经济的效应，具有客观性和普遍性。但由于影响产品成本的因素众多，有观察到的，也有观察不到的，因此同一产量水平下，可能会出现各种各样的单位成本，或者某一确定的单位成本对应着不同的产量，两者的关系不是唯一确定的。粮食产量与施肥量之间、商品价格与需求量之间、身高与体重之间等都具有类似的特征，这种关系就是相关关系。

回归和相关都是统计学中最基本的概念。从狭义上看，相关分析的任务主要是评判现象之间的相关程度高低以及相关的方向，而回归分析则是在相关分析的基础上进一步借用数学方程将那种显著存在的相关关系表示出来，从而使这种被揭示出的关系具体化并可以运用于实践中。而从广义的角度来理解，回归分析就包含着相关分析。

3.1.3 回归与因果

社会学指出，一种社会现象的变化引起了另一种社会现象的变化，表明这两种社会现象之间存在因果关系。原因在先，结果在后（简称先因后果）是因果联系的特点之一，但原因和结果必须同时具有必然的联系，即二者的关系属于引起和被引起的关系。一般来说，回归分析研究的是一个变量对另一个（些）变量的依赖关系，比如可支配收入与消费支出之间存在一定的依赖关系。虽然一个变量对另一个（些）变量存在依赖关系，但并不能说明它们存在因果关系。例如，某地区消费高与某地区疾病相关，然而这两件事情没有因果关系。正如肯德尔（Kendall）和斯图尔特（Stuart）所说："一个统计关系式，不管多强，也不管多么有启发性，却永远不能确立因果方面的联系。对因果关系的理念，必须来自统计学以外，最终来自这种或那种理论。"再以农作物收成为例，没有任何统计上的理由可以认为降雨量不依赖于作物收成。我们把农作物收成看作依赖于降雨量等因变量，是出于统计上的考虑。普通常识提示我们不能把这种关系倒转过来，因为我们不能用改变农作物收成的方法来控制降雨。所以，我们认为：从逻辑上说，统计关系式本身不可能意味着任何因果关系。

3.1.4 总体回归方程

由于变量间关系的随机性，回归分析关心的是根据解释变量的已知或给定值，考察被解释变量的总体均值，即当解释变量取某个确定值时，与之统计相关的被解释变量所有可能出现的对应值的平均值。

例 3-1 一个假想的社区由 100 个家庭组成，要研究该社区每月家庭消费支出 Y 与每

月家庭可支配收入 X 的关系，即如果知道了家庭的月收入，能否预测该社区家庭的平均月消费支出水平。为达到此目的，将该 100 个家庭划分为组内收入差不多的 10 组，以分析每一收入组的家庭消费支出（见表 3-1）。

表 3-1　家庭消费支出与家庭可支配收入　　　　　　　　（单位：元）

项目	每月家庭可支配收入 X									
	2 000	2 500	3 000	3 500	4 000	4 500	5 000	5 500	6 000	6 500
每月家庭消费支出 Y	1 362	1 580	1 681	1 893	2 087	2 327	2 519	2 974	3 565	3 571
	1 390	1 669	1 776	2 024	2 260	2 438	2 939	3 388	3 771	4 004
	1 450	1 763	1 836	2 056	2 375	2 576	3 140	3 700	3 915	4 158
	1 598	1 800	1 885	2 315	2 469	2 731	3 206	3 852	4 076	4 395
	1 738	1 864	1 935	2 417	2 572	2 937	3 350	4 137	4 215	4 862
	1 788	2 035	1 993	2 535	2 715	3 100	3 371	4 348	4 430	
	1 850	2 091	2 087	2 565	2 849	3 239	3 704	4 362	4 630	
	1 952	2 236	2 128	2 739	2 937	3 403	3 892	4 463		
		2 250	2 229	2 763	2 963	3 584	4 124			
		2 362	2 348	2 948	3 088	3 760	4 215			
			2 366	2 973	3 217	3 884				
			2 437	3 103	3 360					
			2 548	3 237	3 560					
			2 739	3 336						
$E(Y\|X_i)$	1 641	1 965	2 142	2 636	2 804	3 089	3 446	3 903	4 086	4 198

由表 3-1 可以得到，虽然各个家庭消费支出存在较大差异，但是从总体上来看，随着家庭可支配收入的增加，家庭消费支出也是增加的，并且，家庭消费支出的条件期望轨迹近乎是一条直线，我们将这条直线称为 Y 对 X 的回归直线。从例 3-1 可以看出，被解释变量家庭消费支出 Y 的条件期望 $E(Y|X_i)$ 随着解释变量的变化呈现有规律的变化。如果把 Y 的条件期望表示为 X 的某种函数，即

$$E(Y|X_i) = f(X_i) \tag{3-1}$$

如果将总体被解释变量 Y 的条件期望表现为解释变量 X 的函数，那么将这个函数称为总体回归函数（见图 3-1）。假设 Y 的总体条件期望 $E(Y|X_i)$ 是解释变量 X 的线性函数，其表示为 $E(Y|X_i) = f(X_i) = \beta_1 + \beta_2 X_i$。式中，$\beta_1$、$\beta_2$ 为未知的参数，β_1 为截距系数，β_2 为斜率系数。

从图 3-1 中可以发现，实际观测点并非严格落在总体回归直线上，因此，对于不同样本点，总体回归函数又可以表示成：

$$Y_i = \beta_1 + \beta_2 X_i + \varepsilon_i$$

式中，ε_i 为随机扰动项，反映其他不由模型解释的影响因素。

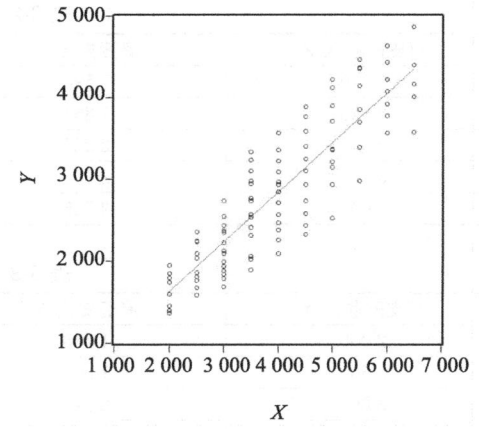

图 3-1　家庭可支配收入与家庭消费支出的散点图

3.1.5 随机扰动项的意义

在总体回归函数中引进随机扰动项，主要有以下四个方面的原因：

（1）作为其他影响因素的代表。由于对所研究的经济现象的变动规律认识不完备、数据获取存在困难等原因，除了一些已知的因素外，其他未被认识的因素、已知的无法获取数据的因素对被解释变量的影响只能用随机扰动项来替代。

（2）模型设定存在误差。在设定经济模型时，我们设定的模型往往简单明了，力图用少数几个解释变量来说明被解释变量的实质变化，这样就不会把更多的解释变量列入模型；同时，当采用较简洁的函数形式，而不是更为复杂的函数形式时，变量和函数形式的设定可能存在误差，这种误差也需要由随机扰动项来表示。

（3）变量的观测误差。由于主观和客观的原因，我们在统计社会经济现象数据时可能会存在一定的观测误差，这种误差也被归入随机扰动项。

（4）经济现象的内在随机性。就算我们将所有的影响因素都纳入经济模型，也不存在观测误差，但是，我们所从事的一些经济行为还是可能具有随机性和不可重复性。例如，某些涉及我们思想行为的变量很难完全控制，具有内在的随机性，这种内在的随机性很可能影响我们的经济行为。这些变量内在随机性的影响也被归入随机扰动项。

显然，随机扰动项有着非常丰富的内容，在计量经济学的研究中起到非常重要的作用。可以说，随机扰动项的性质对计量经济学的选取与使用起到决定性的作用。

3.1.6 样本回归方程

对于实际的经济问题，一般来说总体包括的样本数很多，这样我们无法掌握所有的样本，因而总体回归函数是未知的。我们可能做到的只是对应于解释变量 X 的选定水平，对被解释变量 Y 的某些样本进行观测，然后通过对样本观测获得的信息去估计总体回归函数。

依然以例 3-1 中 100 个家庭的可支配收入与消费支出为例，假设从 100 个家庭的总体中各随机抽取 10 个家庭进行观测，形成了两个随机样本，如表 3-2 和表 3-3 所示。

表 3-2 随机样本（一）

可支配收入 X	消费支出 Y	可支配收入 X	消费支出 Y
2 000	1 598	4 500	3 100
2 500	1 864	5 000	3 371
3 000	2 229	5 500	3 700
3 500	2 535	6 000	4 215
4 000	2 715	6 500	4 862

表 3-3 随机样本（二）

可支配收入 X	消费支出 Y	可支配收入 X	消费支出 Y
2 000	1 738	4 500	3 239
2 500	1 800	5 000	3 371
3 000	2 129	5 500	3 852
3 500	2 437	6 000	4 215
4 000	2 715	6 500	4 395

从图 3-1 中可以看出，被解释变量消费支出的样本条件均值与可支配收入解释变量存在某种关系。如果将被解释变量 Y 的样本条件均值表示为解释变量 X 的某种函数，这个函数我们称为样本回归函数（SRF）。观察后发现，样本回归函数的函数形式应与总体回归函数的函数形式一致。样本回归函数可以表示为

$$\hat{Y}_i = \hat{\beta}_1 + \hat{\beta}_2 X_i \tag{3-2}$$

式中，$\hat{Y}_i$ 为回归线上与 X_i 相对应的 Y 的样本条件均值，是总体条件期望 $E(Y|X_i)$ 的估计值；$\hat{\beta}_1$ 和 $\hat{\beta}_2$ 分别是样本回归函数的截距系数和斜率系数，可以看作对总体回归函数中系数 β_1 和 β_2 的估计。

和总体回归函数相类似，实际观测的被解释变量值 Y_i 并不完全等于样本条件均值 $\hat{Y}_i$，二者之差可以用 e_i 表示，那么

$$Y_i - \hat{Y}_i = e_i$$

式中，e_i 为残差或者剩余项。

我们需要指出的是，样本回归函数和总体回归函数是有区别的。第一，总体回归函数是确定存在的，我们从样本总体中每抽样获得一个样本，就能拟合一条样本回归线，样本回归线随样本波动而变化，可以有无数条。样本回归线不是总体回归线，只是未知的总体回归线的近似反映。第二，总体回归函数的参数 β_1、β_2 为确定常数，样本回归函数中的参数 $\hat{\beta}_1$ 和 $\hat{\beta}_2$ 是随样本的变化而变化的随机变量。第三，总体回归函数中的 ε_i 是不可直接观测的，样本回归函数中的 e_i 为只要估计出样本回归的参数就可以计算的数值。

图 3-2 是两个随机样本的示意图。

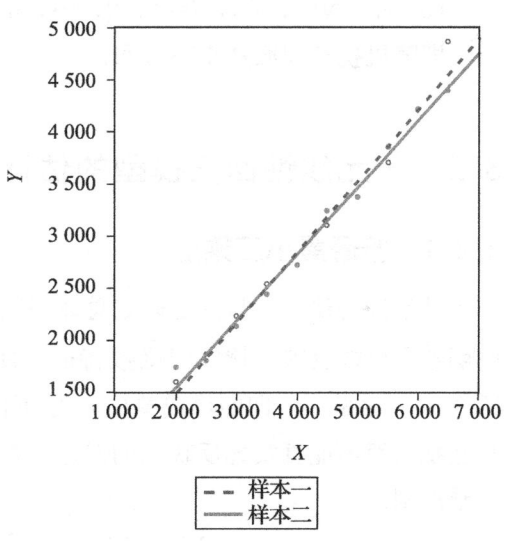

图 3-2 两个随机样本的示意图

3.1.7 对"线性"的解释

在计量经济学中，"线性"可以这样解释：一是模型相对于变量来说是线性的，也就是说，Y 的条件期望 $E(Y|X_i)$ 为解释变量 X_i 的线性函数，回归曲线为直线。例如，$E(Y|X_i) = f(X_i) = \beta_1 + \beta_2 X_i$ 是线性的，而 $E(Y|X_i) = f(X_i) = \beta_1 + \beta_2 X_i^2$、$E(Y|X_i) = f(X_i) = \beta_1 + \beta_2 \frac{1}{X_i}$ 均不是线性的。二是模型相对于参数来说是线性的，也就是说，Y 的条件期望 $E(Y|X_i)$ 为参数 β_1、β_2 的线性函数，而对于解释变量 X_i 可以是线性，也可以是非线性的。例如，$E(Y|X_i) = f(X_i) = \beta_1 + \beta_2 X_i^2$、$E(Y|X_i) = f(X_i) = \beta_1 + \beta_2 \frac{1}{X_i}$ 是线性的，而 $E(Y|X_i) = f(X_i) = \beta_1 + \beta_2^2 X_i$、$E(Y|X_i) = f(X_i) = \beta_1 + \frac{1}{\beta_2} X_i$ 是非线性的。在本书中，基于回归理论与

参数估计方法方面的考虑，我们从参数是否线性的方面判断回归模型是否线性。

3.1.8 回归模型的基本假定

设模型 $Y_i = \beta_1 + \beta_2 X_i + \varepsilon_i$，式中，$\beta_1$ 和 β_2 是要估计的总体参数；i 为样本观测值的编号；ε_i 为随机扰动项。有关的统计假设为：

(1) $E(\varepsilon_i) = 0$，$i = 1, 2, \cdots, n$

即各期随机扰动项的期望值为 0。

(2) $E(\varepsilon_i \varepsilon_j) = 0$，$i \neq j$

即各期随机扰动项不相关。

(3) $E(\varepsilon_i^2) = \sigma^2$，$i = 1, 2, \cdots, n$

即各期随机扰动项的方差为常数。

(4) X_i 是非随机量。

即 X_i 的取值是确定的。

(5) $\varepsilon_i \sim N(0, \sigma^2)$，$i = 1, 2, \cdots, n$

即随机扰动项服从正态分布。

3.2 一元线性回归模型的估计

3.2.1 普通最小二乘法

计量经济研究的目的是确定总体回归函数 $Y_i = \beta_1 + \beta_2 X_i + \varepsilon_i$ 的参数值，为了使样本回归函数尽可能反映总体回归函数特征，使样本回归函数 $\hat{Y}_i = \hat{\beta}_1 + \hat{\beta}_2 X_i$ 估计的 $\hat{Y}_i$ 和实际的 Y_i 的误差尽量小，即使得残差项 e_i 尽可能小。因为 e_i 有正数也有负数，简单求和 $\sum e_i$ 会相互抵消而不能真实地反映总的误差，建议采用剩余平方和 $\sum e_i^2$ 最小的准则，这就是最小二乘准则。

$$\sum e_i^2 = \sum (Y_i - \hat{Y}_i)^2 = \sum (Y_i - \hat{\beta}_1 - \hat{\beta}_2 X_i)^2 \qquad (3\text{-}3)$$

为了使 $\sum e_i^2$ 最小，参数 $\hat{\beta}_1$ 和 $\hat{\beta}_2$ 应该满足的条件为：

$$\frac{\partial \sum e_i^2}{\partial \hat{\beta}_1} = -2\sum (Y_i - \hat{\beta}_1 - \hat{\beta}_2 X_i) = 0 \qquad (3\text{-}4)$$

$$\frac{\partial \sum e_i^2}{\partial \hat{\beta}_2} = -2\sum (Y_t - \hat{\beta}_1 - \hat{\beta}_2 X_i) X_i = 0 \qquad (3\text{-}5)$$

从而得到以下方程组

$$\sum Y_i = n\hat{\beta}_1 + \hat{\beta}_2 \sum X_i \qquad (3\text{-}6)$$

$$\sum X_i Y_i = \hat{\beta}_1 \sum X_i + \hat{\beta}_2 \sum X_i^2 \qquad (3\text{-}7)$$

n 为样本容量。

解方程得

$$\hat{\beta}_2 = \frac{n\sum X_i Y_i - \sum X_i \sum Y_i}{n\sum X_i^2 - (\sum X_i)^2} \tag{3-8}$$

$$\hat{\beta}_1 = \frac{\sum X_i^2 \sum Y_i - \sum X_i \sum X_i Y_i}{n\sum X_i^2 - (\sum X_i)^2} \tag{3-9}$$

即用样本观测值 X_i 和 Y_i 表现的 $\hat{\beta}_1$ 和 $\hat{\beta}_2$ 的最小二乘估计值。

令 $x_i = X_i - \overline{X}$，$y_i = Y_i - \overline{Y}$，

则

$$\hat{\beta}_2 = \frac{\sum (X_i - \overline{X})(Y_i - \overline{Y})}{\sum (X_i - \overline{X})^2} = \frac{\sum x_i y_i}{\sum x_i^2} \tag{3-10}$$

$$\hat{\beta}_1 = \overline{Y} - \hat{\beta}_2 \overline{X} \tag{3-11}$$

例 3-2 为了估计样本回归函数，我们利用表 3-4 的数据对参数 β_1 和 β_2 进行估算。

表 3-4 随机样本相关数据

序号	可支配收入 X_i	消费支出 Y_i	$x_i = X_i - \overline{X}$	$y_i = Y_i - \overline{Y}$	$x_i y_i$	x_i^2
1	2 000	1 598	−2 250	−1 420.9	3 197 025	5 062 500
2	2 500	1 864	−1 750	−1 154.9	2 021 075	3 062 500
3	3 000	2 229	−1 250	−789.9	987 375	1 562 500
4	3 500	2 535	−750	−483.9	362 925	562 500
5	4 000	2 715	−250	−303.9	75 975	62 500
6	4 500	3 100	250	81.1	20 275	62 500
7	5 000	3 371	750	352.1	264 075	562 500
8	5 500	3 700	1 250	681.1	851 375	1 562 500
9	6 000	4 215	1 750	1 196.1	2 093 175	3 062 500
10	6 500	4 862	2 250	1 843.1	4 146 975	5 062 500
合计	4 2500	30 189			14 020 250	20 625 000
平均	4 250	3 018.9				

将有关数据代入式（3-10）和式（3-11），得

$$\hat{\beta}_2 = \frac{\sum x_i y_i}{\sum x_i^2} = \frac{14\ 020\ 250}{20\ 625\ 000} = 0.679\ 8$$

$$\hat{\beta}_1 = \overline{Y} - \hat{\beta}_2 \overline{X} = 3\ 018.9 - 0.679\ 8 \times 4\ 250 = 129.75$$

显然，样本回归函数为 $\hat{Y}_i = 129.75 + 0.679\ 8 X_i$

3.2.2 模型估计结果的评价

1. Y 的变差

让我们来分析一下 Y 的变差的组成情况。设有 Y 的 n 个观测值，Y 的总变差的一个测度是 $\sum (Y_i - \overline{Y})^2$，$Y$ 的变差 $Y_i - \overline{Y}$ 中有一部分是可以由 X 的取值变动所解释的。还有一部分是不能由 X 所解释的变差，如图 3-3 所示。

对于第 i 个观测值,有
$$Y_i - \overline{Y} = (\hat{Y}_i - \overline{Y}) + (Y_t - \hat{Y}_i) = (\hat{Y}_i - \overline{Y}) + e_i \tag{3-12}$$

对于全部 n 项观测值平方求和,有
$$\sum(Y_i - \overline{Y})^2 = \sum(\hat{Y}_i - \overline{Y})^2 + \sum e_i^2 + 2\sum(\hat{Y}_i - \overline{Y})e_i \tag{3-13}$$

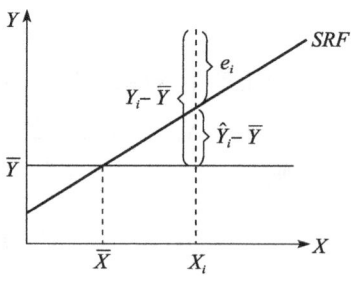

图 3-3 总变差的分解

由于 $\hat{Y}_i = \hat{\beta}_1 + \hat{\beta}_2 X_i$,$\overline{Y} = \hat{\beta}_1 + \hat{\beta}_2 \overline{X}$

所以 $\hat{Y}_i - \overline{Y} = \hat{\beta}_2(X_i - \overline{X})$

式(3-13)中最后一项变为
$$2\sum(\hat{Y}_i - \overline{Y})e_i = 2\sum \hat{\beta}_2(X_i - \overline{X})e_i = 2\hat{\beta}_2(\sum X_i e_i - \overline{X}\sum e_i) \tag{3-14}$$

式中,$\sum e_i = 0$ 和 $\sum X_i e_i = 0$。

因此,式(3-13)中最后一项为零,得到如下结果
$$\sum(Y_i - \overline{Y})^2 = \sum(\hat{Y}_i - \overline{Y})^2 + \sum e_i^2 \tag{3-15}$$

即总变差=由 X 解释的变差+未解释变差

2. 可决系数 R^2

不难看出,总变差中由 X 解释的变差比例越大,则 $\sum e_i^2$ 就越小,各观测值聚集在回归直线周围的紧密程度就越大,说明直线与观测值的拟合越好。我们将式中两端都除以总变差 $\sum(Y_i - \overline{Y})^2$,得

$$\frac{\sum(\hat{Y}_i - \overline{Y})^2}{\sum(Y_i - \overline{Y})^2} + \frac{\sum e_i^2}{\sum(Y_i - \overline{Y})^2} = 1 \tag{3-16}$$

可决系数 R^2 为

$$R^2 = \frac{解释变差}{总变差} = \frac{\sum(\hat{Y}_i - \overline{Y})^2}{\sum(Y_i - \overline{Y})^2} = 1 - \frac{\sum e_i^2}{\sum(Y_i - \overline{Y})^2} \tag{3-17}$$

用符号表示为

$$R^2 = \frac{ESS}{TSS} = 1 - \frac{RSS}{TSS} \tag{3-18}$$

式中,ESS 为回归平方和,RSS 为残差平方和,TSS 为总离差平方和。R^2 有以下三个特征:

(1) $0 \leqslant R^2 \leqslant 1$。

(2) $R^2 = 1$,$\sum e_i^2 = 0$,完全拟合。

(3) $R^2 = 0$,$\sum e_i^2 = \sum(Y_i - \overline{Y})^2$,$X$ 和 Y 不存在线性关系。

一般来说,R^2 的值越高,拟合得越好,但什么是高,并没有绝对的标准,要根据具体问题而定,此外,回归中使用时间序列数据还是横截面数据也有不同的标准。对时间序列数据来说,R^2 的值在 0.8、0.9 以上是很常见的事,而在横截面数据的情况下,R^2 的值为 0.4、0.5 的也不能算低。

3.2.3 参数估计量的统计性质

1. 参数估计量的统计性质

1) 线性特征

$$\hat{\beta}_2 = \frac{\sum x_i y_i}{\sum x_i^2} = \frac{\sum x_i (Y_i - \overline{Y})}{\sum x_i^2} = \frac{\sum x_i Y_i}{\sum x_i^2} - \frac{\overline{Y} \sum x_i}{\sum x_i^2} = \frac{\sum x_i Y_i}{\sum x_i^2} = \sum \frac{x_i}{\sum x_i^2} Y_i$$

若令 $\dfrac{x_i}{\sum x_i^2} = k_i$,在重复抽样中,$X_i$ 取一组固定的值,k_i 是一组常数,且 k_i 具有 $\sum k_i = 0$,$\sum k_i X_i = 1$ 的性质,则有 $\hat{\beta}_2 = \sum k_i Y_i$

式中,k_i 为一组常数,所以 $\hat{\beta}_2$ 为 Y_i 的线性函数。

类似地,
$$\hat{\beta}_1 = \overline{Y} - \hat{\beta}_2 \overline{X}$$
$$= \overline{Y} - \overline{X} \sum k_i Y_i$$
$$= \sum \left(\frac{1}{n} - \overline{X} k_i\right) Y_i$$

式中,n,$\overline{X}$,k_i 均为固定常数,所以 $\hat{\beta}_1$ 也为 Y_i 的线性函数。

2) 无偏性

$$\hat{\beta}_2 = \frac{\sum x_i y_i}{\sum x_i^2} = \frac{\sum x_i (Y_i - \overline{Y})}{\sum x_i^2} = \frac{\sum x_i Y_i}{\sum x_i^2} - \frac{\overline{Y} \sum x_i}{\sum x_i^2} = \frac{\sum x_i Y_i}{\sum x_i^2}$$
$$= \frac{\sum x_i (\beta_1 + \beta_2 X_i + \varepsilon_i)}{\sum x_i^2} = \frac{1}{\sum x_i^2} (\beta_1 \sum x_i + \beta_2 \sum x_i X_i + \sum x_i \varepsilon_i)$$
$$= \frac{1}{\sum x_i^2} (\beta_2 \sum x_i^2 + \beta_2 \overline{X} \sum x_i + \sum x_i \varepsilon_i)$$
$$= \frac{1}{\sum x_i^2} (\beta_2 \sum x_i^2 + \sum x_i \varepsilon_i)$$
$$= \beta_2 + \frac{\sum x_i \varepsilon_i}{\sum x_i^2}$$

两边取期望值,我们可以得到

$$E(\hat{\beta}_2) = \beta_2 + \frac{\sum x_i E(\varepsilon_i)}{\sum x_i^2} = \beta_2 \tag{3-19}$$

$\hat{\beta}_2$ 是 β_2 的无偏估计量。

由于 $\hat{\beta}_1 = \overline{Y} - \hat{\beta}_2 \overline{X}$,

所以
$$E(\hat{\beta}_1) = E(\overline{Y} - \hat{\beta}_2 \overline{X}) = E(\beta_1 + \beta_2 \overline{X} + \overline{\varepsilon} - \hat{\beta}_2 \overline{X})$$
$$= \beta_1 + \beta_2 \overline{X} + E(\overline{\varepsilon}) - \overline{X} E(\hat{\beta}_2) = \beta_1 + \beta_2 \overline{X} - \overline{X} \beta_2$$
$$= \beta_1$$

$\hat{\beta}_1$ 是 β_1 的无偏估计量。

3) 有效性

下面我们将证明 $\hat{\beta}_2$ 为线性无偏估计量中具有最小方差的估计量。

设 $\hat{\beta}_2$ 的任一线性估计量为

$$\beta^* = \sum w_i Y_i = \sum w_i(\beta_1 + \beta_2 X_i) = \beta_1 \sum w_i + \beta_2 \sum w_i X_i$$

两边取期望值，我们可以得到

$$E(\beta^*) = \beta_1 \sum w_i + \beta_2 \sum w_i X_i$$

显然，当 $\sum w_i = 0$ 和 $\sum w_i X_i = 1$ 时，估计量 β^* 是无偏估计量。

$$D(\beta^*) = D(\sum w_i Y_i) = \sum w_i^2 D(Y_i)$$
$$= \sum w_i^2 D(\beta_1 + \beta_2 X_i + \varepsilon_i) = \sum w_i^2 D(\varepsilon_i) = \sigma^2 \sum w_i^2$$

做代数变换，我们可以得到

$$D(\beta^*) = \sigma^2 \sum w_i^2 = \sigma^2 \sum \left[w_i - \frac{x_i}{\sum x_i^2} + \frac{x_i}{\sum x_i^2} \right]^2$$
$$= \sigma^2 \sum \left[w_i - \frac{x_i}{\sum x_i^2} \right]^2 + \sigma^2 \sum \left[\frac{x_i}{\sum x_i^2} \right]^2 + 2\sigma^2 \sum \left[w_i - \frac{x_i}{\sum x_i^2} \right]\left[\frac{x_i}{\sum x_i^2} \right]$$
$$= \sigma^2 \sum \left[w_i - \frac{x_i}{\sum x_i^2} \right]^2 + \sigma^2 \frac{\sum x_i^2}{(\sum x_i^2)^2} + 2\sigma^2 \sum \left[w_i - \frac{x_i}{\sum x_i^2} \right]\left[\frac{x_i}{\sum x_i^2} \right]$$

式中，

$$2\sigma^2 \sum \left[w_i - \frac{x_i}{\sum x_i^2} \right]\left[\frac{x_i}{\sum x_i^2} \right] = 2\sigma^2 \sum \left[\frac{w_i x_i}{\sum x_i^2} - \frac{x_i^2}{(\sum x_i^2)^2} \right]$$
$$= 2\sigma^2 \left(\frac{\sum w_i x_i}{\sum x_i^2} - \frac{\sum x_i^2}{(\sum x_i^2)^2} \right)$$
$$= 2\sigma^2 \frac{\sum w_i(X_i - \overline{X})}{\sum x_i^2} - \frac{2\sigma^2}{\sum x_i^2}$$
$$= 2\sigma^2 \frac{\sum w_i X_i}{\sum x_i^2} - 2\sigma^2 \frac{\overline{X} \sum w_i}{\sum x_i^2} - \frac{2\sigma^2}{\sum x_i^2}$$
$$= \frac{2\sigma^2}{\sum x_i^2} - 0 - \frac{2\sigma^2}{\sum x_i^2} = 0$$

故

$$D(\beta^*) = \sigma^2 \sum \left[w_i - \frac{x_i}{\sum x_i^2} \right]^2 + \sigma^2 \frac{\sum x_i^2}{(\sum x_i^2)^2}$$
$$= \sigma^2 \sum \left[w_i - \frac{x_i}{\sum x_i^2} \right]^2 + \frac{\sigma^2}{\sum x_i^2}$$
$$= \sigma^2 \sum \left[w_i - \frac{x_i}{\sum x_i^2} \right]^2 + D(\hat{\beta}_2) \geqslant D(\hat{\beta}_2)$$

显然，$\hat{\beta}_2$ 为线性无偏估计量中具有最小方差的估计量。

4）一致性

在样本容量比较小的情况下，我们有时很难找到最佳无偏估计量，这时我们还需要考虑当样本容量充分大或趋于无穷大时估计量的渐近性质。

当样本容量趋于无穷大时，如果估计量 $\hat{\beta}_2$ 的抽样分布依概率收敛于总体参数的真实值 β_2，即 $P\lim\limits_{n \to \infty} \hat{\beta}_2 = \beta_2$ 或 $\lim\limits_{n \to \infty} P[(|\hat{\beta}_2 - \beta_2|) < \varepsilon] = 1$。

也就是说当样本容量趋向于无穷大时,估计式 $\hat{\beta}_2$ 与总体参数真实值 β_2 的距离 $\hat{\beta}_2-\beta_2$ 的绝对值小于任意给定的正数 ε 的概率等于 1,则称估计量为一致估计量。

3.2.4 参数的区间估计

对参数的区间估计,我们可以分成如下三种情况:

(1) 当总体方差 σ^2 已知时,在 ε_i 的正态性假定下

$$z = \frac{\hat{\beta}_2 - \beta_2}{SE(\hat{\beta}_2)} \sim N(0,1)$$

在 σ^2 已知的情况下,$SE(\hat{\beta}_2) = \dfrac{\sigma}{\sqrt{\sum x_i^2}}$ 的值具有确定性,研究显著性水平 α 下 z 的临界值,假如 $\alpha=0.05$,即 $1-\alpha=0.95$,从正态分布表我们可以知道

$$P\left[-1.96 < z = \frac{\hat{\beta}_2 - \beta_2}{SE(\hat{\beta}_2)} < 1.96\right] = 0.95$$

即 $\qquad P[\hat{\beta}_2 - 1.96 SE(\hat{\beta}_2) < \beta_2 < \hat{\beta}_2 + 1.96 SE(\hat{\beta}_2)] = 0.95$

显然,参数 β_2 的 95% 的置信区间为 $[\hat{\beta}_2 - 1.96 SE(\hat{\beta}_2), \hat{\beta}_2 + 1.96 SE(\hat{\beta}_2)]$。

(2) 当总体方差 σ^2 未知,样本容量充分大时,可用 σ^2 的无偏估计 $\hat{\sigma}^2 = \dfrac{\sum e_i^2}{n-2}$ 去替代 σ^2。

$$z = \frac{\hat{\beta}_2 - \beta_2}{\frac{\hat{\sigma}}{\sqrt{\sum x_i^2}}} \sim N(0,1)$$

与上面类似,我们可以利用正态分布来确定 β_2 的置信区间。

(3) 当总体方差 σ^2 未知,样本容量较小时,仍用 σ^2 的无偏估计 $\hat{\sigma}^2 = \dfrac{\sum e_i^2}{n-2}$ 去替代 σ^2。

$$z = \frac{\hat{\beta}_2 - \beta_2}{SE(\hat{\beta}_2)} \sim t(n-2)$$

如果取定在显著性水平 α 下,查 t 分布表得显著性水平为 $\dfrac{\alpha}{2}$,自由度为 $n-2$ 的临界值 $t_{\alpha/2}$,我们得到的置信区间为

$$P\left[-t_{\alpha/2} < t = \frac{\hat{\beta}_2 - \beta_2}{SE(\hat{\beta}_2)} < t_{\alpha/2}\right] = 1-\alpha$$

即 $\qquad P[\hat{\beta}_2 - t_{\alpha/2} SE(\hat{\beta}_2) < \beta_2 < \hat{\beta}_2 + t_{\alpha/2} SE(\hat{\beta}_2)] = 1-\alpha$

3.3 模型的检验

3.3.1 回归系数的显著性检验

1. z 检验

当 σ^2 已知,或样本容量充分大时,按式根据样本计算的 z^* 有

$$z^* = \frac{\hat{\beta}_2 - \beta_2}{SE(\hat{\beta}_2)} \sim N(0,1)$$

原假设 $H_0:\beta_2=\beta_2^*$，备择假设 $H_1:\beta_2\neq\beta_2^*$，我们可以利用服从正态分布的 z^* 统计量进行假设检验。

在显著性水平 α 下（$\alpha=0.05$），利用正态分布表可以得到 z 的临界值，如为 1.96。我们根据样本计算的 z^* 与 z 的临界值进行比较，如果 $-1.96\leqslant z^*\leqslant 1.96$，我们就不能拒绝原假设 $H_0:\beta_2=\beta_2^*$；如果 $z^*<1.96$ 或 $z^*>1.96$，就拒绝原假设 $H_0:\beta_2=\beta_2^*$，而不拒绝备择假设 $H_1:\beta_2\neq\beta_2^*$，即认为 β_2 显著不等于 β_2^*。这种利用正态分布进行的显著性检验，也称为 z 检验。

2. t 检验

当总体方差 σ^2 未知，样本容量较小时，仍用 σ^2 的无偏估计 $\hat{\sigma}^2 = \frac{\sum e_i^2}{n-2}$ 去替代 σ^2。

$$t = \frac{\hat{\beta}_2 - \beta_2}{SE(\hat{\beta}_2)} \sim t(n-2)$$

原假设 $H_0:\beta_2=\beta_2^*$，备择假设 $H_1:\beta_2\neq\beta_2^*$，我们可以利用服从 t 分布的 z^* 统计量进行假设检验。

在显著性水平 α 下（$\alpha=0.05$），利用 t 分布表可以得到自由度为 $n-2$ 的临界值 $t_{\alpha/2}(n-2)$。我们根据样本计算的 t 与 $t_{\alpha/2}(n-2)$ 进行比较，如果 $-t_{\alpha/2}(n-2)\leqslant t\leqslant t_{\alpha/2}(n-2)$，我们就不能拒绝原假设 $H_0:\beta_2=\beta_2^*$；如果 $t<t_{\alpha/2}(n-2)$ 或 $t>t_{\alpha/2}(n-2)$，就拒绝原假设 $H_0:\beta_2=\beta_2^*$，而不拒绝备择假设 $H_1:\beta_2\neq\beta_2^*$，即认为 β_2 显著不等于 β_2^*。这种利用 t 分布进行的显著性检验，也称为 t 检验。

3.3.2 回归方程的显著性检验

1. 回归平方和与剩余平方和

建立回归方程以后，回归效果怎么样呢？被解释变量与解释变量是否的确存在线性关系呢？这些都需要我们进行统计检验才能得出肯定或否定的结论。为此，我们需要进一步研究被解释变量取值的变化规律。

上文提到
$$TSS = (Y_i - \overline{Y})^2$$
$$ESS = (\hat{Y}_i - \overline{Y})^2$$
$$RSS = (Y_t - \hat{Y}_i)^2 = e_t^2$$

式中，TSS 的自由度为 $n-1$，ESS 的自由度为 $n-2$，RSS 的自由度为 1。

2. F 检验

为了检验 Y 与 X 之间是否存在线性关系，我们需要进行假设检验

$$H_0:\beta_2 = 0$$

如果原假设 H_0 成立，那么 Y 与 X 之间不存在线性关系。如果 H_0 不成立，那么 Y 与

X 之间线性关系显著。

假设检验应用统计量
$$F = \frac{RSS/1}{ESS/(n-2)}$$

它服从自由度为 1 及 $n-2$ 的 F 分布，即
$$F = \frac{RSS/1}{ESS/(n-2)} \sim F(1, n-2)$$

如果原假设 H_0 成立，在显著性水平 α 下，统计量 F 满足
$$P[F \leqslant F_\alpha(1, n-2)] = 1 - \alpha$$

对于给定的置信度 α，可以从 F 分布表查得 $F_\alpha(1, n-2)$ 的临界值，如果统计量的 F 值大于临界值，即 $F > F_\alpha(1, n-2)$，我们就拒绝原假设 H_0，即我们不能认为 β_2 为 0，即解释变量的总体回归效果是显著的，否则，我们认为回归效果不显著。

3.4 预测

3.4.1 点预测

将解释变量 X 的预测值 X_f 代入样本回归函数便可以计算出被解释变量 Y 平均值的预测值，即 $\hat{Y}_f = \hat{\beta}_1 + \hat{\beta}_2 X_f$ 代入方程所得的值。

例如，将 $X_f = 3\,000$ 代入方程就可以得到被解释变量 Y 平均值的预测值。

3.4.2 区间预测：均值预测

采用预测值 $\hat{Y}_f$ 对真实平均值 $E(Y_f | X_f)$ 做区间预测时，我们应该考虑预测值 $\hat{Y}_f$ 的抽样分布，并寻找与 $\hat{Y}_f$ 和 $E(Y_f | X_f)$ 都有关的统计量。

我们都知道
$$E(\hat{Y}_f) = E(Y_f | X_f) = \beta_1 + \beta_2 X_f$$
$$D(\hat{Y}_f) = \sigma^2 \left[\frac{1}{n} + \frac{(X_f - \overline{X})^2}{\sum x_i^2} \right]$$
$$SE(\hat{Y}_f) = \hat{\sigma} \sqrt{\frac{1}{n} + \frac{(X_f - \overline{X})^2}{\sum x_i^2}}$$

如果 σ^2 未知，我们可以用 σ^2 的无偏估计 $\hat{\sigma}^2 = \frac{\sum e_i^2}{n-2}$ 去替代 σ^2，此时
$$t = \frac{\hat{Y}_f - E(\hat{Y}_f)}{SE(\hat{Y}_f)} = \frac{\hat{Y}_f - E(Y_f / X_f)}{\hat{\sigma} \sqrt{\left[\frac{1}{n} + \frac{(X_f - \overline{X})^2}{\sum x_i^2} \right]}} \sim t(n-2)$$

显然，这里的 t 统计量服从自由度为 $t(n-2)$ 的 t 分布。

在显著性水平为 α 下，我们查 t 分布表可以得到临界值为 $t_{\alpha/2}(n-2)$，即
$$P[\hat{Y}_f - t_{\alpha/2} SE(\hat{Y}_f) < E(Y_f | X_f) < \hat{Y}_f + t_{\alpha/2} SE(\hat{Y}_f)] = 1 - \alpha$$

也就是说，预测期平均值 $E(Y_f|X_f)$ 的置信度为 $1-\alpha$ 的预测区间为

$$\left[\hat{Y}_f - t_{\alpha/2}\hat{\sigma}\sqrt{\frac{1}{n}+\frac{(X_f-\overline{X})^2}{\sum x_i^2}}, \hat{Y}_f + t_{\alpha/2}\hat{\sigma}\sqrt{\frac{1}{n}+\frac{(X_f-\overline{X})^2}{\sum x_i^2}}\right]$$

3.4.3 区间预测：个值预测

接下来，我们利用给定的解释变量数值 X_f，在平均值预测的基础上，确定被解释变量 Y 个别值的预测区间，明确与预测值 $\hat{Y}_f$ 和个别值 Y_f 有关的统计量的概率分布。

令 $e_f = Y_f - \hat{Y}_f$，因为 ε_i 服从正态分布，所以 e_f 同样服从正态分布。

其中，$E(e_f) = E(Y_f - \hat{Y}_f) = 0$

$$D(e_f) = E(Y_f - \hat{Y}_f)^2 = \sigma^2\left[1 + \frac{1}{n} + \frac{(X_f-\overline{X})^2}{\sum x_i^2}\right]$$

$$SE(e_f) = \hat{\sigma}\sqrt{1 + \frac{1}{n} + \frac{(X_f-\overline{X})^2}{\sum x_i^2}}$$

当 σ^2 未知，用 $\hat{\sigma}^2 = \frac{\sum e_i^2}{n-2}$ 代替时，$t = \frac{e_f - E(e_f)}{SE(e_f)} = \frac{Y_f - \hat{Y}_f}{SE(e_f)} \sim t(n-2)$

t 统计量可以用于个别值 Y_f 的区间预测。假设显著性水平为 α，则有

$$P\{[Y_f - t_{\alpha/2}SE(e_f)]\} \leqslant Y_f \leqslant \{[Y_f + t_{\alpha/2}SE(e_f)]\} = 1-\alpha$$

一元线性回归时 Y 的真实值 Y_f 的置信度为 $1-\alpha$ 的预测区间为

$$\left[Y_f - t_{\alpha/2}\hat{\sigma}\sqrt{1 + \frac{1}{n} + \frac{(X_f-\overline{X})^2}{\sum x_i^2}}, Y_f + t_{\alpha/2}\hat{\sigma}\sqrt{1 + \frac{1}{n} + \frac{(X_f-\overline{X})^2}{\sum x_i^2}}\right]$$

3.5 案例分析

3.5.1 研究目的与要求

社会保障支出与区域经济的增长有着密切的关系，社会保障体系的完善起到降低居民未来生活的不确定性、增强居民对生活风险承担能力、促进居民消费、维护社会稳定的作用。研究社会保障支出与区域经济增长的数量关系，对于探寻社会保障支出的规律性，预测社会保障支出的发展趋势有重要的意义。

3.5.2 模型设定

为了分析社会保障支出与区域经济增长的关系，选择中国社会保障支出为解释变量，选择国内生产总值为被解释变量。表 3-5 为由《中国统计年鉴》得到的 1990～2012 年的有关数据。

为了分析社会保障支出与区域经济增长的关系，做如图 3-4 所示的散点图。

表 3-5　1990～2012 年中国社会保障支出和国内生产总值　　（单位：亿元）

年份	社会保障支出	国内生产总值	年份	社会保障支出	国内生产总值
1990	55.04	18 667.8	2002	2 636.22	120 332.7
1991	67.32	21 781.5	2003	2 655.91	135 822.8
1992	66.45	26 923.5	2004	3 116.08	159 878.3
1993	75.27	35 333.9	2005	3 698.86	184 937.4
1994	95.14	48 197.9	2006	4 361.78	216 314.4
1995	115.46	60 793.7	2007	5 447.2	265 810.3
1996	182.68	71 176.6	2008	6 804.3	314 045.4
1997	328.42	78 973.0	2009	7 606.7	340 902.8
1998	595.63	84 402.3	2010	9 130.6	401 512.8
1999	1 197.44	89 677.1	2011	11 109.4	473 104.0
2000	1 517.57	99 214.6	2012	12 585.5	519 470.1
2001	1 987.40	109 655.2			

从散点图可以看出社会保障支出与区域经济增长大体呈线性关系，为分析中国社会保障支出随区域经济增长变动的数量规律性，可以建立如下简单线性回归模型：

$$Y_i = \beta_1 + \beta_2 X_i + \varepsilon_i$$

3.5.3　估计参数

假定所建模型及其中的随机扰动项满足各项古典假定，可以用 OLS 法估计其参数。运用计算机软件 EViews 做计量经济分析十分方便。

利用 EViews 做简单线性回归分析的步骤包括以下三个方面的内容。

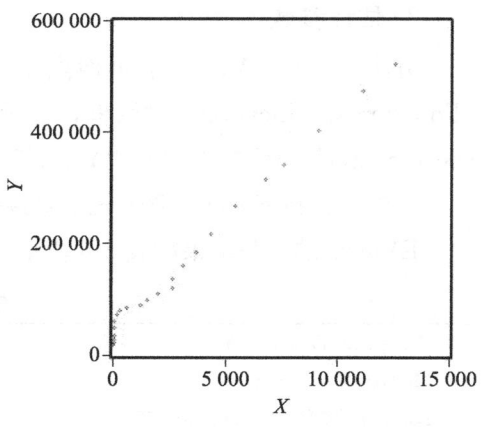

图 3-4　社会保障支出与区域经济增长的散点图

1. 建立工作文件

首先，双击 EViews 图标，进入 EViews 主页。在菜单中依此点击 File \ New \ Workfile，出现对话框"Workfile Range"。在"Workfile Frequency"中选择数据频率：

　　Annual（年度）　　　　　　Weekly（周数据）
　　Quarterly（季度）　　　　　Daily（5 day week）（每周 5 天日数据）
　　Semi Annual（半年）　　　　Daily（7 day week）（每周 7 天日数据）
　　Monthly（月度）　　　　　　Undated or irregular（未注明日期或不规则的）

在本例中是年度时间序列数据，则选择"Annual"，并在"Start date"中输入开始时间或顺序号，如"1978"，在"end date"中输入最后时间或顺序号，如"2007"。点击"OK"出现未命名文件的"Workfile UNTITLED"工作框。其中，已有对象"c"为截距项，"Resids"为剩余项。

若要将工作文件存盘,点击窗口上方的"Save",在"Save As"对话框中选择存盘路径,并输入工作文件名,如"第三章案例",再点击"OK",文件即被保存,并确定了文件名。

2. 输入数据

在"Quick"菜单中点击"Empty Group",出现数据编辑窗口。将第一列数据命名为Y:方法是按上行键"↑",对应"obs"格自动上跳,在对应的第二行有边框的"obs"空格中输入变量名"Y",再按下行键"↓",变量名以下各格出现"NA",依顺序输入Y的对应数据。按照同样的方法,可对"X"等其他变量命名,并输入对应数据。

也可以在 EViews 命令框中直接输入"data X Y"(一元时)或"data Y X1 X2…"(多元时),回车出现"Group"窗口数据编辑框,在对应的"Y""X"下输入数据。还可以从 Excel、Word 等文档的数据表中直接将对应数据粘贴到 EViews 的数据表中。若要对数据存盘,点击"Fire/Save"。

3. 估计参数

方法一:在 EViews 主页面点击"Quick"菜单,点击"Estimate Equation",出现"Equation specification"对话框,选用 OLS 估计,即选"Least Squares",在"Equation specification"对话框中键入"Y C X",点"OK"或按回车键,即出现回归结果。

方法二:在 EViews 命令框中直接键入"LS Y C X",按回车键,即出现回归结果。

EViews 的回归结果如表 3-6 所示。

表 3-6 回归结果

Dependent Variable: Y
Method: Least Squares
Date: 05/30/15 Time: 20:32
Sample: 1990 2012
Included observations: 23

Variable	Coefficient	Std. Error	t-Statistic	Prob.
C	40 896.48	4 021.617	10.169 16	0.000 0
X	38.924 32	0.812 376	47.914 13	0.000 0

R-squared	0.990 936	Mean dependent var		168 562.1
Adjusted R-squared	0.990 504	S. D. dependent var		148 249.6
S. E. of regression	14 446.54	Akaike info criterion		22.077 24
Sum squared resid	4.38E+09	Schwarz criterion		22.175 98
Log likelihood	−251.888 2	F-statistic		2 295.764
Durbin-Watson stat	0.370 560	Prob (F-statistic)		0.000 000

可以用规范的形式将参数估计和检验的结果写为

$$\hat{Y}_i = 40\,896.48 + 38.924\,32 X_i$$
$$(4\,021.617)(0.812\,376)$$
$$t = (10.169\,16)(47.914\,13)$$

$$R^2 = 0.990\,936 \quad F = 2\,295.764 \quad n = 23$$

若要显示回归结果的图形，在"Equation"框中，点击"Resids"，即出现剩余项（Residual）、实际值（Actual）、拟合值（Fitted）的图形，如图 3-5 所示。

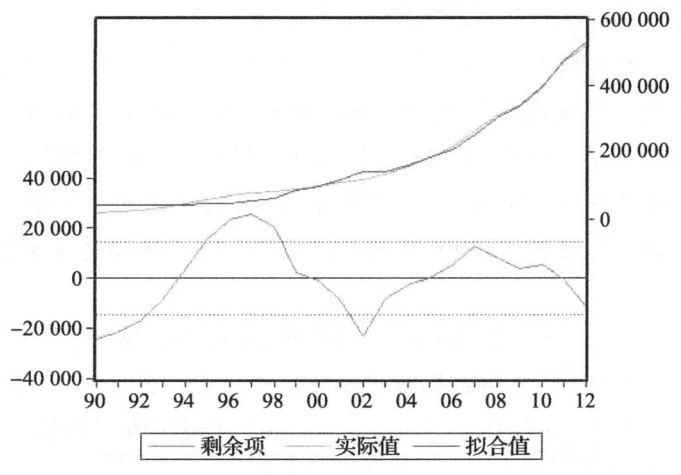

图 3-5 剩余项、实际值、拟合值的图形

3.5.4 模型检验

1. 经济意义检验

所估计的参数 $\hat{\beta}_1 = 40\,896.48$，$\hat{\beta}_2 = 38.924\,32$，说明社会保障支出每增加 1 元，国内生产总值平均增加 38.924 32 元。

2. 拟合优度和统计检验

用 EViews 得出回归模型参数估计结果的同时，已经给出了用于模型检验的相关数据。

（1）拟合优度的度量：从表 3-6 中可以看出，本例中可决系数为 0.990 936，说明所建模型整体上对样本数据拟合较好，即解释变量"社会保障支出"对被解释变量"国内生产总值"的绝大部分差异做出了解释。需要说明的是，由于一些时间序列数据往往具有相同的变动趋势，即使两个变量没有实际联系，也可能表现出较显著的"联系"，产生较高的可决系数，这时时间序列变量间的联系有可能是虚假的。

（2）对回归系数的 t 检验：针对 $H_0: \beta_1 = 0$ 和 $H_0: \beta_2 = 0$，从表 3-6 中还可以看出，估计的回归系数 β_1 的标准误差和 t 值分别为：$SE(\hat{\beta}_1) = 4\,021.617$，$t(\hat{\beta}_1) = 10.169\,16$；估计的回归系数 β_2 的标准误差和 t 值分别为：$SE(\hat{\beta}_2) = 0.812\,376$，$t(\hat{\beta}_2) = 47.914\,13$。取 $\alpha = 0.05$，查 t 分布表得自由度为 $n - 2 = 23 - 2 = 21$ 的临界值 $t_{0.025}(21) = 2.08$。因为 $t(\hat{\beta}_1) = 10.169\,16 > t_{0.025}(21) = 2.08$，所以应拒绝 $H_0: \beta_1 = 0$；因为 $t(\hat{\beta}_2) = 47.914\,13 > t_{0.025}(21) = 2.08$，所以应拒绝 $H_0: \beta_2 = 0$。这表明，社会保障支出对区域经济增长的确有显著的影响。

3.5.5 回归预测

如果 2013 年中国社会保障支出达到 14 490.5 亿元,利用所估计的模型可预测 2013 年国内生产总值可能达到的水平,点预测值的计算方法为

$$\hat{Y}_f = 40\ 896.48 + 38.924\ 32 \times 14\ 490.5 = 604\ 929.34(亿元)$$

利用 EViews 做回归预测,首先在"Workfile"窗口点击"Range",出现"Change Workfile"窗口,将"End data"由"2012"改为"2013",点"OK",将"Workfile"中的"Range"扩展为"1990—2013"。在"Workfile"窗口点击"Sample",将"Sample"窗口中的"1990—2012"改为"1990—2013",点"OK",从而将样本区间改为"1990—2013"。

为了输入 $X_f = 14\ 490.5$,在 EViews 命令框键入 data X/回车,在 X 数据表中的"2013"位置输入"14 490.5",将数据表最小化。然后在"Equation"框中,点击"Forecast",打开对话框。在对话框中的"Forecast name"(预测值序列名)键入"Y_f",回车即得到模型估计值及标准误差的图形。双击"Workfile"窗口中出现的"Y_f",在"Y_f"数据表中的"2013"位置出现"$Y_f = 604\ 929.34$",这是当 2013 年"$X_f = 14\ 490.5$"时人均消费水平的点预测值。

表 3-7 X 和 Y 的描述统计结果

	X	Y
Mean	3 279.842	168 562.1
Median	1 987.400	109 655.2
Maximum	12 585.50	519 470.1
Minimum	55.040 00	18 667.80
Std. Dev.	3 791.361	148 249.6
Skewness	1.137 355	1.072 380
Kurtosis	3.182 542	2.995 713
Jarque-Bera	4.990 640	4.408 349
Probability	0.082 470	0.110 342
Observations	23	23

为了做区间预测,取 $\alpha=0.05$,Y_f 平均值置信度 95% 的预测区间为

$$\hat{Y}_f \pm t_{\alpha/2}\ \hat{\sigma}\sqrt{\frac{1}{n} + \frac{(X_f - \overline{X})^2}{\sum x_i^2}}$$

为了获得相关数据,在用 EViews 做回归分析时,已经得到 $Y_f = 604\ 929.34$,$t_{0.025}(21) = 2.08$,$\hat{\sigma} = 14\ 446.54$,$n = 23$。在 X 和 Y 的数据表中,点击"View",选择"Descriptive Stats \ Common Sample",则得到 X 和 Y 的描述统计结果,如表 3-7 所示。

根据表 3-7 的数据可计算出:

$$\sum x_i^2 = \sum (X_i - \overline{X})^2 = \sigma_X^2(n-1) = 3\ 791.361^2 \times (23-1) = 316\ 237\ 201.11$$
$$(X_f - \overline{X})^2 = (14\ 490.5 - 3\ 279.842)^2 = 11\ 210.658^2 = 125\ 678\ 852.79$$

当 $X_f = 14\ 490.5$ 时,将相关数据代入计算得到

$$604\ 929.34 \pm 2.08 \times 14\ 446.54 \times \sqrt{\frac{1}{23} + \frac{125\ 678\ 852.79}{316\ 237\ 201.11}} = 604\ 929.34 \pm 19\ 952.41$$

也就是说,当 2013 年 $X_f = 14\ 490.5$ 时,Y_f 平均值在 95% 的置信水平下预测区间为 (584 976.93, 624 881.75) 元。

Y_f 个别值置信度 95% 的预测区间为

$$\hat{Y}_f \pm t_{\alpha/2}\,\hat{\sigma}\sqrt{1+\frac{1}{n}+\frac{(X_f-\overline{X})^2}{\sum x_i^2}}$$

当 $X_f=14\,490.5$ 时，将相关数据代入计算得到

$$604\,929.34\pm 2.08\times 14\,446.54\times\sqrt{1+\frac{1}{23}+\frac{125\,678\,852.79}{316\,237\,201.11}}=604\,929.34\pm 36\,058.56$$

也就是说，当 2013 年 $X_f=14\,490.5$ 时，Y_f 个别值置信度 95% 的预测区间为 (568 870.78，640 987.90) 元。

在"Equation"框中，点击"Forecast"可得到预测值及标准误差的图形如图 3-6 所示。

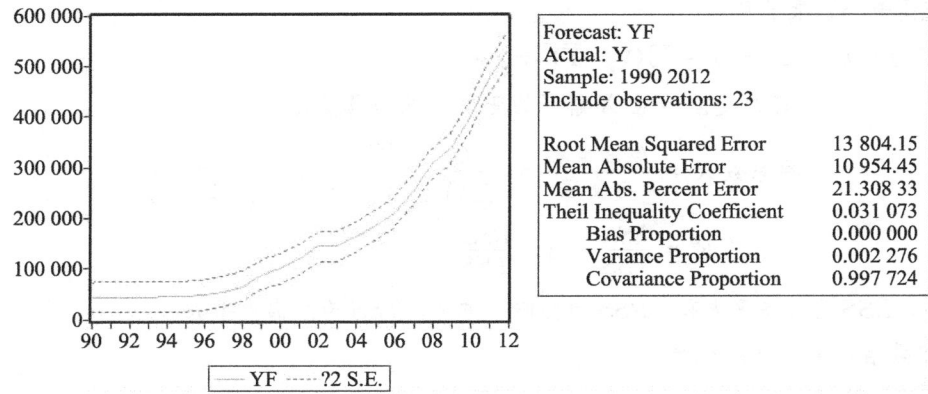

图 3-6　预测值及标准误差

本章小结

1. 回归分析（regression analysis）是关于研究被解释变量对另一个或者多个解释变量之间的依赖关系，用意在于通过后者（在重复样本中）的已知或设定值，去估计和预测前者的（总体）均值。

2. 如果将总体被解释变量 Y 的条件期望表现为解释变量 X 的函数，那么将这个函数称之为总体回归函数。如果将被解释变量 Y 的样本条件均值表示为解释变量 X 的某种函数，这个函数我们称为样本回归函数（SRF）。

3. 在总体回归函数中引进随机扰动项，主要有以下几个方面的原因：作为其他影响因素的代表，模型设定存在误差，变量的观测误差，经济现象的内在随机性。

4. 在计量经济学中，"线性"可以这样解释：一是模型相对于变量来说是线性的。二是模型相对于参数来说是线性的。在本书中，基于回归理论与参数估计方法方面的考虑，我们从参数是不是线性的方面判断回归模型是不是线性的。

5. 回归模型的基本假定包括：

(1) $E(\varepsilon_i)=0$，$i=1,2,\cdots,n$

即各期随机扰动项的期望值为 0。

(2) $E(\varepsilon_i\varepsilon_j)=0$，$i\neq j$

即各期随机扰动项不相关。

(3) $E(\varepsilon_i^2)=\sigma^2$，$i=1,2,\cdots,n$

即各期随机扰动项的方差为常数。

(4) X_i 是非随机量。

即 X_i 的取值是确定的。

(5) $\varepsilon_i \sim N(0,\sigma^2)$，$i=1,2,\cdots,n$

即随机扰动项服从正态分布。

6. 为了使样本回归函数尽可能反映总体回归函数的特征，建议采用剩余平方和最小的准则，这就是最小二乘准则。

7. Y 的变差 $\sum(Y_i-\overline{Y})^2=\sum(\hat{Y}_i-\overline{Y})^2+\sum e_i^2$

$$\text{即总变差}=\text{由 }X\text{ 解释的变差}+\text{未解释变差}$$

$$\text{可决系数 }R^2=\frac{\text{解释变差}}{\text{总变差}}=\frac{\sum(\hat{Y}_i-\overline{Y})^2}{\sum(Y_i-\overline{Y})^2}=1-\frac{\sum e_i^2}{\sum(Y_i-\overline{Y})^2}$$

$$R^2=\frac{ESS}{TSS}=1-\frac{RSS}{TSS}$$

式中，ESS 为残差平方和，RSS 为回归平方和，TSS 为总离差平方和。

8. 参数估计量的统计性质

(1) 线性特征

(2) 无偏性

(3) 有效性

(4) 一致性

9. 参数的区间估计

对参数的区间估计，我们可以分成如下三种情况：

(1) 当总体方差 σ^2 已知时，在 ε_i 的正态性假定下

$$z=\frac{\hat{\beta}_2-\beta_2}{SE(\hat{\beta}_2)} \sim N(0,1)$$

参数 β_2 的 95% 的置信区间为 $[\hat{\beta}_2-1.96SE(\hat{\beta}_2),\hat{\beta}_2+1.96SE(\hat{\beta}_2)]$。

(2) 当总体方差 σ^2 未知，样本容量充分大时，可用 σ^2 的无偏估计 $\hat{\sigma}^2=\frac{\sum e_i^2}{n-2}$ 去替代 σ^2。

$$z=\frac{\hat{\beta}_2-\beta_2}{\frac{\hat{\sigma}}{\sqrt{\sum x_i^2}}} \sim N(0,1)$$

与上面类似，我们可以利用正态分布来确定 β_2 的置信区间。

(3) 当总体方差 σ^2 未知，样本容量较小时，仍用 σ^2 的无偏估计 $\hat{\sigma}^2=\frac{\sum e_i^2}{n-2}$ 去替代 σ^2。

$$z=\frac{\hat{\beta}_2-\beta_2}{SE(\hat{\beta}_2)} \sim t(n-2)$$

如果取定显著性水平 α 下，我们得到的置信区间为

$$P[\hat{\beta}_2 - t_{\alpha/2}SE(\hat{\beta}_2) < \beta_2 < \hat{\beta}_2 + t_{\alpha/2}SE(\hat{\beta}_2)] = 1 - \alpha$$

10. 回归系数的显著性检验

(1) z 检验：利用正态分布进行的显著性检验，也称为 z 检验。

(2) t 检验：利用 t 分布进行的显著性检验，也称为 t 检验。

11. 回归方程的显著性检验——F 检验

假设检验应用统计量 $F = \dfrac{RSS/1}{ESS/n-2} \sim F(1, n-2)$

如果原假设 H_0 成立，在显著性水平 α 下，统计量 F 满足

$$P[F \leqslant F_\alpha(1, n-2)] = 1 - \alpha$$

12. 预测

预测分为点预测和区间预测。其中，区间预测分为均值预测和个值预测。

练习题

1. 回归模型的基本假定的内容是什么？为什么要对回归模型规定统计假设条件？
2. 样本回归函数和总体回归函数之间有哪些区别与联系？
3. 什么是随机扰动项？在总体回归函数中引进随机扰动项，主要有以下哪几个方面的原因？
4. 最小二乘估计量有哪些特性？
5. 可决系数 R^2 说明了什么？它与相关系数的区别和联系是什么？
6. 将下列模型适当变换为标准线性模型：

   (1) $y = \beta_0 + \beta_1 \dfrac{1}{x} + \beta_2 \dfrac{1}{x^2} + \beta_3 \dfrac{1}{x^3} + \beta_4 \dfrac{1}{x^4} + u$

   (2) $Q = AK^\alpha L^\beta e^u$

   (3) $Y = \exp(\beta_0 + \beta_1 X + \beta_2 X^2 + u)$

7. 假设某人估计消费函数（用模型 $C_i = \alpha + \beta Y_i + u_i$ 表示），并获得下列结果：

   $$\hat{C}_i = 15 + 0.81 Y_i$$
   $$t = (3.1)(18.7) \quad n = 19; \quad R^2 = 0.98$$

   括号里的数字表示相应参数的 t 值，请回答以下问题：

   (1) 利用 t 值经验假设：$\beta = 0$（取显著水平为 5%）。

   (2) 确定参数统计量的标准方差。

   (3) 构造 β 的 95% 的置信区间，这个区间包括 0 吗？

8. 下面的数据是从某家企业的 5 个生产车间收集的。

总成本（C）	80	44	51	70	61
产量（Q）	12	4	6	11	8

   请回答以下问题：

   (1) 估计这家企业的线性总成本函数 $\hat{c} = \hat{\alpha} + \hat{\beta} Q$。

   (2) $\hat{\alpha}$ 和 $\hat{\beta}$ 的经济含义是什么？

   (3) 估计产量为 100 时的总成本。

9. 表 3-8 给出了中国 1996~2005 年的名义利率（Y）与通货膨胀率（X）的数据：

表 3-8　中国 1996~2005 年的名义利率与通货膨胀率

年份	名义利率（%）	通货膨胀率（%）	年份	名义利率（%）	通货膨胀率（%）
1996	9.16	8.3	2004	2.03	3.9
1997	7.12	2.8	2005	2.25	1.8
2000	2.25	0.4	2006	2.35	1.5
2001	2.25	0.7	2007	3.87	4.8
2003	1.98	1.2	2008	4.14	5.9

(1) 以利率为纵轴，通货膨胀率为横轴做图。

(2) 用 OLS 方法进行回归分析，写出求解步骤。

(3) 如果实际利率不变，则名义利率与通货膨胀率的关系如何？即在 Y 对 X 的回归中，斜率如何？

10. 假设中国 2003~2014 年广义货币量（Y）与国内生产总值（X）的历史数据如表 3-9 所示：

表 3-9　中国 2003~2014 年广义货币量与国内生产总值　（单位：亿元）

年份	广义货币量	国内生产总值	年份	广义货币量	国内生产总值
2014	1 228 374	636 138	2008	475 166	314 045
2013	1 106 524	588 018	2007	403 442	265 810
2012	974 148	534 123	2006	345 603	216 314
2011	851 590	473 104	2005	298 755	184 937
2010	725 851	401 512	2004	253 207	159 878
2009	610 224	340 902	2003	221 222	135 822

对广义货币量与国内生产总值做相关分析，并说明相关分析结果的经济意义。

Chapter 4

第 4 章

多元线性回归模型

学习目标

1. 了解多元线性回归模型的基本形式
2. 掌握多元线性回归模型的设定、估计和模型检验
3. 了解多元线性回归模型的预测
4. 能够运用多元线性回归模型解决现实的经济问题

在现实经济问题研究中，因变量的变化往往受几个重要因素的影响，此时就需要用两个或两个以上的影响因素作为解释变量来解释因变量的变化，如果有两个或两个以上的解释变量，就称为多元回归。事实上，一种现象常常是与多个因素相联系的，由多个解释变量的最优组合共同来预测或估计因变量，比只用一个解释变量进行预测或估计更有效，更符合实际。

4.1 多元线性回归模型的设定

4.1.1 多元线性回归模型

在一元线性回归模型中，解释变量只有一个。但在实际问题中，影响因变量的变量可能不止一个，在现实经济问题研究中，因变量的变化往往受几个重要因素的影响。例如，商品的需求除了受自身价格的影响外，还要受到消费者收入、其他商品的价格、消费者偏好等因素的影响；影响水果产量的外界因素有平均气温、平均日照时数、平均湿度等。根据凯恩斯的流动性偏好理论，影响人们货币需求的因素不仅包括人们的收入水平，而且包括利率水平等。当解释变量的个数由一个扩展到两个或两个以上时，一元线性回归模型就扩展为多元线性回归模型。多元线性回归模型的基本形式为：

$$Y = \beta_1 + \beta_2 X_2 + \beta_3 X_3 + \cdots + \beta_k X_k + \varepsilon \tag{4-1}$$

式中，β_1 为常数项，$\beta_2, \cdots, \beta_k$ 为回归系数，ε 为随机干扰项，设置该类模型的目的

在于，测度解释变量 X_j 对因变量 Y 的影响，并假定这种影响是线性的，即满足 $\beta_j = \partial Y/\partial X_j$ 的条件。模型中的变量 $X_2, \cdots, X_k$ 被称为控制变量，而且这些控制变量对因变量 Y 的影响也假定是线性的。在测度解释变量 X_j 对因变量 Y 的影响时，如果模型中不引入比较充足的控制变量，那么很难正确估计 X_j 对因变量 Y 的真实影响，而且模型也很难满足基本假定，且样本回归方程的拟合优度也会较低。所以，在实际应用研究中，很少用到一元线性回归模型。模型中每个回归系数 $\beta_j = \partial Y/\partial X_j$ 的经济含义可以解释为在其他因素（变量）不变的条件下，变量 X_j 每变动一个单位，因变量一定会变动 β_j 个单位。

4.1.2 多元线性回归模型的矩阵形式

多元线性回归模型的参数估计比一元线性回归模型要复杂得多，为了便于计算和分析，将结果推广到一般的多变量总体，引入矩阵这一工具简化计算和分析。

对被解释变量 Y 及多个解释变量做 n 次观测，所得到的 n 组观测值 $(Y_i, X_{2i}, \cdots, X_{ki})$，$i=1, 2, \cdots, n$ 的线性关系，可以写成方程组的形式：

$$\begin{aligned} Y_1 &= \beta_1 + \beta_2 X_{21} + \cdots \beta_k X_{k1} + \varepsilon_1 \\ Y_2 &= \beta_1 + \beta_2 X_{22} + \cdots \beta_k X_{k2} + \varepsilon_2 \\ &\vdots \\ Y_n &= \beta_1 + \beta_2 X_{2n} + \cdots \beta_k X_{kn} + \varepsilon_n \end{aligned} \tag{4-2}$$

利用矩阵运算，可表示为：

$$\begin{bmatrix} Y_1 \\ Y_2 \\ \vdots \\ Y_n \end{bmatrix} = \begin{bmatrix} 1 & X_{21} & X_{31} & \cdots & X_{k1} \\ 1 & X_{22} & X_{32} & \cdots & X_{k2} \\ \vdots & \vdots & \vdots & & \vdots \\ 1 & X_{2n} & X_{3n} & \cdots & X_{kn} \end{bmatrix} \begin{bmatrix} \beta_1 \\ \beta_2 \\ \vdots \\ \beta_k \end{bmatrix} + \begin{bmatrix} \varepsilon_1 \\ \varepsilon_2 \\ \vdots \\ \varepsilon_n \end{bmatrix} \tag{4-3}$$

记 $\boldsymbol{Y} = \begin{bmatrix} Y_1 \\ Y_2 \\ \vdots \\ Y_n \end{bmatrix}$，$\boldsymbol{X} = \begin{bmatrix} 1 & X_{21} & X_{31} & \cdots & X_{k1} \\ 1 & X_{22} & X_{32} & \cdots & X_{k2} \\ \vdots & \vdots & \vdots & & \vdots \\ 1 & X_{2n} & X_{3n} & \cdots & X_{kn} \end{bmatrix}$，$\boldsymbol{\beta} = \begin{bmatrix} \beta_1 \\ \beta_2 \\ \vdots \\ \beta_k \end{bmatrix}$，$\boldsymbol{U} = \begin{bmatrix} \varepsilon_1 \\ \varepsilon_2 \\ \vdots \\ \varepsilon_n \end{bmatrix}$

则在该组样本下，总体回归模型的矩阵表示为：

$$\boldsymbol{Y} = \boldsymbol{X\beta} + \boldsymbol{U} \tag{4-4}$$

记 $\hat{\boldsymbol{\beta}} = \begin{bmatrix} \hat{\beta}_1 \\ \hat{\beta}_2 \\ \vdots \\ \hat{\beta}_k \end{bmatrix}$，$\boldsymbol{e} = \begin{bmatrix} e_1 \\ e_2 \\ \vdots \\ e_n \end{bmatrix}$，$\hat{\boldsymbol{Y}} = \begin{bmatrix} \hat{Y}_1 \\ \hat{Y}_2 \\ \vdots \\ \hat{Y}_n \end{bmatrix}$

则样本回归模型的矩阵表示为

$$\boldsymbol{Y} = \boldsymbol{X}\hat{\boldsymbol{\beta}} + \boldsymbol{e} \quad \text{或} \quad \hat{\boldsymbol{Y}} = \boldsymbol{X}\hat{\boldsymbol{\beta}} \tag{4-5}$$

4.1.3 多元线性回归模型的基本假定

在一元线性回归模型的基础上，可将在第 3 章中提出的基本假定平行地推到多元回归模型中去，但对多个解释变量之间还需做出新的假定。下面给出多元线性回归模型的基本假定。

1. 零均值假定

对于给定的 X 值，随机扰动项 u_i 的期望或均值为零：$E(\varepsilon_i)=0(i=1,2,\cdots,n)$，即随机扰动项对被解释变量的影响平均结果为零，此为零均值假设。

2. 同方差和无自相关假定

假设给定 X 值，对于所有的预测，随机扰动项 ε_i 的方差都是相同的，且给定任意两个 X 值，X_i 和 $X_j(i\neq j)$，ε_i 和 ε_j 的相关性为零。用符号表示为：

(1) $\mathrm{Var}(\varepsilon_i)=\sigma^2$，$i=1,2,\cdots,n$，即所有随机扰动项的方差相等，此为同方差假设。

(2) $\mathrm{Cov}(\varepsilon_i,\varepsilon_j)=0$，对任意的 $i\neq j$，$i,j=1,2,\cdots,n$，即不同随机扰动项之间是不相关的，此为无自相关假设。

3. 随机扰动项与解释变量不相关假定

假定随机扰动项 u 和解释变量 X 是不相关的，如果 ε 和 X 是相关的，就不能评估它们各自对 Y 的影响，即

$$\mathrm{Cov}(X_{ji},\varepsilon_i)=0 \quad (j=2,3,\cdots,k;i=1,2,\cdots,n) \tag{4-6}$$

4. 无多重共线性假定

解释变量之间要求无多重共线性。在模型中，如果解释变量 X_i 之间不存在不全为零的数 $c_1,\cdots,c_k$，使得 $c_1+c_2X_2+\cdots+c_kX_k=0$ 成立。如果该假定成立，$\boldsymbol{X}$ 至少有 k 阶子行列式不为零，表明解释变量之间不存在线性相关关系，在此条件下，解释变量观测值矩阵列满秩：

$$rank(\boldsymbol{X})=k \tag{4-7}$$

所以，行列式 $|\boldsymbol{X}'\boldsymbol{X}|\neq 0$，即 $(\boldsymbol{X}'\boldsymbol{X})^{-1}$ 存在。

5. 正态性假定

假定随机扰动项 ε_i 服从正态分布，即

$$\varepsilon_i \sim N(0,\sigma^2) \tag{4-8}$$

4.2 多元线性回归模型的估计

4.2.1 参数的普通最小二乘估计

1. 构造残差平方和

设 $X_{ji},Y_i(j=2,3,\cdots,k;i=1,2,3,\cdots,n)$ 为一组样本观测值，按残差的定义，有

$$e_i=Y_i-\hat{Y}_i=Y_i-(\hat{\beta}_1+\hat{\beta}_2X_{2i}+\cdots+\hat{\beta}_kX_{ki}), \quad i=1,2,\cdots,n \tag{4-9}$$

进一步得到残差平方和，

$$Q = \sum e_i^2 = \sum [Y_i - (\hat{\beta}_1 + \hat{\beta}_2 X_{2i} + \cdots + \hat{\beta}_k X_{ki})]^2 \qquad (4\text{-}10)$$

2. 最小二乘准则

求这样的 $\hat{\beta}_1, \hat{\beta}_2, \cdots, \hat{\beta}_k$，使得函数 Q 有最小值。按照极值原理，求上述参数的偏导数，得

$$\frac{\partial Q}{\partial \hat{\beta}_j} = \frac{\partial (\sum e_i^2)}{\partial \hat{\beta}_j} = 0, \quad j = 1, 2, \cdots, k \qquad (4\text{-}11)$$

这样可以得到如下正规方程组

$$\begin{cases} \sum [Y_i - (\hat{\beta}_1 + \hat{\beta}_2 X_{2i} + \cdots + \hat{\beta}_k X_{ki})] = 0 \\ \sum [Y_i - (\hat{\beta}_1 + \hat{\beta}_2 X_{2i} + \cdots + \hat{\beta}_k X_{ki})] X_{2i} = 0 \\ \cdots \\ \sum [Y_i - (\hat{\beta}_1 + \hat{\beta}_2 X_{2i} + \cdots + \hat{\beta}_k X_{ki})] X_{ki} = 0 \end{cases} \qquad (4\text{-}12)$$

注意方括弧里的表示，即

$$\begin{cases} \sum e_i = 0 \\ \sum e_i X_{2i} = 0 \\ \vdots \\ \sum e_i X_{ki} = 0 \end{cases} \qquad (4\text{-}13)$$

用矩阵表示为

$$\boldsymbol{X}'\boldsymbol{e} = 0 \qquad (4\text{-}14)$$

由回归模型的样本估计形式

$$\boldsymbol{Y} = \boldsymbol{X}\hat{\boldsymbol{\beta}} + \boldsymbol{e} \qquad (4\text{-}15)$$

对上式两端同时乘以 $\boldsymbol{X}'$，得

$$\boldsymbol{X}'\boldsymbol{Y} = \boldsymbol{X}'\boldsymbol{X}\hat{\boldsymbol{\beta}} + \boldsymbol{X}'\boldsymbol{e} \qquad (4\text{-}16)$$

由前述知 $\boldsymbol{X}'\boldsymbol{e} = 0$，所以得到如下表示

$$\boldsymbol{X}'\boldsymbol{Y} = \boldsymbol{X}'\boldsymbol{X}\hat{\boldsymbol{\beta}} \qquad (4\text{-}17)$$

根据无多重共线性假定，这时有 $(\boldsymbol{X}'\boldsymbol{X})^{-1}$ 存在，从而解出 $\hat{\boldsymbol{\beta}}$，得

$$\hat{\boldsymbol{\beta}} = (\boldsymbol{X}'\boldsymbol{X})^{-1}\boldsymbol{X}'\boldsymbol{Y} \qquad (4\text{-}18)$$

即参数估计的矩阵表达式，$\hat{\boldsymbol{\beta}}$ 中各分量就是参数的估计值，即 $\hat{\boldsymbol{\beta}} = (\hat{\beta}_1, \hat{\beta}_2, \cdots, \hat{\beta}_k)'$。这样，我们便得到样本回归模型

$$\hat{Y} = \hat{\beta}_1 + \hat{\beta}_2 X_2 + \cdots + \hat{\beta}_k X_k \qquad (4\text{-}19)$$

4.2.2 偏回归系数的含义

偏回归系数指的是在多元回归分析中，随机因变量对各个解释变量的回归系数，表示各解释变量对随机变量的影响程度。

对模型

$$\hat{Y} = \hat{\beta}_1 + \hat{\beta}_2 X_2 + \cdots + \hat{\beta}_k X_k \qquad (4\text{-}20)$$

中参数估计值的解释。

$\hat{\beta}_j (j=2, 3, \cdots, k)$ 为偏回归系数，它的经济含义是，在其他变量不变的情况下，第 j 个解释变量每变动一个单位，Y 平均增加（或减少）β_j 个单位，这就是所谓的运用边际分析法对多元变量意义下回归参数的解释。

4.2.3 参数最小二乘估计的最优性质

关于在多元线性回归模型中参数估计的最优性质，可根据一元线性回归模型的情况平行得到，其参数的普通最小二乘估计仍具有线性性、无偏性和有效性。

1. 线性性

由于

$$\hat{\boldsymbol{\beta}} = (\boldsymbol{X}'\boldsymbol{X})^{-1}\boldsymbol{X}'\boldsymbol{Y} = \boldsymbol{C}\boldsymbol{Y} \tag{4-21}$$

式中，$\boldsymbol{C} = (\boldsymbol{X}'\boldsymbol{X})^{-1}\boldsymbol{X}'$ 仅仅与固定的 $\boldsymbol{X}$ 有关。可见估计量是被解释变量 $\boldsymbol{Y}$ 的线性组合。

2. 无偏性

参数估计量 $\hat{\boldsymbol{\beta}}$ 的无偏性证明如下：

因为

$$\begin{aligned}\hat{\boldsymbol{\beta}} &= (\boldsymbol{X}'\boldsymbol{X})^{-1}\boldsymbol{X}'\boldsymbol{Y} = (\boldsymbol{X}'\boldsymbol{X})^{-1}\boldsymbol{X}'(\boldsymbol{X}\boldsymbol{\beta} + \boldsymbol{U}) \\ &= (\boldsymbol{X}'\boldsymbol{X})^{-1}\boldsymbol{X}'\boldsymbol{X}\boldsymbol{\beta} + (\boldsymbol{X}'\boldsymbol{X})^{-1}\boldsymbol{X}'\boldsymbol{U} \\ &= \boldsymbol{\beta} + (\boldsymbol{X}'\boldsymbol{X})^{-1}\boldsymbol{X}'\boldsymbol{U}\end{aligned} \tag{4-22}$$

对两边取期望：

$$E(\hat{\boldsymbol{\beta}}) = \boldsymbol{\beta} + (\boldsymbol{X}'\boldsymbol{X})^{-1}\boldsymbol{X}'[E(\boldsymbol{U})] = \boldsymbol{\beta} \tag{4-23}$$

这里利用了随机干扰零均值的假定，$E(\boldsymbol{U}) = 0$，则 $\hat{\boldsymbol{\beta}}$ 是 $\boldsymbol{\beta}$ 的无偏估计。

3. 有效性

参数向量 $\boldsymbol{\beta}$ 的最小二乘估计 $\hat{\boldsymbol{\beta}}$ 是 $\boldsymbol{\beta}$ 的所有线性无偏估计量中方差最小的估计量。这就是说在古典假定都满足的前提下，多元线性回归模型的最小二乘估计量也是最佳线性无偏估计量（BLUE）。

4.2.4 随机扰动项方差的估计

由于回归系数的最小二乘估计的方差与随机扰动项的方差有很大的关系，所以根据样本资料估计随机扰动项的方差 σ^2 就很有必要了。为此，先考虑残差向量：

$$\boldsymbol{e} = \boldsymbol{Y} - \hat{\boldsymbol{Y}} = \boldsymbol{Y} - \boldsymbol{X}\hat{\boldsymbol{\beta}} \tag{4-24}$$

据此，可得到残差平方和

$$\sum e_i^2 = \boldsymbol{e}'\boldsymbol{e} \tag{4-25}$$

可以证明残差平方和具有如下性质

$$E(\sum e_i^2) = E(e'e) = (n-k)\sigma^2 \tag{4-26}$$

即

$$E\left(\frac{\sum e_i^2}{n-k}\right) = \sigma^2 \tag{4-27}$$

随机扰动项方差的估计和标准差的估计分别是

$$\hat{\sigma}^2 = \frac{\sum e_i^2}{n-k} \quad \hat{\sigma} = \sqrt{\frac{\sum e_i^2}{n-k}} \tag{4-28}$$

则$\hat{\sigma}^2$就是随机扰动项方差σ^2的无偏估计，$\hat{\sigma}^2$为估计的方差，$\hat{\sigma}$为估计的标准差。

4.3 多元线性回归模型的检验

4.3.1 拟合优度与调整拟合优度检验

1. 多重可决系数

多重可决系数用R^2表示。其推导过程与一元回归模型的情况一致。公式为：

$$R^2 = \frac{TSS - RSS}{TSS} = 1 - \frac{RSS}{TSS} = \frac{ESS}{TSS} \tag{4-29}$$

2. 修正的可决系数

在用样本可决系数R^2衡量和比较不同的多元回归方程的拟合优度时，会面临两个问题：一是样本容量大时，TSS会增加；二是解释变量多时，RSS会减小。所以，为使解释变量个数和样本容量不同时使用最小二乘法则估计的回归方程之间的R^2有可比性，最好使用修正可决系数$\overline{R}^2$：

$$\overline{R}^2 = 1 - \frac{RSS/(n-k)}{TSS/(n-1)} = 1 - \frac{\sum e_i^2/(n-k)}{\sum(Y_i - \overline{Y})^2/(n-1)} \tag{4-30}$$

式中，k为参数的个数，n为样本容量。

3. $\overline{R}^2$与R^2的关系

$$\overline{R}^2 = 1 - (1 - R^2)\frac{n-1}{n-k} \tag{4-31}$$

或者

$$R^2 = 1 - (1 - \overline{R}^2)\frac{n-k}{n-1} \tag{4-32}$$

(1) 当$k=1$时，即只有截距项时，$R^2 = \overline{R}^2$。

(2) 当$k>1$时，$R^2 > \overline{R}^2$。

(3) $\overline{R}^2$有时可能会出现负值，这时令$\overline{R}^2 = 0$（即当$R^2 < \frac{k-1}{n-1}$时，会出现$\overline{R}^2 < 0$的情况，如果仍然用$\overline{R}^2$去判断拟合优度，将会失去意义。因此，$\overline{R}^2$只适用于Y与X_2，X_3，…，X_k的整体相关程度比较高的情况）。

（4）利用修正的可决系数可以判断新增加的解释变量对被解释变量的影响程度，当模型中增加一个解释变量时，如果 $\frac{RSS}{n-k}$ 变小，则 $\overline{R}^2$ 会增大，便可认为这个解释变量对 Y 有显著性影响，这时可将该变量放进模型，否则，应放弃。

4.3.2 回归系数的显著性检验（t 检验）

在 t 检验中，需要对模型中的某个（总体）参数是否满足虚拟假设 $H_0:\beta_j=a_j$，做出具有统计意义（即带有一定的置信度）的检验，式中 a_j 为某个给定的已知数。特别是，当 $a_j=0$ 时，称为参数的显著性检验。如果拒绝 H_0，说明解释变量 X_j 对被解释变量 Y 具有显著的线性影响，估计值 $\hat{\beta}_j$ 才可以使用；反之，说明解释变量 X_j 对被解释变量 Y 不具有显著的线性影响，估计值 $\hat{\beta}_j$ 就没有意义。具体检验方法如下：

（1）提出假设。
$$H_0:\beta_j=0; \quad H_1:\beta_j\neq 0 \quad j=1,2,\cdots,k$$

（2）构造检验统计量。

在 H_0 成立的情况下，有

$$t_{\hat{\beta}_j}=\frac{\hat{\beta}_j}{SE(\hat{\beta}_j)}\sim t(n-k) \tag{4-33}$$

（3）计算 t 统计量值，$t_{\hat{\beta}_j}=\frac{\hat{\beta}_j}{SE(\hat{\beta}_j)}$。

（4）根据 t 分布，给定显著性水平 α，查表得临界值 $t_{\alpha/2}(n-k)$。

（5）比较判断，若 $|t_{\hat{\beta}_j}|>t_{\alpha/2}(n-k)$，则拒绝 H_0，同时接受 H_1。这表明第 j 个解释变量 x_j 对被解释变量 Y 存在显著性影响；否则，表明第 j 个解释变量 x_j 对被解释变量 Y 不存在显著性影响。

4.3.3 回归方程的显著性检验（F 检验）

F 检验是基于 R^2 的不足而提出的对回归方程整体的精确检验，对于多元线性回归模型，从整体上看，多个解释变量与被解释变量之间是否存在显著的线性关系，或者说 Y 的变动是否依赖于这些解释变量的变化。

多元线性回归模型的线性性检验是建立在三个离差平方和的基础上，即总离差平方和 $TSS=\sum_{i=1}^{n}(Y_i-\overline{Y})^2$，回归平方和 $ESS=\sum_{i=1}^{n}(\hat{Y}_i-\overline{Y})^2$，残差平方和 $RSS=\sum_{i=1}^{n}(Y_i-\hat{Y}_i)^2$，$TSS=RSS+ESS$。与一元线性回归一样，定义 $R^2=ESS/TSS$，它衡量各个解释变量对被解释变量变动的解释程度，显然其取值是在 0 与 1 之间，值越接近 1，则解释变量的解释程度越高，值越接近 0，则解释变量的解释能力越弱。方程线性性显著性检验步骤如下：

(1) 建立原假设和备择假设

$$H_0: \beta_2 = \beta_3 = \cdots = \beta_k = 0; \quad H_1: \beta_j(j=1,2,\cdots,k) \text{ 不全为零}$$

(2) 构造 F 统计量

$$F = \frac{ESS/(k-1)}{RSS/(n-k)} \sim F(k-1, n-k) \tag{4-34}$$

由 F 统计量的构成可以看出（可以证明 ESS 服从自由度为 $k-1$ 的 χ^2 分布，RSS 服从自由度为 $n-k$ 的 χ^2 分布），如果 ESS 显著地大于 RSS，则表明不能认为所有的 β_2，β_3，$\cdots$，β_k 全为零，这时在很大程度上要拒绝 H_0。在该意义下，说明回归方程中的解释变量对被解释变量存在影响。

(3) 根据估计的结果，计算出统计量值 F。

(4) 根据给定显著性水平 α 和自由度，查 F 分布的临界表得到临界值 $F_\alpha(k-1, n-k)$，其中 k 为参数的个数，n 为样本容量。

(5) 比较统计量值 F 和临界值 $F_\alpha(k-1, n-k)$，做出判断，规则如下：

若 $F > F_\alpha(k-1, n-k)$，则拒绝原假使 H_0，表明回归函数从整体上看是显著的，即所有解释变量对被解释变量有显著性影响。若 $F < F_\alpha(k-1, n-k)$，则接受原假设，拒绝备择假设，从而回归模型变量之间线性关系不显著。

统计检验归纳如表 4-1 所示。

表 4-1 统计检验归纳如下表

类型	1. 假设条件	2. 检验统计量	3. 自由度	4. 临界值	比较	判断
参数	$H_0: \beta_j = 0$ $H_1: \beta_j \neq 0$	$t_{\hat{\beta}_j} = \dfrac{\hat{\beta}_j}{SE(\hat{\beta}_j)}$	$n-k$	$t_{\alpha/2}(n-k)$	2>4	拒绝 H_0
模型	$H_0: \beta_2 = \beta_3 = \cdots = \beta_k = 0$ $H_1: \beta_j(j=1, 2, \cdots, k)$ 不全为零	$F = \dfrac{ESS/(k-1)}{RSS/(n-k)}$	①$k-1$ ②$n-k$	$F_\alpha(k-1, n-k)$	2>4	拒绝 H_0
	拟合优度	一元用 R^2，多元用 $\bar{R}^2$	—	$0 < R^2 < 1$，$0 < \bar{R}^2 < 1$	—	

4.4 多元线性回归模型的预测

4.4.1 均值预测

为了对预测期均值 $E(Y_0)$ 进行区间预测，必须得到点的预测值 $\hat{Y}_0$ 与预测平均值 $E(Y_0)$ 的关系，并分析其概率。如果用 ω_0 来表示 $\hat{Y}_0$ 与 $E(Y_0)$ 的偏差，即

$$\omega_0 = \hat{Y}_0 - E(Y_0) \tag{4-35}$$

$\hat{Y}_0$ 服从正态分布，ω_0 也服从正态分布，而且

$$E(\omega_0) = E[\hat{Y}_0 - E(Y_0)] = E(\hat{Y}_0) - E(Y_0) = 0 \tag{4-36}$$

可以证明，ω_0 的方差为 $\sigma^2 \boldsymbol{X}_0 (\boldsymbol{X}'\boldsymbol{X})^{-1} \boldsymbol{X}'_0$，即

$$\omega_0 \sim N[0, \sigma^2 \boldsymbol{X}_0 (\boldsymbol{X}'\boldsymbol{X})^{-1} \boldsymbol{X}'_0] \tag{4-37}$$

取随机干扰项的样本估计量$\hat{\sigma}^2$，构造如下 t 统计量：

$$t = \frac{\hat{\omega}_0 - E(\omega_0)}{SE(\omega_0)} = \frac{\hat{Y}_0 - E(Y_0)}{\hat{\sigma}\sqrt{\boldsymbol{X}_0 (\boldsymbol{X'X})^{-1} \boldsymbol{X'}_0}} \sim t(n-k) \tag{4-38}$$

于是，可得到 $1-\alpha$ 的置信度下 $E(Y_0)$ 的置信区间：

$$\hat{Y}_0 - t_{\alpha/2} \times \hat{\sigma}\sqrt{\boldsymbol{X}_0 (\boldsymbol{X'X})^{-1} \boldsymbol{X'}_0} < E(Y_0) < \hat{Y}_0 + t_{\alpha/2} \times \hat{\sigma}\sqrt{\boldsymbol{X}_0 (\boldsymbol{X'X})^{-1} \boldsymbol{X'}_0} \tag{4-39}$$

4.4.2 个值预测

如果知道实际的预测值 Y_0，那么预测误差为

$$e_0 = Y_0 - \hat{Y}_0 \tag{4-40}$$

那么

$$\begin{aligned} E(e_0) &= E(\boldsymbol{X}_0 \beta + u_0 - \boldsymbol{X}_0 \hat{\beta}) = E[u_0 - \boldsymbol{X}_0(\hat{\beta} - \beta)] \\ &= E[u_0 - \boldsymbol{X}_0 (\boldsymbol{X'X})^{-1} \boldsymbol{X'} u] = 0 \end{aligned} \tag{4-41}$$

因为 Y_0 和 $\hat{Y}_0$ 均服从正态分布，e_0 也服从正态分布，而且 e_0 的方差为：

$$D(e_0) = E(e_0^2) = E[u_0 - \boldsymbol{X}_0 (\boldsymbol{X'X})^{-1} \boldsymbol{X'} u] = \sigma^2 [1 + \boldsymbol{X}_0 (\boldsymbol{X'X})^{-1} \boldsymbol{X'}_0] \tag{4-42}$$

取随机干扰项的样本估计量$\hat{\sigma}^2$，可得 e_0 的方差估计量

$$\hat{\sigma}_{e_0}^2 = \hat{\sigma}^2 [1 + \boldsymbol{X}_0 (\boldsymbol{X'X})^{-1} \boldsymbol{X'}_0] \tag{4-43}$$

构造 t 统计量

$$t = \frac{\hat{Y}_0 - Y_0}{\hat{\sigma}^2} \sim t(n-k) \tag{4-44}$$

可得给定 $1-\alpha$ 的置信水平的置信区间：

$$\hat{Y}_0 - t_{\alpha/2} \times \hat{\sigma}\sqrt{1 + \boldsymbol{X}_0 (\boldsymbol{X'X})^{-1} \boldsymbol{X'}_0} < Y_0 < \hat{Y}_0 + t_{\alpha/2} \times \hat{\sigma}\sqrt{1 + \boldsymbol{X}_0 (\boldsymbol{X'X})^{-1} \boldsymbol{X'}_0} \tag{4-45}$$

4.5 案例分析

4.5.1 研究的目的要求

研究某地区税收收入增长的主要原因，分析地区税收收入的增长规律，预测某地区税收未来的增长趋势，需要建立计量经济学模型。影响税收收入增长的因素有很多，主要的因素可能有：①经济增长是税收增长的基本源泉。②公共财政的需求。税收收入是财政的主体，该地区社会经济的发展和社会保障的完善等都对公共财政提出要求，因此对预算支出所表现的公共财政的需求对当年的税收收入可能有一定的影响。③物价水平。以现行价格计算的 GDP 等指标和经营者收入水平都与物价水平有关。④税收政策因素。税制改革对税收会产生影响。因此可以从以上四个方面，分析各种因素对某地区税收增长的具体影响。

4.5.2 模型设定和数据

为了反映该地区税收增长的全貌，选择税收收入作为被解释变量，以反映该地区税收

的变化；选择地区生产总值（GDP）作为经济增长水平的代表；选择财政支出作为公共财政需求的代表；选择"商品零售物价指数"作为物价水平的代表。由于税制改革难以量化可暂不考虑。所以解释变量设定为可观测"地区生产总值""财政支出""商品零售物价指数"。

表 4-2 为某地区 1988～2012 年与税收收入有关的数据。

表 4-2　某地区 1988～2012 年与税收收入有关的数据

年份	财政收入 Y（亿元）	地区生产总值 X_2（亿元）	财政支出 X_3（亿元）	商品零售价格指数 X_4（%）
1988	519.28	3 624.1	1 122.09	100.7
1989	537.82	4 038.2	1 281.79	102
1990	571.7	4 517.8	1 228.83	106
1991	629.89	4 862.4	1 138.41	102.4
1992	700.02	5 294.7	1 229.98	101.9
1993	775.59	5 934.5	1 409.52	101.5
1994	947.35	7 171	1 701.02	102.8
1995	2 040.79	8 964.4	2 004.25	108.8
1996	2 090.73	10 202.2	2 204.91	106
1997	2 140.36	11 962.5	2 262.18	107.3
1998	2 390.47	14 928.3	2 491.21	118.5
1999	2 727.4	16 909.2	2 823.78	117.8
2000	2 821.86	18 547.9	3 083.59	102.1
2001	2 990.17	21 617.8	3 386.62	102.9
2002	3 296.91	26 638.1	3 742.2	105.4
2003	4 255.3	34 636.4	4 642.3	113.2
2004	5 126.88	46 759.4	5 792.62	121.7
2005	6 038.04	58 478.1	6 823.72	114.8
2006	6 909.82	67 884.6	7 937.55	106.1
2007	8 234.04	74 462.6	9 233.56	100.8
2008	9 262.8	78 345.2	10 798.18	97.4
2009	10 682.58	82 067.5	13 187.67	97
2010	12 581.51	89 468.1	15 886.5	98.5
2011	15 301.38	97 314.8	18 902.58	99.2
2012	17 636.45	104 790.6	22 053.15	98.7

资料来源：某地区统计年鉴。

设定线性回归模型为：

$$Y_i = \beta_1 + \beta_2 X_2 + \beta_3 X_3 + \beta_4 X_4 + \varepsilon_i$$

4.5.3　参数估计

根据 EViews 估计模型参数，可得到表 4-3 所示的结果：

表 4-3 估计结果

Variable	Coefficient	Std. Error	t-Statistic	Prob.
C	−2 582.791	940.612 8	−2.745 860	0.012 1
X2	0.022 067	0.005 577	3.956 605	0.000 7
X3	0.702 104	0.033 236	21.124 66	0.000 0
X4	23.985 41	8.738 302	2.744 859	0.012 1
R-squared	0.997 430	Mean dependent var		4 848.366
Adjusted R-squared	0.997 063	S. D. dependent var		4 870.971
S. E. of regression	263.959 9	Akaike info criterion		14.135 12
Sum squared resid	1 463 172	Schwarz criterion		14.330 14
Log likelihood	−172.689 0	F-statistic		2 717.238
Durbin-Watson stat	0.948 542	Prob (F-statistic)		0.000 000

模型估计的结果为：

$$Y_i = -2\,582.791 + 0.022\,067 X_2 + 0.702\,104 X_3 + 23.985\,41 X_3$$
$$(940.612\,8) \quad (0.005\,6) \quad (0.033\,2) \quad (8.738\,3)$$
$$t = (-2.745\,9) \quad (3.956\,6) \quad (21.124\,7) \quad (2.744\,9)$$
$$R^2 = 0.997 \quad \overline{R}^2 = 0.997 \quad F = 2\,717.238$$

4.5.4 模型检验

1. 经济意义检验

模型估计结果说明，在假定其他变量不变的情况下，当年地区 GDP 每增长 1 亿元，税收收入就会平均增长 0.022 07 亿元；在假定其他变量不变的情况下，当年地区财政支出每增长 1 亿元，税收收入就会增长 0.702 1 亿元；在假定其他变量不变的情况下，当零售商品物价指数上涨一个百分点，地区税收收入就会平均增长 23.985 亿元。

2. 统计检验

（1）拟合优度：$R^2 = 0.997$，修正的可决系数为 $\overline{R}^2 = 0.997$，这说明模型对样本拟合得很好。

（2）F 检验：针对 $H_0: \beta_2 = \beta_3 = \beta_4 = 0$，给定的显著性水平 $\alpha = 0.05$，在 F 分布表中查出自由度为 $k-1=3$ 和 $n-k=21$ 的临界值 $F_\alpha(3, 21) = 3.075$。由 EViews 得到 $F = 2\,717.238 > 3.075$，应拒绝原假设 H_0，说明回归方程显著，即"地区生产总值""财政支出""商品零售物价指数"联合起来确实对"税收收入"有显著的影响。

（3）t 检验：分别针对 $H_0: \beta_j = 0 (j=0, 2, 3, 4)$，给定的显著水平 $\alpha = 0.05$，查 t 分布表得自由度为 $n-k=21$ 临界值 $t_{\alpha/2}(n-k) = 2.080$。由 EViews 数据可得，与 β_0，β_2，β_3，β_4 对应的 t 统计量分别为 $-2.745\,9$，$3.956\,7$，$21.124\,7$，$2.744\,9$，其绝对值均大于 2.080，这说明分别都应当拒绝 H_0，也就是说，当其他解释变量不变时，解释变量"地区生产总值""财政支出"和"商品零售价格指数"分别对被解释变量"税收收入"都有显著的影响。

本章小结

1. 多元线性回归模型是将总体回归函数描述为一个被解释变量与多个解释变量之间线性关系的模型。通常多元线性回归模型可以用矩阵形式表示。

2. 多元线性回归模型中对随机扰动项 u 的假定,包含零均值假定、同方差和无自相关假定、随机扰动项与解释变量不相关假定、无多重共线性假定以及正态性假定。

3. 多元线性回归模型参数的最小二乘估计式;参数估计式的分布性质及期望、方差和标准误差;在基本假定满足的条件下,多元线性回归模型最小二乘估计式是最佳线性无偏估计式。

4. F 检验是对多元线性回归模型中所有解释变量联合显著性的检验,F 检验是在方差分析基础上进行的。

5. 在多元回归分析中,为了分别检验当其他解释变量不变时,各个解释变量是否对被解释变量有显著影响,需要分别对所估计的各个回归系数做 t 检验。

6. 利用多元线性回归模型可以做被解释变量均值预测与个值预测。

练习题

1. 多元线性回归模型中的古典假定与一元线性回归模型有什么不同?
2. 给定二元回归模型:$Y_i = \beta_1 + \beta_2 X_{2i} + \beta_3 X_{3i} + \varepsilon_i (i=1, 2, \cdots, n)$,写出回归模型的矩阵表达式。
3. 什么是偏回归系数?它与简单线性回归的回归系数有什么不同?
4. 可决系数 $\overline{R}^2$ 与总体线性关系显著性 F 之间的关系;F 检验与 t 检验之间的关系。
5. 修正的可决系数 $\overline{R}^2$ 及其作用。
6. 假设要求你建立一个计量经济模型来说明学校跑道上慢跑一千米或以上的人数,以便决定是否修建第二条跑道以满足所有锻炼者。你通过整个学年收集数据,得到两个可能的解释性方程:

    方程 A:$\hat{Y} = 125 - 15X_1 - 1.0X_2 + 1.5X_3 \quad \overline{R}^2 = 0.75$

    方程 B:$\hat{Y} = 123 - 14.0X_1 + 5.5X_2 - 3.7X_4 \quad \overline{R}^2 = 0.73$

    式中,Y = 每天慢跑者的人数,X_1 = 该天降雨的厘米数,X_2 = 该天日照的小时数,X_3 = 该天的最高温度;X_4 = 第二天需交学期论文的班级数。你认为这两个方程中哪个更合理些,为什么?
7. 表 4-4 给出了某地区职工平均消费水平、职工平均收入和生活费用价格指数。

表 4-4　2002~2013 年某地区职工平均消费支出、平均收入和生活费用价格指数

年份	平均消费支出（Y_t） （万元/年）	平均收入（X_{2t}） （美元/年）	生活费用价格指数（X_{3t}） （上年=100）
2002	21.10	30.00	1.00
2003	22.30	35.00	1.02
2004	30.50	41.20	1.20

(续)

年份	平均消费支出（Y_t）（万元/年）	平均收入（X_{2t}）（美元/年）	生活费用价格指数（X_{3t}）（上年＝100）
2005	28.20	51.30	1.20
2006	32.00	55.20	1.50
2007	40.10	60.40	1.05
2008	42.10	65.20	0.90
2009	48.80	70.00	0.95
2010	50.50	80.00	1.10
2011	60.10	92.10	0.95
2012	70.00	102.00	1.02
2013	75.00	120.30	1.05

试根据模型 $Y_i = \beta_1 + \beta_2 X_{2i} + \beta_3 X_{3i} + \varepsilon_i$ 做回归分析。

8. 为了研究中国各旅游区的旅游状况，根据表 4-5 的数据，建立以下模型：

$$Y_i = \beta_1 + \beta_2 X_{2i} + \beta_3 X_{3i} + \varepsilon_i$$

式中，Y 表示外汇收入，X_2 表示旅行社职工人数，X_{3t} 表示国际旅游人数，样本量 $N=31$。试估计上述模型，并进行统计检验。

表 4-5 中国各旅游区的旅游状况

地区	外汇收入（100 万美元）	旅行社职工人数（人）	国际旅游人数（10 000 人次）
北京	2 496	16 000	252.39
天津	209	1 272	32.08
河北	124	987	37.09
山西	43	2 366	13.78
内蒙古	120	628	36.84
辽宁	304	2 186	49.13
吉林	45	831	15.95
黑龙江	148	2 183	40.71
上海	1 364	6 075	165.68
江苏	620	6 430	134.41
浙江	410	5 520	94.78
安徽	67	2 923	25.12
福建	725	4 994	135.69
江西	50	2 044	13.86
山东	265	3 935	62.20
河南	114	3 087	30.01
湖北	105	2 914	30.54
湖南	185	1 912	38.58
广东	3 272	18 395	876.02
广西	202	5 888	77.07
海南	105	1 509	45.65

(续)

地区	外汇收入（100万美元）	旅行社职工人数（人）	国际旅游人数（10 000人次）
重庆	97	1 985	18.49
四川	97	2 549	37.34
贵州	55	831	16.70
云南	350	4 631	104.00
西藏	36	616	10.08
陕西	272	2 501	63.03
甘肃	37	1 557	14.46
青海	4	238	2.05
宁夏	2	185	0.60
新疆	86	1 658	22.38

Chapter 5

第 5 章

线性回归模型的扩展

学习目标

1. 了解线性回归模型的其他形式
2. 掌握过原点回归和标准化变量回归模型的特点
3. 掌握对数模型、倒数模型和多项式回归模型的线性转换以及模型的经济意义
4. 掌握虚拟解释变量回归模型中加法模型与乘法模型的应用方法

在前面第 3 章和第 4 章中,我们主要讨论了线性回归模型(即参数是线性的,变量也是线性的),但在现实中,变量之间并非都是线性关系。

前面已经提到,回归模型的线性与非线性主要是对参数而言(关于线性和非线性的定义这里不再赘述),本书并不关注变量 Y 与 X 是否为线性。因此,就参数线性回归模型而言,可以有多种形式,本章重点介绍过原点回归、标准化变量回归、可线性化的非线性模型,包括对数模型、倒数模型和多项式回归模型三种形式,以及虚拟解释变量回归。这些模型都是参数线性或经过转换成为线性的,因此是线性回归模型。在满足古典假定的条件下,都可以用普通最小二乘法对模型进行估计,并且不会影响参数的性质。

5.1 过原点回归

在少数情形中,回归模型有如下形式:

$$Y_i = \beta_1 X_i + \varepsilon_i \tag{5-1}$$

这个模型中没有截距项,即过点 $X=0$,$Y=0$,我们称之为过原点回归。对于现实中的某些问题,利用该模型分析是合理的,比如,当个人收入 (X) 为 0 时,个人所得税 (Y) 也必须为 0。

下面我们利用普通最小二乘法对模型进行估计,为了便于估计,把上面模型的样本回归函数表示为:

$$\hat{Y}_i = \hat{\beta}_1 X_i \tag{5-2}$$

则最小化的残差平方和为：

$$\sum e_i^2 = \sum (Y_i - \hat{Y}_i)^2 = \sum (Y_i - \hat{\beta}_1 X_i)^2 \tag{5-3}$$

利用微积分求极值的原理，要使 $\sum e_i^2$ 最小，斜率估计值 $\hat{\beta}_1$ 必须满足以下条件：

$$\sum X_i(Y_i - \hat{\beta}_1 X_i) = 0, \text{即} \sum X_i e_i = 0$$

求解即可得到：

$$\hat{\beta}_1 = \frac{\sum X_i Y_i}{\sum X_i^2} \tag{5-4}$$

还可以进一步证明（证明从略）：

$$D(\hat{\beta}_1) = \frac{\sigma^2}{\sum X_i^2} \tag{5-5}$$

$$\hat{\sigma}^2 = \frac{\sum e_i^2}{n-1} \tag{5-6}$$

与有截距的斜率估计值及其方差比较，可以发现二者的不同，当且仅当 $\overline{X}=0$ 时，这两个估计值及其方差才相等，即有截距的斜率估计值及其方差是经过均值调整后得到的，而无截距的斜率估计值则未经过均值调整。另外，有截距模型的随机扰动项 μ_i 方差的估计值 $\hat{\sigma}^2 = \frac{\sum e_i^2}{n-2}$，$\hat{\sigma}^2$ 的自由度为 $(n-2)$，而无截距模型中 $\hat{\sigma}^2$ 的自由度为 $(n-1)$，因为无截距模型中只有一个未知参数。在实际应用中，除非有充足的理论保证，否则贸然使用过原点回归求斜率估计值是不可取的，原因是：如果截距不为零，那么 $\hat{\beta}_1$ 就是 β_1 的有偏估计量（读者可自己证明）。

5.2 标准化变量回归

在如下模型中：

$$Y_i = \beta_1 + \beta_2 X_i + \varepsilon_i \tag{5-7}$$

如果定义：$Y_i^* = \frac{Y_i - \overline{Y}}{S_Y}$，$X_i^* = \frac{X_i - \overline{X}}{S_X}$

式中，$\overline{Y}$ 是 Y 的均值，S_Y 是 Y 的样本标准差，$\overline{X}$ 是 X 的均值，S_X 是 X 的样本标准差。Y_i^* 和 X_i^* 称为标准化变量。新的模型变为：

$$Y_i^* = \beta_1^* + \beta_2^* X_i^* + \varepsilon_i^* \tag{5-8}$$

与原模型相比，标准化变量的回归模型具有一个重要性质，即均值为0，方差为1。根据这一特征，上面标准化变量的回归模型又可以表示为：

$$Y_i^* = \beta_1^* X_i^* + \mu_i^* \tag{5-9}$$

该模型是一个过原点的回归，即标准化变量的回归模型中截距为0，原因在于：在第3章的简单线性回归模型中，我们已经证明截距 $\hat{\beta}_1 = \overline{Y} - \hat{\beta}_2 \overline{X}$，而由于标准化变量的均值总为0，因此，在标准化变量的回归中截距总为0。标准化变量回归中的斜率系数表示，标准化解释变量每增加一个标准差，标准化被解释变量的均值将增加 β_2^* 倍的标准差，这里度量的是解释变量标准化后所引起的被解释变量的变化量。

标准化变量的回归模型可以很好地避免由于度量单位不同而导致的回归结果的差异，在模型对度量单位较为敏感的条件下，就可以先对变量进行标准化，再估计模型。

5.3 可线性化的非线性模型

5.3.1 对数模型

在研究现实经济问题时，常常会遇到三种对数模型：第一种是被解释变量和解释变量都是对数形式的模型，称为双对数模型或常弹性模型；第二种是被解释变量是对数而解释变量是线性的，即对数—线性模型；第三种是被解释变量是线性形式而解释变量是对数形式，即线性—对数模型，后两种模型合称为半对数模型。

1) 双对数模型

对于一个参数和变量都是非线性的模型

$$Y = AX^\alpha (X, Y > 0) \tag{5-10}$$

可以将其变为一个双对数模型

$$\ln Y = \ln A + \alpha \ln X \tag{5-11}$$

从而得到一个变量和参数都是线性的模型。前面我们已经学习到线性回归模型的斜率系数表示的经济意义，即解释变量的单位变动引起被解释变量的绝对变化量。由于 Y 与 $\ln Y$（相应地，X 与 $\ln X$）从概念上说是不同的，因此，在式（5-11）中，α 表示的含义也不同，这里 $\alpha = \dfrac{\Delta \ln Y}{\Delta \ln X}$，事实上，$\alpha$ 表示 Y 对 X 的弹性。

令 X_0、X_1 为两个正数，可以证明对于 X 的微小变化，有：

$$\ln(X_1) - \ln(X_0) \approx \frac{X_1 - X_0}{X_0} = \frac{\Delta X}{X_0} \tag{5-12}$$

成立（对于变量为 Y 的情况也同样成立），将上式两边乘 100，得到

$$100[\ln(X_1) - \ln(X_0)] \approx \Delta X\% \tag{5-13}$$

将 $\ln(X_1) - \ln(X_0)$ 记为 $\Delta \ln(X)$，则上式写为

$$\Delta \ln(X) \approx \Delta X\% \tag{5-14}$$

$\Delta X\%$ 表示 X 从 X_0 变为 X_1 的百分数变化，即 X 的增长率。再来看弹性的定义，弹性表示解释变量变化 1% 引起被解释变量变动的百分比，Y 对 X 的弹性可以用下列关系表示：

$$\frac{\Delta Y}{\Delta X} \times \frac{X}{Y} = \frac{\Delta Y\%}{\Delta X\%} \tag{5-15}$$

若式（5-14）成立，那么显然 Y 对 X 的弹性就近似等于 $\dfrac{\Delta \ln Y}{\Delta \ln X}$。因此，在式（5-10）

中，α 表示 Y 对 X 的弹性。进一步地，假如式（5-11）中的 Y 表示某种商品的需求量，X 表示单位该商品的价格，那么 α 就表示需求价格弹性，即价格变动 1% 时需求量变动 α%。

前面已经提到，式（5-11）是一个线性模型（因为变量是线性的）。这不难理解，令 $Y^* = \ln Y$，$\beta_1 = \ln A$，$\beta_2 = \alpha$，$X^* = \ln X$，则式（5-11）可以写为：

$$Y^* = \beta_1 + \beta_2 X^* \tag{5-16}$$

为了进行估计，该模型可以表示为：

$$Y_i^* = \beta_1 + \beta_2 X_i^* + \varepsilon_i \tag{5-17}$$

该模型就参数和变量而言均是线性的，在满足古典假定的条件下，就可以用普通最小二乘法对模型（5-17）进行估计，并且得到的估计量是最佳线性无偏估计量。

以上模型式也可以推广到模型中存在多个解释变量的情形。例如，在一个具有两个解释变量的对数模型

$$\ln Y_i = \beta_1 + \beta_2 \ln X_{2i} + \beta_3 \ln X_{3i} + \varepsilon_i (X > 0, Y > 0) \tag{5-18}$$

在式（5-18）中，偏斜率系数 β_2、β_3 又称为偏弹性系数，β_2 表示在 X_3 不变的条件下，Y 对 X_2 的弹性。类似地，β_3 表示在 X_2 不变的条件下，Y 对 X_3 的弹性。

2）对数—线性模型

对数—线性模型为被解释变量是对数形式而解释变量是线性形式的模型。由前面内容可知，对数可以表示增长率，在有些情况下，需要测度被解释变量的增长率（在解释变量增加 1 个单位时）。比如，工资与受教育年数存在如下函数关系：

$$\ln Y = \beta_1 + \beta_2 X (Y > 0) \tag{5-19}$$

式中，Y 表示工资，X 表示受教育年数。$\Delta \ln Y = \beta_2 \Delta X$，两边乘以 100，便得到 $100\Delta \ln Y = 100 \times \beta_2 \Delta X$，即 $\Delta Y\% = 100 \times \beta_2 \Delta X$，表示受教育年数每增加 1 年，将使工资增加约 $(100 \times \beta_2)\%$。

3）线性—对数模型

线性—对数模型为解释变量是对数而被解释变量是线性形式的模型。在只有一个解释变量的函数关系式中，这种模型形如下式：

$$Y = \beta_1 + \beta_2 \ln X (X > 0) \tag{5-20}$$

式（5-20）在经济学中也是有意义的，那么，如何解释这个方程呢？根据式（5-19）可以得到

$$\Delta Y = \beta_2 \Delta \ln X \tag{5-21}$$

两边同乘以 100 得到 $100 \times \Delta Y = \beta_2 \times 100 \Delta \ln X$，即 $\Delta Y = \dfrac{\beta_1}{100} \times (\Delta X\%)$，当 X 增加 1% 时，Y 变化 $\beta_1/100$ 个单位。

5.3.2 倒数模型

若 Y 或 X 以倒数形式进入模型，我们称该模型为倒数（或双曲线函数）模型，如：

$$Y_i = \beta_1 + \beta_2 \frac{1}{X_i} + \varepsilon_i \quad \text{或} \quad \frac{1}{Y_i} = \beta_1 + \beta_2 X_i + \varepsilon_i \tag{5-22}$$

这是一个变量非线性模型，若令以上两个模型中的 $Y_i = Y_i^*$，$\frac{1}{X_i} = X^*$，$\frac{1}{Y_i} = Y^{**}$，$X_i = X^{**}$，则进行倒数变换后的模型为

$$Y_i^* = \beta_1 + \beta_2 X_i^* + \varepsilon_i \tag{5-23}$$

$$Y_i^{**} = \beta_1 + \beta_2 X_i^{**} + \varepsilon_i \tag{5-24}$$

变换后的模型是变量线性模型，在满足古典假定的条件下，可以利用 OLS 方法对上述模型式进行估计。

倒数模型的重要特征是当 $\frac{1}{X_i}$ 和 $\frac{1}{Y_i}$ 中的 X_i 或 Y_i 趋于无穷大时，相应的 Y_i 和 X_i 接近渐进值或极值 $\left(\beta_1 \text{ 和 } -\frac{\beta_1}{\beta_2}\right)$。换句话说，在线性模型中，解释变量每变动 1% 时，被解释变量的变化率为常数，而在倒数模型中，被解释变量的变化率却不是常数，而是依赖于解释变量的水平。

5.3.3 多项式回归

若回归模型的形式如下式：

$$Y_i = \beta_1 + \beta_2 X_i + \beta_3 X_i^2 + \beta_4 X_i^3 + \mu_i \tag{5-25}$$

则称之为变量 X 的三次多项式回归模型。这类模型在成本函数的计量分析中应用非常广泛，若令 Y 表示总成本，X 表示产出，那么上述模型则表示总成本函数。这类多项式回归模型的主要特征是，解释变量只有一个，但却以不同的次幂出现，由于每一项对被解释变量的影响不同，因而可将其看作多元回归模型。

上述多项式回归模型是参数线性的，但变量非线性且变量之间是相关的，但由于变量 X^2 和 X^3 是 X 的非线性函数，满足不完全共线性的假定，因此同样可以利用 OLS 方法对模型进行估计。

5.4 虚拟解释变量回归

在回归分析中，被解释变量会受定量变量的影响，如收入、价格、受教育程度、产出、寿命和温度等，但有时我们还必须考虑定性因素，比如性别、民族、婚姻状况、季节等，在实际的经济分析中，定性因素有时具有不可忽视的重要作用。例如，在其他条件不变的情况下，女性的收入比男性低，并且进一步地，已婚女性的收入比单身女性和男性的收入更低，因此，在分析工资问题时，除了要考虑受教育程度、工作经历等定量变量对工资的影响以外，性别、婚姻等定性变量也是值得考虑的重要因素。

为了在模型中反映定性变量，需要将定性变量量化，量化的方法是建立人工变量，并赋值为 0 或 1，这类取值为 0 和 1 的变量称为虚拟变量，也叫二值变量、定性变量、属性变量、双值变量等，通常用字母 D 表示，比如，构造性别这个虚拟变量，当 $D=0$ 时，表示性别为女性，当 $D=1$ 时，表示性别为男性。把包含虚拟变量的模型称为虚拟变量模型，

通常虚拟变量模型有两种类型：一种是解释变量是（或包含）虚拟变量，另一种是被解释变量是虚拟变量。本节只介绍解释变量是（或包含）虚拟变量的情形。

5.4.1 加法模型与方差分析

以加法方式引入虚拟解释变量的模型称为加法模型。根据加法模型中虚拟解释变量的数量和类型，可以将其分为以下四种情形：①解释变量只有一个两分定性变量的回归模型；②解释变量包含一个定量变量和一个两分定性变量的回归模型；③解释变量包含一个定量变量和一个多分定性变量的回归模型；④解释变量包含一个定量变量和多个定性变量的回归模型。

1) 解释变量只有一个两分定性变量

把只包含定性变量或虚拟变量的这类回归模型称为方差分析模型。比如，考虑只包含性别这个虚拟解释变量的工资决定模型：

$$Y_i = \beta_1 + \beta_2 D_i + \varepsilon_i \tag{5-26}$$

式中，Y 表示小时工资，D 是虚拟变量，$D=1$ 代表男性，$D=0$ 代表女性。式（5-26）的意义是，在其他条件（如受教育程度、工作经历、职业等）保持不变的情况下，研究男性和女性的小时工资是否存在差别。假定模型中的随机扰动项 ε_i 满足古典假定，根据模型（5-26）有：

男性平均小时工资为：$E(Y_i|D_i=1)=\beta_1+\beta_2$

女性平均小时工资为：$E(Y_i|D_i=0)=\beta_1$

那么，在其他条件不变的情况下，模型中的斜率 β_2 表示男性和女性在小时工资上的差异，β_2 决定了对女性是否存在歧视，如果 β_2 大于 0，说明女性歧视是存在的。为了检验模型中女性和男性在小时工资上是否存在显著差别，可构造假设 $H_0:\beta_2=0$，即女性和男性的工资没有差别。利用 OLS 对模型进行估计，并使用 t 统计量检验 β_2 的估计值是否显著，便可做出接受或不接受 H_0 假设的判断。

在以上模型中，虚拟变量"性别"有两种分类，即男性和女性，式（5-26）中男性赋值为 1，女性赋值为 0，通常把取值为 0 的那一类称为基准类或比较类，即与之进行比较的那一组。对于只有两种类型的虚拟变量，选择哪一类作为基准类并不会影响我们的结论。比如，在本例中，也可以将女性赋值为 1，男性赋值为 0，那么男性和女性的小时工资差异仍然是 β_2，只不过当 β_2 小于 0 时，表示存在女性歧视。但是，我们并没有同时将女性和男性这两个定性变量都引入模型中，原因在于，当同时引入男性和女性这两个定性变量时，会产生完全多重共线性。假如原模型变为：

$$Y_i = \beta_1 + \beta_2 D_{2i} + \beta_3 D_{3i} + \varepsilon_i \tag{5-27}$$

式中，$D_{2i}=1$ 表示男性，$D_{2i}=0$ 表示女性；$D_{3i}=1$ 表示女性，$D_{3i}=0$ 表示男性。由于 $D_{2i}+D_{3i}=1$，说明女性是男性的一个完全线性函数，因此使用两个虚拟变量会导致完全多重共线性，即陷入所谓的"虚拟变量陷阱"。为了避免"虚拟变量陷阱"，通常的做法是：如果模型中有截距项，并且定性变量有 m 种分类，那么就需要引入 $(m-1)$ 个虚拟变量，在本例中，由于性别有两种分类，因此只引入一个虚拟变量。

2）解释变量包含一个定量变量和一个两分定性变量

在以下的模型中：
$$Y_i = \beta_1 + \beta_2 D_i + \beta_3 X_i + \varepsilon_i \tag{5-28}$$

Y_i 表示消费支出，D_i 表示男性（等于1）或女性（等于0），X_i 表示可支配收入，模型中既包括定量变量（X_i），也包括定性变量（D_i）。该模型反映了可支配收入和性别差异对消费支出的影响。当模型中的随机扰动项 ε_i 满足古典假定时，根据模型（5-28）有：

男性平均消费支出为：$E(Y_i|D_i=1)=\beta_1+\beta_2+\beta_3 X_i$

女性平均消费支出为：$E(Y_i|D_i=0)=\beta_1+\beta_3 X_i$

男性平均消费支出函数的截距为 $\beta_1+\beta_2$，而女性为 β_1，男性和女性平均消费支出的差异为 β_2，两种类型平均消费支出函数的斜率都为 β_3，表明由可支配收入引起的平均消费支出的变化是相同的。男性和女性平均消费支出函数可用图 5-1 表示。

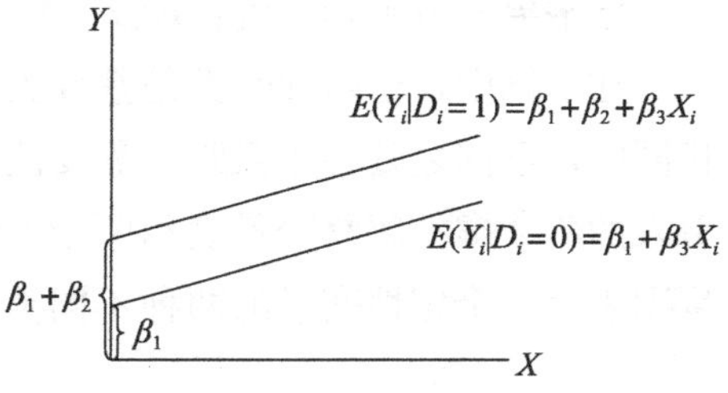

需要指出的是，虚拟变量仅仅说明了存在差异，并不能说明造成差异的原因有哪些，影响消费支出的因素还包括除性别以外的很多其他因素。

图 5-1 加法形式的平均消费支出函数

3）解释变量包含一个定量变量和一个多分定性变量

以上模型中包含的虚拟变量都是只有两种类型的定性变量，但有时需要引入多分定性变量分析某些问题，比如民族、季节、城市排名、银行信用等级等，考虑以下模型：
$$Y_i = \beta_1 + \beta_2 D_{2i} + \beta_3 D_{3i} + \beta_4 X_i + \varepsilon_i \tag{5-29}$$

式中，Y_i 表示小时工资，X_i 表示受教育程度，D 表示相貌水平，D 是定性变量。这里把相貌水平分为以下三类：一般水平、低于一般水平和高于一般水平。由于该定性变量包含三类，所以模型中只引入 2 个虚拟解释变量，并且未引入模型的那一类作为基准类，这里把一般水平作为基准类。$D_{2i}=1$ 表示低于一般水平，$D_{2i}=0$ 表示其他；$D_{3i}=1$ 表示高于一般水平，$D_{3i}=0$ 表示其他；当 $D_{2i}=0$，且 $D_{3i}=0$ 的时候表示一般水平，即基准类。

模型（5-29）描述的是小时工资与相貌水平和受教育程度的因果关系。在受教育水平等其他因素不变的条件下，β_2 表示那些相貌低于一般水平的人与相貌一般的人在工资水平上的差异，β_3 表示那些相貌高于一般水平的人与相貌一般的人在工资水平上的差异。一旦定义了虚拟变量，就可以利用 t 检验完成对原假设 $H_0:\beta_2=0$ 和 $\beta_3=0$ 的检验，也可以利用方差分析或 F 检验完成对联合假设 $\beta_2=\beta_3=0$ 的检验。

一般水平的人平均工资：$E(Y_i|X_i, D_{2i}=0, D_{3i}=0)=\beta_1+\beta_4 X_i$

低于一般水平的人平均工资：$E(Y_i|X_i, D_{2i}=1, D_{3i}=0)=\beta_1+\beta_2+\beta_4 X_i$

高于一般水平的人平均工资：$E(Y_i|X_i, D_{2i}=0, D_{3i}=1)=\beta_1+\beta_3+\beta_4 X_i$

4）解释变量包含一个定量变量和多个定性变量

仍以小时工资的模型为例，考虑如下模型：

$$Y_i = \beta_1 + \beta_2 D_{2i} + \beta_3 D_{3i} + \beta_4 X_i + \varepsilon_i \tag{5-30}$$

式中，Y_i 为小时工资，X_i 为受教育程度，D_{2i} 和 D_{3i} 为虚拟解释变量。$D_{2i}=1$ 表示男性，$D_{2i}=0$ 表示女性；$D_{3i}=1$ 表示未婚，$D_{3i}=0$ 表示已婚。

在这个模型中，我们同时引入了两个虚拟解释变量，设定该模型的意义是：假设在其他因素不变的条件下，受教育程度、性别和婚姻对工资的影响。一般认为，男性工资高于女性，未婚者工资高于已婚者工资，β_3 表示了已婚和未婚者在工资上的差异。若模型满足古典假定，那么：

已婚女性者平均工资：$E(Y_i|X_i, D_{2i}=0, D_{3i}=0) = \beta_1 + \beta_4 X_i$

未婚男性者平均工资：$E(Y_i|X_i, D_{2i}=1, D_{3i}=1) = \beta_1 + \beta_2 + \beta_3 + \beta_4 X_i$

未婚女性者平均工资：$E(Y_i|X_i, D_{2i}=0, D_{3i}=1) = \beta_1 + \beta_3 + \beta_4 X_i$

已婚男性者平均工资：$E(Y_i|X_i, D_{2i}=1, D_{3i}=0) = \beta_1 + \beta_2 + \beta_4 X_i$

在本例中，已婚女性类是基准类，四种类型的工资函数关于受教育程度的斜率系数是相同的，不同之处在于截距。需要注意的是，该模型与模型（5-30）的区别是，该模型中引入的两个虚拟解释变量表示两个不同的定性变量，而模型（5-30）中的两个虚拟解释变量则表示一个定性变量的两种不同类型，二者本质上是不同的。

5.4.2 乘法模型：交互效应与邹至庄检验

模型（5-19）意在说明性别和可支配收入与消费支出的因果关系，但该模型隐含的假定是，这两个解释变量对消费支出的影响是相互独立的，也就是说，假定男性的消费支出比女性高，这与可支配收入无关。但事实上，性别和可支配收入对消费支出的影响并非独立的，换句话说，性别和可支配收入之间存在交互作用，二者对消费支出的影响不只是累加效应，而应该是乘积效应。如果将模型（5-19）设定为以下形式：

$$Y_i = \beta_0 + \beta_1 D_i + \beta_2 X_i + \beta_3 D_i \times X_i + \varepsilon_i \tag{5-31}$$

这里 $D_i \times X_i$ 是虚拟解释变量性别和定量变量可支配收入的乘积，其系数反映了两个变量的联合影响。如果模型满足古典假定，那么女性和男性的消费支出函数分别为：

女性：$E(Y_i|X_i, D_i=0) = \beta_0 + \beta_2 X_i$

男性：$E(Y_i|X_i, D_i=1) = \beta_0 + \beta_1 + (\beta_2 + \beta_3) X_i$

式中，β_1 表示男性和女性在截距上的差异，β_3 表示男性和女性在可支配收入上的差异。如果 $\beta_1>0$ 且 $\beta_3>0$，那么这两个函数可以用图 5-2 表示：

图 5-2 表明，男性组的截距大于女性，并且男性组直线的斜率也大于女性。这说明，在任何收入水平下，男性的消费支出都大于女性，并且随着可支配收入的增加，消费支出的差距越来越大。

如果在上述男性和女性的平均消费支

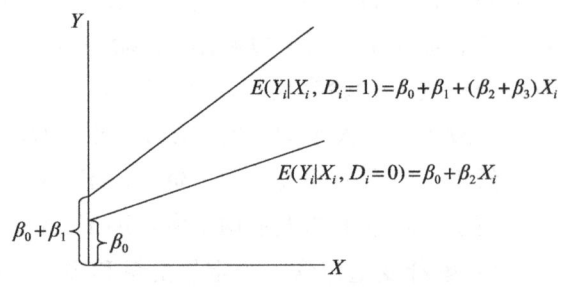

图 5-2 乘法形式的平均消费支出函数

出函数中，假设 $\beta_1=0$ 且 $\beta_3=0$，意味着男性和女性在任何收入水平下的消费支出都相同。那么，这时模型（5-22）变为模型（5-23），其不包含虚拟变量和交互项，自由度为 2（即 $k+1$）。

$$Y_i = \beta_0 + \beta_2 X_i + \varepsilon_i \tag{5-32}$$

如果模型中包含了虚拟变量和交互项［用式（5-31）表示］，即 $\beta_1\neq 0$ 且 $\beta_3\neq 0$，那么模型的自由度为 $n-2(k+1)$。此时，后者的残差平方和实际可以通过两个分离的回归得到，这两个不同的回归分别对应不同的组，如果用 RSS_1 表示第一个回归模型得到的残差平方和，用 RSS_2 表示第二个回归模型得到的残差平方和，那么模型（5-31）的残差平方和就是 $RSS = RSS_1 + RSS_2$。与模型（5-32）比较，两者残差平方和的区别是，模型（5-32）的残差平方和是将两组混合在一起通过估计同一个方程所得到的。模型（5-32）的残差平方和用 RSS_P 表示，那么可以据此得到一个特定的 F 统计量：

$$\frac{[RSS_P - (RSS_1 + RSS_2)]}{RSS_1 + RSS_2} \times \frac{[n-2(k+1)]}{k+1}$$

这一特定的 F 统计量称为邹至庄统计量。需要注意的是，邹至庄检验实质上仍然是 F 检验，因此该检验同样需要满足同方差条件。

5.5 案例分析

哈默梅什和比德尔在一个工资方程中使用了对相貌吸引力的某种度量。样本中的每一个人都被面试主考官根据相貌的吸引力归为五类（不好看、相当普通、一般水平、好看、特别漂亮）中的某一类。由于很少有人处在两个极端上，所以作者将人分为三类进行回归分析：一般水平、低于一般水平和高于一般水平，其中一般水平的那一组是基组。利用来自 1977 年就业质量调查中的数据，在控制了通常的生产力特征之后，哈默梅什和比德尔对男性估计了方程：

$$\widehat{\ln Y} = \beta_0 - 0.164 X_{\text{below}} + 0.016 X_{\text{above}} + 其他因素$$
$$\quad\quad\quad\quad (0.046) \quad\quad\quad (0.033)$$
$$n = 700, \quad \overline{R}^2 = 0.403$$

并对女性估计了方程如下：

$$\widehat{\ln X} = \beta_0 - 0.124 X_{\text{below}} + 0.035 X_{\text{above}} + 其他因素$$
$$\quad\quad\quad\quad (0.066) \quad\quad\quad (0.049)$$
$$n = 409, \quad \overline{R}^2 = 0.330$$

括号中为标准差。式中，X_{below} 表示低于一般水平，X_{above} 表示高于一般水平。其他因素包括受教育程度、工作经历等，为节省篇幅，这里未报告其他变量的系数和截距。

该结果表明，对于男性，那些相貌低于一般水平的人，在其他方面相同（包括受教育程度、工作经历等）的情况下，预计比相貌处于一般水平的男性少挣约 16.4%，这个影响在统计上是显著的。类似地，相貌高于一般水平的男性预计要多挣约 1.6%，但这种影响在统计上并不显著。一个相貌低于一般水平的女性，比一个在其他方面相当但相貌处在一般水平的女性少挣约 12.4%，t 统计量是显著的；相貌高于一般水平的女性预计要多挣 3.5%，但该估计值在统计上也不显著。

本章小结

1. 过原点回归模型无截距项，与有截距项的回归模型相比，斜率估计值和方差均不同，有截距的斜率估计值及其方差是经过均值调整后得到的，而无截距的斜率估计值则未经过均值调整。

2. 标准化变量回归是一个过原点的回归，其斜率系数表示解释变量每增加一个标准差，被解释变量将增加 β_2 倍的标准差。

3. 可线性化的非线性模型主要有以下三种：对数模型、倒数模型和多项式回归，变量的对数形式可以近似表示该变量的变化率，因此，双对数模型中的斜率即表示弹性。对数—线性模型为被解释变量是对数形式而解释变量是线性形式的模型（即解释变量表示绝对量，被解释变量表示增长率），线性—对数模型为解释变量是对数而被解释变量是线性形式的模型（即解释变量表示增长率，被解释变量表示绝对量）。倒数模型表示被解释变量或解释变量以倒数形式进入模型的形式。多项式回归模型是指解释变量以不同次幂进入模型。

4. 虚拟解释变量回归模型指模型中的解释变量包含定性变量的回归模型，定性变量也叫虚拟变量，通常可以赋值为 0 或 1。以加法形式引入虚拟解释变量的模型称为加法模型，可以分为四种类型，加法模型中被解释变量受虚拟解释变量与定量变量各自独立的影响。乘法模型表示虚拟解释变量与定量变量对被解释变量的影响并非独立的，而是存在交互效应。以加法方式引入虚拟变量改变的是模型的截距，以乘法方式引入虚拟变量改变的是模型的斜率。

练习题

1. 单方程计量经济学模型的扩展形式有哪几种？
2. 引入虚拟解释变量的两种基本方式是什么？它们各适用于什么情况？
3. 虚拟变量为何只选 0、1，选 2、3、4 行吗？为什么？
4. 恩格尔曲线表明了消费者对某一商品的消费支出占总收入的比重。令 Y 表示某一商品上的消费支出，X 表示消费者收入，考虑下面模型：

   a. $Y_i = B_1 + B_2 X_i + u_i$

   b. $Y_i = B_1 + B_2 \left(\dfrac{1}{X_i}\right) + u_i$

   c. $\ln Y_i = B_1 + B_2 \ln X_i + u_i$

   d. $Y_i = B_1 + B_2 \ln X_i + u_i$

   e. $\ln Y_i = B_1 + B_2 \left(\dfrac{1}{X_i}\right) + u_i$

   你将选择哪个模型？（提示：解释各个斜率，求出各个支出对收入的弹性系数的表达式）

5. 考虑下面的模型：
$$Y_i = B_0 + B_1 X_i + B_2 D_{2i} + B_3 D_{3i} + u_i$$

式中，Y 为 MBA 毕业生年收入；X 为工龄；$D_2=1$ 表示中国人民大学 MBA，$D_2=0$ 表示其他；$D_3=1$ 表示北京大学 MBA，$D_3=0$ 表示其他。

a. 预期各个系数的符号如何？
b. 如何解释 B_2、B_3？
c. 如果 $B_2 > B_3$，则得出什么结论？

Chapter 6

第 6 章

违背经典假设的模型

学习目标

1. 了解违背经典假设的几种情况
2. 掌握多重共线性产生的原因、检验和判断方法以及补救措施
3. 掌握异方差产生的原因、如何检验以及修正的方法
4. 掌握自相关产生的原因、如何检验以及修正的方法

在经典假设下,采用普通最小二乘法可以得到无偏的、有效的参数估计量。但是,在研究实际的经济社会问题时,经常会遇到一些违背经典假设的情况,如果所设定的模型违背了某一项基本假设,那么采用普通最小二乘法估计就不能得到无偏的、有效的参数估计量,这就需要对模型进行修正和变换。常见的违背经典假设的情况有多重共线性、异方差和自相关三种情况。

6.1 多重共线性

6.1.1 定义及特质

1. 多重共线性的含义

所谓多重共线性(multicollinearity)是指回归模型中的解释变量之间由于存在精确的线性关系或近似的线性关系而使模型估计失真或难以估计准确。如果解释变量之间存在精确的线性关系,称之为完全多重共线性;如果解释变量之间存在近似的线性关系,称之为不完全多重共线性。在回归模型中,某一个解释变量的回归系数是方程中其他解释变量保持不变时,解释变量变动一个单位对因变量的影响。但是在一个特定的样本估计中,如果解释变量之间存在精确的线性关系或近似的线性关系,当一个变量发生变化时,与之相关的变量也会随之发生变化,OLS估计难以把解释变量对因变量的影响区别开来。

1) 完全多重共线性

完全多重共线性违背了经典假设，该假设要求没有一个解释变量是任何其他解释变量的完全线性函数。而完全多重共线性意味着解释变量之间存在完全的线性关系。对于多元线性回归模型 $Y_i = \beta_1 + \beta_2 X_{2i} + \cdots + \beta_k X_{ki} + \varepsilon_i$，若存在一组不全为 0 的常数 $c_1, c_2, \cdots, c_k$，使得 $c_1 + c_2 X_2 + \cdots + c_k X_k = 0$，则模型中存在完全的多重共线性。例如，名义利率和实际利率之差即为通货膨胀，假如在某种极其严格的价格管制期间，通货膨胀率是固定不变的，当把名义利率和实际利率都作为方程的解释变量时，名义利率和实际利率之差也是固定的，两个变量将会出现完全多重共线性。两个变量之间的完全的线性关系可以表示为：

$$X_{2i} = \alpha_0 + \alpha_1 X_{3i} \tag{6-1}$$

式中，α_0 和 α_1 是常数，X_{2i} 和 X_{3i} 是某一个估计的两个解释变量。注意式（6-1）中没有误差项，这就意味着给定 X_{3i}，我们就可以精确计算出 X_{2i}。当这两个变量存在完全多重共线性时，无法将这两个解释变量加以区别，因而也就不可能对其系数进行估计。

2) 不完全多重共线性

完全的多重共线性是很容易发现和避免的，在回归模型估计中，一般出现的是在一定程度上的共线性，即不完全多重共线性。对于多元线性回归模型 $Y_i = \beta_1 + \beta_2 X_{2i} + \cdots + \beta_k X_{ki} + \varepsilon_i$，若存在一组不全为 0 的常数 $c_1, c_2, \cdots, c_k$，$c_1 + c_2 X_2 + \cdots + c_k X_k + u = 0$，则称模型中存在近似的多重共线性。由于不完全多重共线性变量之间存在很强的或近似的（但不是完全的）线性关系，以至于影响了变量系数的估计。例如，建立一个服装需求函数模型，以服装需求量 q 为被解释变量，根据需求理论，选择收入 I、服装价格 p 和其他商品价格为解释变量，按照直观判断，解释变量收入与价格之间不应该相关，因为商品的价格并不随着购买者的收入而发生变化。但是，调查数据却显示，它们之间确实存在着一定的相关性。进一步分析发现，高收入者经常在高档商场购买服装，低收入者一般在低档商场购买服装，同样的服装对于不同收入的购买者确实有不同的价格，这就产生了不完全多重共线性。换句话说，当两个（或多个）解释变量不完全线性相关时，就产生了不完全多重共线性，两个变量之间的不完全的线性关系可以表示为：

$$X_{2i} = \alpha_0 + \alpha_1 X_{3i} + u_i \tag{6-2}$$

式（6-1）相比于式（6-2），式（6-2）中包含了随机扰动项 u_i，也就意味着，尽管解释变量 X_{2i} 和 X_{3i} 可能存在很强的线性关系，但是 X_{3i} 还不足以完全解释 X_{2i} 的变异，而是仍然存在一些不能由 X_{3i} 所解释的变化。

2. 产生多重共线性的原因和特点

多重共线性在经济现象中具有普遍性，其产生的原因有很多，一般较常见的有以下四种情况：

1) 经济变量间具有相同方向的变化趋势

在同一经济发展阶段，一些因素的变化往往同时影响若干经济变量向相同方向变化，从而引起多重共线性。如在经济上升时期，投资、收入、消费、储蓄等经济指标都趋向增长，这些经济变量在引入同一线性回归模型并作为解释变量时，往往存在较严重的多重共线性。

2) 经济变量间存在较密切的关系

由于组成经济系统的各要素之间是相互影响、相互制约的,因而在数量关系上也会存在一定联系。如耕地面积与施肥量都会对粮食总产量有一定影响,同时,二者本身存在密切的关系。

3) 采用滞后变量作为解释变量较易产生多重共线性

一般滞后变量与当期变量在经济意义上关联度比较密切,往往会产生多重共线性。如在研究消费规律时,解释变量因素不但要考虑当期收入,还要考虑以往各期收入,而当期收入与滞后收入间存在多重共线性的可能很大。

4) 样本数据自身的原因

有些模型出现多重共线性是由数据自身的原因造成的。例如,抽样仅仅限于总体中解释变量取值的一个有限范围,或者由于总体样本受限,数据收集范围过窄,有时会造成变量间存在多重共线性问题。

6.1.2 对模型估计的影响

当解释变量出现多重共线性的时候,会对模型估计产生一系列的影响,主要表现在:

1. 完全多重共线性对模型估计的影响

以二元线性回归模型为例:

$$Y_i = \beta_1 + \beta_2 X_{2i} + \beta_3 X_{3i} + u_i \tag{6-3}$$

以离差形式表示,假设其中 $y_i = Y_i - \overline{Y}$, $x_{2i} = X_{2i} - \overline{X}_2$, $x_{3i} = X_{3i} - \overline{X}_3$, $X_{2i} = \lambda X_{3i}$,常数 $\lambda \neq 0$,则,$X_{2i} = \lambda X_{3i}$,$\hat{\beta}_2$ 的最小二乘估计量为:

$$\hat{\beta}_2 = \frac{\sum x_{3i}^2 \sum x_{2i} y_i - \sum x_{2i} x_{3i} \sum x_{3i} y_i}{\sum x_{2i}^2 \sum x_{3i}^2 - (\sum x_{2i} x_{3i})^2}$$

$$\frac{\lambda \sum x_{3i}^2 \sum x_{3i} y_i - \lambda \sum x_{3i}^2 \sum x_{3i} y_i}{\lambda^2 (\sum x_{3i}^2)^2 - \lambda^2 (\sum x_{3i}^2)^2} = \frac{0}{0} \tag{6-4}$$

同理得到:

$$\hat{\beta}_3 = \frac{0}{0}$$

可见参数估计值 $\hat{\beta}_2$ 和 $\hat{\beta}_3$ 无法确定。

再考察参数估计量的方差可知:

$$D(\hat{\beta}_2) = \frac{\sum x_{3i}^2}{\sum x_{2i}^2 \sum x_{3i}^2 - (\sum x_{2i} x_{3i})^2} \sigma_\varepsilon^2 \tag{6-5}$$

将 $x_{1i} = \lambda x_{2i}$ 代入上式,则

$$D(\hat{\beta}_2) = \frac{\sigma_\varepsilon^2 \sum x_{3i}^2}{\lambda^2 (\sum x_{3i}^2)^2 - \lambda^2 (\sum x_{3i}^2)^2} \tag{6-6}$$

$$= \infty$$

说明此种情况下 $\hat{\beta}_2$ 方差为无穷大。用同样的方法可以证明 $\hat{\beta}_3$ 的方差在完全共线性下也

为无穷大。以上分析表明，在完全多重共线性条件下，普通最小二乘法估计的参数值不能确定，并且估计值的方差为无穷大。

2. 不完全多重共线性对模型估计的影响

1）增大了 OLS 估计量的方差

假设一个模型估计中，有两个解释变量 X_1 和 X_2 存在多重共线性，方差膨胀因子可表示为：

$$VIF = \frac{1}{1-r_{12}^2} \tag{6-7}$$

式中，VIF 即为方差膨胀因子的值，r_{12} 表示 X_1 和 X_2 的相关系数，当 X_1 和 X_2 完全线性相关时，r_{12} 趋于 1，方差膨胀因子 VIF 趋于无穷大；而当 r_{12} 为 0 时，表明根本不存在多重共线性，VIF 为 1。这表明，随着多重共线性程度的增强，OLS 估计量的方差也将成倍增长，直至变到无穷大。多重共线性导致了较大方差的后果之一就是解释变量不同于真值的概率较大，增加了估计系数具有非预期符号的可能性（见图 6-1）。

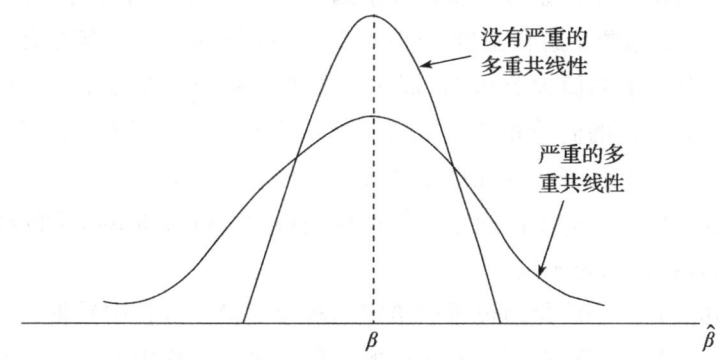

图 6-1　严重的多重共线性导致 $\hat{\beta}$ 的方差增大

2）难以区分每个解释变量的单独影响

在多重共线性的情况下，解释变量的相关性将无法"保持其他变量不变"，从而难以分离出每个解释变量的单独影响。这样就会导致各个回归系数的值很难精确估计，甚至可能出现符号错误的现象。

3）t 检验的可靠性降低

计算 t 统计值时，其公式中分母是估计系数的标准误，多重共线性增加了估计系数的标准误，t 统计值必然下降，这样可能会使得模型估计中原来显著的值变得不显著，即容易将有重要影响的解释变量误认为不显著的变量。

4）回归模型缺乏稳定性

当模型存在多重共线性时，样本数据即使有微小的变化，也可能导致系数估计值发生明显改变，参数估计对样本的变化比较敏感，这实际上也是 OLS 估计方差较大的另一个表现。

6.1.3 多重共线性的检验

当回归模型中存在多重共线性的时候，如何检验和判断？下面介绍几种常见的检验方法。

1. 完全多重共线性的检验

完全多重共线性的情况并不多见，在回归分析之前，也很容易发现存在完全多重共线性的解释变量。可以采用以下三种方法来判断是否存在完全多重共线性：第一，考察一个变量是否是另一个变量的倍数；第二，考察一个变量是否等于另一个变量加上一个常数项；第三，考察一个变量是否等于另外两个变量相加。如果存在以上几种情况，就应该剔除其中的一个变量。

2. 不完全多重共线性的检验

1) 简单相关系数检验法

严重多重共线性的一个侦察方法就是考察两个解释变量之间的简单相关系数 r。如果 r 的绝对值很大，那么这两个解释变量之间的相关程度很高，可能存在潜在的多重共线性问题。一般而言，如果 r 的值大于 0.8，那么就要考虑是否存在多重共线性的问题了。这里要特别强调的是，较高的简单相关系数只是判断存在多重共线性的充分而非必要条件，也就是说尽管较高的 r 确实表明存在严重的多重共线性问题，但是较低的 r 值并不意味着不存在多重共线性，因此，并不能简单地依据相关系数进行多重共线性的准确判断。

2) 方差扩大（膨胀）因子法

方差扩大（膨胀）因子法是通过考察给定的解释变量被方程中其他所有解释变量所解释的程度，以此来判断是否存在多重共线性的一种方法。方程中的每一个解释变量都有一个方差扩大（膨胀）因子（variance inflation factor，VIF），它反映的是多重共线性在多大程度上增大估计系数方差的指标。统计上可以证明，解释变量 X_j、参数估计值 $\hat{\beta}_j$ 的方差可表示为：

$$D(\hat{\beta}_j) = \frac{\sigma^2}{\sum x_j^2} \times \frac{1}{1-R_j^2} = \frac{\sigma^2}{\sum x_j^2} \times VIF_j \tag{6-8}$$

式（6-8）中，VIF_j 是变量 X_j 的方差扩大因子，即 $VIF_j = \frac{1}{1-R_j^2}$，这里的 R_j^2 是多个解释变量辅助回归的可决系数。R_j^2 越大，说明变量间多重共线性越严重，方差膨胀因子 VIF_j 也就越大。经验表明，$VIF_j \geq 10$ 时，说明解释变量与其余解释变量之间有严重的多重共线性，且这种多重共线性可能会过度地影响最小二乘估计。

3) 直观判断法

当存在以下几种情况的时候，可能在模型中存在着多重共线性：第一，如果增加一个变量或删除一个变量，回归系数的估计值发生了很大的变化，回归方程可能存在严重的多重共线性；第二，有些解释变量的回归系数符号与专业知识或一般经验相反，很可能存在多重共线性；第三，如果从经济理论或常识来看某个解释变量对被解释变量有重要影响，但是从线性回归模型的拟合结果来看，该解释变量的参数估计值经 t 检验不显著，但是却通过了 F 检验，那么可能是解释变量间存在多重共线性所导致的；第四，某些重要变量的回归系数置信区间明显过大，可能存在严重多重共线性。

4）逐步回归检测法

逐步回归的基本思想是将变量逐个引入模型，每引入一个解释变量后都要进行 F 检验，并对已经选入的解释变量逐个进行 t 检验，当原来引入的解释变量由于后面解释变量的引入变得不再显著时，则将其删除。以确保每次引入新的变量之前回归方程中只包含先主动变量。这是一个反复的过程，直到既没有显著的解释变量选入回归方程，也没有不显著的解释变量从回归方程中剔除为止，以保证最后所得到的解释变量集是最优的。依据上述思想，可利用逐步回归筛选并剔除引起多重共线性的变量，其具体步骤如下：首先，将 Y 对所有的解释变量分别做回归，得到所有的模型，将可决系数最大的模型中的解释变量加入模型，作为第一个引入模型的变量；其次，将 Y 再对剩余的解释变量分别加入模型，进行二元回归；最后，取可决系数最大的解释变量加入模型；依次做下去，直到模型的可决系数不再改善为止。经过逐步回归，使得最后保留在模型中的解释变量既是重要的，又没有严重多重共线性。

5）修正的 Frish 判别法

该方法不仅可以对多重共线性进行判别，同时也是处理多重共线性问题的一种有效方法。其步骤为：首先，用被解释变量分别对每个解释变量进行线性回归，根据经济理论和统计检验从中选择一个最合适的回归模型作为基本回归模型，通常选取可决系数 R^2 最大的回归模型。其次，在基本回归模型中逐个增加其他解释变量，重新进行线性回归，如果新增加的这个解释变量提高了回归模型的可决系数 R^2，并且回归模型中的其他参数统计上仍然显著，就在模型中保留该解释变量；如果新增加的解释变量没有显著提高回归模型的拟合优度，则不在模型中保留该解释变量；如果新增加的解释变量提高了回归模型的可决系数，并且回归模型中某些参数的数值或符号等受到显著的影响，说明模型中存在多重共线性，对该解释变量同与之相关的其他解释变量进行比较，在模型中保留对被解释变量影响较大的，剔除影响较小的。

6.1.4 补救措施

1. 剔除引起共线性的变量

根据经济理论和实际经验设定计量经济模型时，容易考虑过多的解释变量，其中，有些可能是无显著影响的次要变量，还有一些变量的影响可以用模型中的其他变量来代替。所以在估计模型之前，找出引起多重共线性的变量，将它剔除出去，是最有效的克服多重共线性问题的方法。

2. 先验信息法

先验信息法是指根据经济理论或者其他已有研究成果事前确定回归模型参数间的某种

关系，将这种约束条件与样本信息综合考虑，进行最小二乘估计。运用参数间的先验信息可以消除多重共线性，如对柯布-道格拉斯生产函数进行回归估计：

$$Y = AL^{\alpha}K^{\beta}e^{u} \tag{6-9}$$

式中，Y、L、K 分别表示产出、劳动力和资本。由先验信息可知劳动投入量 L 与资金投入量 K 之间通常是高度相关的，如果按照经济理论"生产规模报酬不变"的假定，$\alpha+\beta=1$

则

$$Y = AL^{\alpha}K^{\beta} = AL^{1-\beta}K^{\beta} = AL\left(\frac{K}{L}\right)^{\beta}e^{u} \tag{6-10}$$

$$\frac{Y}{L} = A\left(\frac{K}{L}\right)^{\beta}e^{u} \tag{6-11}$$

两边取对数：

$$\ln\frac{Y}{K} = \ln A + \beta \ln\frac{L}{K} \tag{6-12}$$

此时上式为一元线性回归模型，不存在多重共线性问题。

3. 变换模型和变量的形式

对原模型进行适当的变换，也可以削弱甚至消除原模型中解释变量之间的相关关系。具体有三种变换方式：一是变换模型的函数形式；二是变换模型的变量形式；三是改变变量的统计指标。

1) 变化模型的函数形式

对回归模型中所有变量做差分变换也是消除多重共线性的一种有效方法。如假定原回归模型为：

$$Y_t = \beta_1 + \beta_2 X_{2t} + \beta_3 X_{3t} + \varepsilon_t \tag{6-13}$$

模型中解释变量 X_{1t} 与 X_{2t} 间存在多重共线性，X_{1t} 与 X_{2t} 都是时间序列资料，对于 $t-1$ 期：

$$Y_{t-1} = \beta_1 + \beta_2 X_{2,t-2} + \beta_3 X_{3,t-3} + \varepsilon_{t-1} \tag{6-14}$$

$$Y_t - Y_{t-1} = \beta_2(X_{2t} - X_{2,t-2}) + \beta_3(X_{3t} - X_{3,t-3}) + \varepsilon_t - \varepsilon_{t-1} \tag{6-15}$$

得到原模型 t 期与 $t-1$ 期的一阶差分形式，令一阶差分为：

$$\begin{cases} \Delta Y_t = Y_t - Y_{t-1} \\ \Delta X_{2t} = X_{2t} - X_{2,t-2} \\ \Delta X_{3t} = X_{3t} - X_{3,t-3} \\ \Delta \varepsilon_t = \varepsilon_t - \varepsilon_{t-1} \end{cases}$$

可以得到一阶差分模型：

$$\Delta Y_t = \beta_2 \Delta X_{2t} + \beta_3 \Delta X_{3t} + \Delta \varepsilon_t \tag{6-16}$$

这里的解释变量不再是原来的解释变量而是解释变量的一阶差分，即使原模型中存在严重的多重共线性，变换后的一阶差分模型一般也可以解决此类问题。

值得注意的是，差分变换法也有一定的负面作用。由于 $\Delta \varepsilon_t = \varepsilon_t - \varepsilon_{t-1}$，$\Delta \varepsilon_{t-1} = \varepsilon_{t-1} - \varepsilon_{t-2}$，…，而 $\Delta \varepsilon_t$ 与 $\Delta \varepsilon_{t-1}$、$\Delta \varepsilon_{t-2}$ 等必然相关，因此差分变换法在减少多重共线性的同时，却带来了随机扰动项序列相关问题。

2）变换模型的变量形式

将总量指标进行对数变换，总量指标经过对数变换后，可将原来建立的线性回归模型转化为双对数模型，分析各解释变量的增减率对被解释变量增减率的影响。此外，还有将名义数据转化为实际数据，剔除价格影响，有助于反映现象之间真实的数据变化，降低多重共线性。

3）改变变量的统计指标

如原来是总量指标，可计算人均指标或结构相对数（比重）指标等，经过这样的数据处理后有时可降低共线性。下面列举一个用相对数变量替代绝对数变量消除共线性的例子，设需求函数为：

$$Y = \beta_1 + \beta_2 X + \beta_3 P + \beta_4 P_1 + \varepsilon \tag{6-17}$$

式中，Y、X、P、P_1 分别代表需求量、收入、商品价格与替代商品价格，由于商品价格与替代商品价格往往是同方向变动，该需求函数模型可能存在多重共线性。

考虑用两种商品价格之比作解释变量，代替原模型中商品价格与替代商品价格两个解释变量，则模型为如下形式：

$$Y = \beta_1 + \beta_2 X + \beta_3 \left(\frac{P}{P_1}\right) + \varepsilon \tag{6-18}$$

原模型中两种商品价格变量之间的多重共线性得以避免。

4. 综合使用时序数据与横截面数据

如果能同时获得变量的时序数据和横截面数据，则先利用某类数据估计出模型中的部分参数，再利用另一类数据估计模型的其余参数。例如，我们要研究中国家用空调的需求，并收集到了关于家用空调的销售数据（Y_t）、平均价格（P_t）和消费者收入（I_t）的时间序列数据。根据研究目的，设定模型为：

$$\ln Y_t = \beta_1 + \beta_2 \ln P_t + \beta_3 \ln I_t + \varepsilon_t \tag{6-19}$$

目的是要估计价格弹性 β_2 和收入弹性 β_3。在时间序列分析中，价格和收入一般都具有高度共线性的趋势，但如果有城镇和农村居民住户调查的截面数据，就可能可靠地估计收入弹性 β_3。令收入弹性的截面估计为 $\hat{\beta}_3^*$，就可以将时间序列回归写成：

$$Y_t^* = \beta_1 + \beta_2 \ln P_t + \varepsilon_t \tag{6-20}$$

式（6-20）中，$Y_t^* = \ln Y - \hat{\beta}_3^* \ln I_t$。

这样可以得到价格弹性的估计值。值得注意的是这里包含着假设：收入弹性的横截面估计和从纯粹时间序列分析中得到的估计是一样的。当横截面估计在不同截面估计之间没有大的变化时，这是一个值得考虑的办法。

5. 逐步回归分析法

建立计量经济模型的时候，一般是将解释变量全部引入模型，然后再根据统计检验和定性分析从中逐个剔除次要的或产生多重共线性的变量，选择变量是一个"由多到少"的过程。而逐步回归选取变量时，是一个"由少到多"的过程，即从所有解释变量中间先选择影响最为显著的变量建立模型，然后再将模型之外的变量逐个引入模型；每引入一个变量，就对模型中的所有变量进行一次显著性检验，并从中剔除不显著的变量；逐步引入一剔除一引入，直到模型之外所有变量均不显著时为止。许多统计分析软件都有逐步回归程序，但根据计算机软件自动挑选的模型往往统计检验合理，经济意义并不理想。因此，实际应用中一般是依据逐步回归的原理，结合主观分析来筛选变量。

6. 主成分法

1）含义

主成分法是通过线性变换，将原来的多个指标组合成相互独立的少数几个能充分反映总体信息的指标，从而在不丢掉重要信息的前提下避开变量间共线性问题，便于进一步分析。在主成分分析中提取出的每个主成分都是原来多个指标的线性组合。比如有两个原始变量 X_1 和 X_2，则一共可提取出两个主成分：

$$\begin{cases} Z_1 = b_{11}X_1 + b_{21}X_2 \\ Z_2 = b_{12}X_1 + b_{22}X_2 \end{cases} \tag{6-21}$$

原则上，如果有 n 个变量，则最多可以提取出 n 个主成分，但如果将它们全部提取出来就失去了该方法简化数据的意义。一般情况下，提取出 2~3 个主成分（已包含了 90% 以上的信息）即可，其他的可以忽略不计。

2）基本原理

主成分分析的基本原理是将解释变量转换成若干个主成分，这些主成分从不同侧面反映解释变量的综合影响，并且互不相关。因此，可以将被解释变量关于这些主成分进行回归，再根据主成分与解释变量之间的对应关系，求得原回归模型的估计方程。

3）主成分回归的具体步骤：

第一步，对原始样本数据做标准化处理，得到解释变量的相关系数矩阵 $\boldsymbol{R}$。

第二步，计算 $\boldsymbol{R}$ 的 k 个特征值 $\lambda_1 > \lambda_2 > \cdots > \lambda_k$，以及相应的标准化特征向量 $u_1, u_2, \cdots, u_k$。

第三步，利用特征值检验多重共线性。模型存在多重共线性时，至少有一个特征值近似地等于零，不妨设 $\lambda_{m+1}, \lambda_{m+2}, \cdots, \lambda_k$ 近似为零，这表明解释变量之间存在 $k-m$ 个线性相关关系。

第四步，设多元线性模型为 $Y = b_0 + b_1 X_1 + b_2 X_2 + \cdots + b_k X_k + u$，标准化后的解释变量 $X_1, X_2, \cdots, X_k$ 的 k 个主成分为：

$$\begin{cases} z_1 = u_{11}X_1 + u_{12}X_2 + \cdots + u_{1k}X_k \\ z_2 = u_{21}X_1 + u_{22}X_2 + \cdots + u_{2k}X_k \\ \vdots \\ z_k = u_{k1}X_1 + u_{k2}X_2 + \cdots + u_{kk}X_k \end{cases} \tag{6-22}$$

式中，z_i 互不相关，并且 z_{m+1}，z_{m+2}，$\cdots$，z_k 近似为零。对标准化的被解释变量 Y 关于 m 个主成分 z_1，z_2，$\cdots$，z_m 进行回归，得：

$$\hat{Y} = \hat{a}_1 z_1 + \hat{a}_2 z_2 + \cdots + \hat{a}_m z_m \tag{6-23}$$

第五步，根据主成分与解释变量之间的关系式（6-21），将其代入主成分回归方程式（6-22），求得用标准化数据表示的 X_1，X_2，$\cdots$，X_k 回归方程：

$$\hat{Y} = \hat{\beta}_1 X_1 + \hat{\beta}_2 X_2 + \cdots \hat{\beta}_k X_k \tag{6-24}$$

系数 $\hat{\beta}_i$ 与原模型中参数 b_i 之间的关系为：

$$b_i = \frac{S_Y}{S_i} \beta_i (i = 1, 2, \cdots, k) \tag{6-25}$$

$$b_0 = \overline{Y} - \sum_{i=1}^{k} b_i \overline{X}_i \tag{6-26}$$

式中，S_Y，S_i 分别为 Y 和 β_i 的标准差，由此可以计算出原回归模型中的参数，进而得到：

$$\hat{Y} = \hat{b}_0 + \hat{b}_1 X_1 + \hat{b}_2 X_2 + \cdots + \hat{b}_k X_k \tag{6-27}$$

7. 岭回归估计

1）含义

岭回归估计实际上是一种改良的最小二乘法，是一种专门用于共线性数据分析的有偏估计回归方法。如果回归模型的假定得不到满足，则 β 的 OLS 估计的优良性质将遭到严重破坏；如果每个 X 之间有完全的共线性，则它们的回归系数是不确定的，并且它们的标准误没有定义；如果有高度共线性，回归系数有较大的标准误，系数的总体值不能准确地加以估计，将导致回归系数的方差扩大。Horel（1970）提出了岭回归估计方法，该方法放弃最小二乘法的无偏性，损失部分信息，以放弃部分精确度为代价来寻求效果稍差但更符合实际的回归方程。故岭回归估计所得剩余标准差比最小二乘法回归要大。

2）基本原理

岭回归分析的基本思想是当解释变量间存在共线性时，解释变量的相关矩阵行列式近似为零，$X'X$ 是奇异的，也就是说它的行列式的值也接近于零，此时 OLS 估计将失效。此时可采用岭回归估计。岭回归就是用 $(X'X + kI)$ 代替正规方程中的 $X'X$，人为地把最小特征根由 $\min \lambda_i$ 提高到 $\min(\lambda_i + k)$，希望这样有助于降低均方误差。这时 β 的岭估计定义为：

$$b(k) = (X'X + kI)^{-1} X'Y \tag{6-28}$$

式（6-28）作为 β 的岭估计，当 $k = 0$ 时即为通常所说的最小二乘法估计（OLS 估计）。当 $k \to \infty$ 时，$b(k) \to 0$，一般情况下，k 取 0 到 1 之间的数值。

$(X'X + kI)$ 表示在 $X'X$ 的矩阵对角线上每个元素都加上一个正数，就像形成一个山脊一样，用 $b(k)$ 来估计 β，这种估计参数的方法，称为岭回归估计法，k 为岭回归系数。

在岭回归分析中关键问题是如何选择 k 值，迄今为止，已有十余种选择 k 值的方法，但没有一种方法被证明为显著地优于其他方法。

8. 增加样本容量

由于多重共线性是一个样本特性,如果理论上解释变量之间不存在多重共线性,则可以通过收集更多的观测值增加样本容量,来避免或减弱多重共线性,如将时间序列和截面数据合并成平行数据。但当解释变量的总体存在多重共线性时,理论上说增加再多的样本容量也不能降低解释变量之间的线性关系。

9. 不做任何处理

当模型出现下列情况时,对多重共线性可不做处理。

(1) 当所有参数估计量都显著或者 t 值皆大于 2 时,对多重共线性可不做处理。

(2) 当被解释变量对所有解释变量回归的可决系数 R^2 值大于任何一个解释变量对其余解释变量回归的可决系数 R_j^2 值时,对多重共线性可不做处理。

(3) 如果多重共线性并不严重影响参数估计值,以至我们感到不需要改进它时,多重共线性可不做处理。

(4) 如果样本回归方程仅用于预测的目的,那么只要存在于给定样本中的共线性现象在预测期保持不变,多重共线性就不会影响预测结果,因此多重共线性可不做处理。

6.1.5 案例分析

1. 数据及模型的设定

假设某地区 2003~2012 年 10 年间有关服装消费、可支配收入、流动资产、服装类物价指数、总物价指数的调查数据如表 6-1 所示,建立服装需求函数模型,以此来分析哪些变量影响服装的需求。

表 6-1 服装消费及相关变量调查数据

年份	服装开支 C(亿元)	可支配收入 Y(亿元)	流动资产 L(亿元)	服装类物价指数 P_c (1992年=100)	总物价指数 P_0 (1992年=100)
2003	8.4	82.9	17.1	92	94
2004	9.6	88.0	21.3	93	96
2005	10.4	99.9	25.1	96	97
2006	11.4	105.3	29.0	94	97
2007	12.2	117.7	34.0	100	100
2008	14.2	131.0	40.0	101	101
2009	15.8	148.2	44.0	105	104
2010	17.9	161.8	49.0	112	109
2011	19.3	174.2	51.0	112	111
2012	20.8	184.7	53.0	112	111

资料来源:某地区服装消费调查数据。

设对服装的需求函数为:$C = \beta_0 + \beta_1 Y + \beta_2 L + \beta_3 P_c + \beta_4 P_0 + u$

2. 模型估计

1) 用 OLS 估计方程

用最小二乘法估计得到估计模型：
$$C = -13.534 + 0.097Y + 0.015L - 0.199P_c + 0.0334P_0$$

模型的检验量 $R^2 = 0.998$，$D.W. = 0.383$，$F = 626.4634$。R^2 接近 1，说明该回归模型与原始数据拟合得很好。由 $F = 626.4634 > F_{0.05}(4, 5) = 5.19$，得出拒绝原假设，认为服装支出与解释变量间存在显著关系。

2) 求各解释变量的基本相关系数
$$r_{YL} = 0.9883, r_{YP_c} = 0.9804$$
$$r_{YP_0} = 0.9877, r_{LP_c} = 0.9799$$
$$r_{LP_0} = 0.9695, r_{P_cP_0} = 0.9918$$

上述变量两两之间相关系数接近 1，表明解释变量间高度相关，也就是存在较严重的多重共线性。

3) 为检验多重共线性的影响，做如下简单回归[一]

① $C = -1.2455 + 0.1178Y$
　　$(-3.3102)\ (41.9370)$
　$R^2 = 0.9955\quad D.W. = 2.6271$

② $C = -38.5190 + 0.5164P_c$
　　$(-9.1682)\ (12.5363)$
　$R^2 = 0.9516\quad D.W. = 2.4013$

③ $C = 2.1182 + 0.3269L$
　　$(2.5858)\ (15.3096)$
　$R^2 = 0.9667\quad D.W. = 0.4684$

④ $C = -53.6508 + 0.6632P_0$
　　$(-14.7710)\ (18.6585)$
　$R^2 = 0.9775\quad D.W. = 2.1720$

观察以上四个方程，根据经济理论和统计检验（t 检验值 $= 41.9370$ 最大，拟合优度也最高），收入 Y 是最重要的解释变量，从而得出最优简单回归方程 $C = f(Y)$。

4) 将其余变量逐个引入 $C = f(Y)$，计算结果如表 6-2 所示：

表 6-2　服装消费模型的估计

	$\hat{\beta}_0$	$\hat{\beta}_1(Y)$	$\hat{\beta}_2(P_c)$	$\hat{\beta}_3(P_c)$	$\hat{\beta}_4(P_0)$	R^2	$D.W.$
$C = f(Y)$	-1.2455 (-3.3102)	0.117 (41.9370)	—	—	—	0.9955	2.6271
$C = f(Y, P_c)$	1.4047 (0.2852)	0.1257 (8.4259)	-0.0361 (-0.5398)	—	—	0.9957	2.5335

[一]　各方程下边括号内的数字分别表示的是对应解释变量系数的 t 检验值。

(续)

	$\hat{\beta}_0$	$\hat{\beta}_1(Y)$	$\hat{\beta}_2(P_c)$	$\hat{\beta}_3(P_c)$	$\hat{\beta}_4(P_0)$	R^2	D.W.
$C=f(Y, P_c, L)$	0.940 0 (0.181 5)	0.138 7 (5.584 5)	−0.034 5 (−0.494 1)	−0.037 9 (−0.668 2)	—	0.995 9	3.156 8
$C=f(Y, P_c, P_0)$	−12.759 3 (−1.958 1)	0.103 6 (7.464 0)	−0.188 2 (−2.469 3)	—	0.318 6 (2.618 9)	0.998 0	3.524 1
$C=f(Y, P_c, L, P_0)$	−13.533 5 (−1.801 3)	0.097 0 (3.660 3)	−0.199 1 (−2.208 7)	0.015 1 (0.305 3)	0.340 1 (2.271 4)	0.998 0	3.382 6

注：表格括号里面的数为 t 检验值。

5) 结果分析

在最优简单回归方程 $C=f(Y)$ 中引入变量 P_c，使 R^2 由 0.995 5 提高到 0.995 7；根据经济理论分析，$\hat{\beta}_1$ 正号、$\hat{\beta}_2$ 负号是合理的。然而 t 检验 $\hat{\beta}_2$ 不显著，而从经济理论分析，P_c 应该是重要因素。虽然 Y 与 P_c 高度相关，但并不影响收入 Y 回归系数 $\hat{\beta}_1$ 的显著性和稳定性。P_c 可能是"有利变量"，暂时给予保留。

模型中引入变量 L，R^2 由 0.995 7 提高到 0.995 9，值略有提高。一方面，虽然 Y 与 L、P_c 与 L 均高度相关，但是 L 的引入对回归系数 $\hat{\beta}_1$、$\hat{\beta}_2$ 的影响不大（其中 $\hat{\beta}_1$ 的值由 0.125 7 变为 0.138 7，$\hat{\beta}_2$ 的值由 −0.036 1 变为 −0.034 5，变化很小）；另一方面，根据经济理论的分析，L 与服装支出 C 之间应该是正相关关系，即 $\hat{\beta}_3$ 的符号应该为正号而非负号，解释变量 L 不必保留在模型中。

舍去变量 L，加入变量 P_0，使 R^2 由 0.995 7 提高到 0.998 0，R^2 的值提高幅度较大。$\hat{\beta}_1$、$\hat{\beta}_2$、$\hat{\beta}_4$ 均显著，从经济意义上看也是合理的（服装支出 C 与 Y、P_0 之间呈正相关，而与服装价格 P_c 之间呈负相关关系）。根据判别标准，可以认为 P_c、P_0 皆为"有利变量"，给予保留。

最后再引入变量 L，此时 $R^2=0.998\ 0$ 没有增加（或几乎没有增加），新引入变量对其他三个解释变量的参数系数也没有产生多大影响，可以确定 L 是多余变量，根据判别标准，解释变量 L 不必保留在模型中。

因此，我们得到如下结论：$C=f(Y, P_c, P_0)$ 回归模型为最优模型。

6.2 异方差

6.2.1 异方差的性质

1. 异方差的含义

经典回归假设随机扰动项具有相同的方差，即对所有的样本点 i，有 $D(\varepsilon_i)=\sigma^2$。如果在不同样本上有不同的方差，$D(\varepsilon_i)=\sigma_i^2$，这就称为异方差性（heteroscedasticity）。若线性回归模型存在异方差性，则用传统的最小二乘法估计模型，得到的参数估计量不是有效估计量，甚至也不是渐近有效的估计量；此时也无法对模型参数进行有关显著性检验。

在经典假设模型中，要求对所有的 $i(i=1, 2, \cdots, n)$ 都有
$$D(\varepsilon_i) = \sigma^2 \tag{6-29}$$
也就是说 ε_i 具有同方差性。这里的方差 σ^2 度量的是随机扰动项围绕其均值的分散程度。由于 $E(\varepsilon_i)=0$，所以等价地说，方差 σ^2 度量的是被解释变量 Y 的观测值围绕回归线 $E(Y_i)=\beta_1+\beta_2 X_{2i}+\cdots+\beta_k X_{ki}$ 的分散程度，同方差性实际指的是相对于回归线被解释变量所有观测值的分散程度相同。

设模型为
$$Y_i = \beta_1 + \beta_2 X_{2i} + \cdots + \beta_k X_{ki} + \varepsilon_i \quad i=1,2,\cdots,n \tag{6-30}$$
如果其他假定均不变，但模型中随机扰动项 ε_i 的方差为
$$D(\varepsilon_i^2) = \sigma_i^2 \quad i=1,2,3,\cdots,n \tag{6-31}$$
则称 ε_i 具有异方差性。

由于异方差性指的是被解释变量观测值的分散程度随解释变量的变化而变化的，如图 6-2 所示，所以进一步可以把异方差看成由于某个解释变量的变化而引起的，则
$$D(\varepsilon_i^2) = \sigma_i^2 = \sigma^2 f(X_i) \tag{6-32}$$

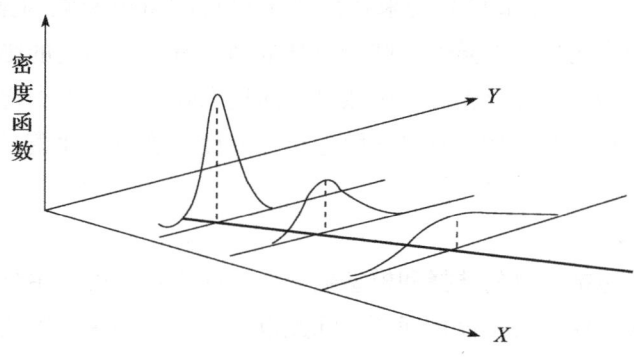

图 6-2 异方差图形

2. 异方差的分类

一般异方差可以归纳为以下三种类型：第一，单调递增型，σ_i^2 随着解释变量 X 的增大而增大；第二，单调递减型，σ_i^2 随着解释变量 X 的增大而减小；第三，复杂型，σ_i^2 与解释变量 X 的变化呈复杂形式，如图 6-3 所示。

3. 异方差产生的原因

由于现实经济活动的错综复杂性，一些经济现象的变动与同方差性的假定经常是相悖的。所以在计量经济分析中，往往会由于某些因素随其观测值的变化而对被解释变量产生不同的影响，导致随机扰动项的方差相异。通常产生异方差的主要原因有以下四个：

1) 模型中省略了某些重要的解释变量

异方差性表现在随机误差上，但它的产生却与解释变量的变化有紧密的关系。如果计量模型本来应当为 $Y_i=\beta_1+\beta_2 X_{2i}+\beta_3 X_{3i}+\varepsilon_i$，假如 X_{3i} 被略去，而采用了
$$Y_i = \beta_1 + \beta_2 X_{2i} + \varepsilon_i^* \tag{6-33}$$

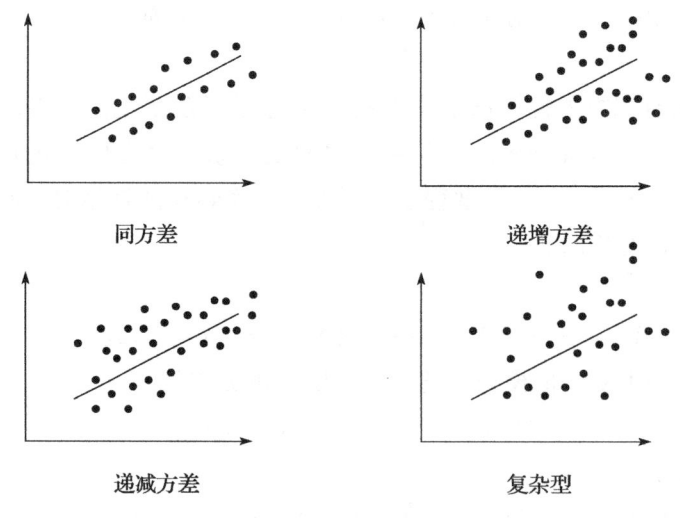

图 6-3　异方差的类型

当被略去的 X_{3i} 与 X_{2i} 有呈同方向或反方向变化的趋势时，X_{3i} 随 X_{2i} 的有规律变化会体现在式（6-33）的 ε_i^* 中。如果将某些未在模型中出现的重要影响因素归入随机扰动项，而且这些影响因素的变化具有差异性，则会对被解释变量产生不同的影响，从而导致误差项的方差随之变化，即产生异方差性。虽然可以通过剔除变量的方法避免多重共线性的影响，但是如果删除了重要的变量又有可能引起异方差性。这是在建模过程中应当引起注意的问题。

2）模型设定误差

模型的设定主要包括变量的选择和模型数学形式的确定。模型中略去了重要解释变量常常导致异方差，实际就是模型设定问题。除此以外，模型的函数形式不正确，如把变量间本来为非线性的关系设定为线性，也可能导致异方差。

3）测量误差的变化

样本数据的观测误差有可能随研究范围的扩大而增加，或随时间的推移逐步积累，也可能随着观测技术的提高而逐步减小。例如生产函数模型，由于生产要素投入的增加与生产规模相联系，在其他条件不变的情况下，测量误差可能会随生产规模的扩大而增加，随机扰动项的方差会随着资本和劳动力投入的增加而变化。另外，当用时间序列数据估计生产函数时，由于抽样技术和数据收集处理方法的改进，观测误差有可能会随着时间的推移而降低。

4）截面数据中总体各单位的差异

通常认为，截面数据较时间序列数据更容易产生异方差。例如，运用截面数据研究消费和收入之间的关系时，如果采取不同家庭收入组的数据，低收入组的家庭用于购买生活必需品的比例相对较大，消费的分散程度不大，组内各家庭消费的差异也较小。高收入组的家庭有更多自由支配的收入，家庭消费有更广泛的选择范围，消费的分散程度较大，组内各个家庭消费的差异也较大。这种不同收入组家庭的消费偏离均值程度的差异，最终反映为随机扰动项偏离其均值的程度有变化，而出现异方差。异方差性在截面数据中比在时间序列数据中可能更常出现，这是因为同一时点不同对象的差异，一般说来会大于同一对象不同时间的差异。不过，在时间序列数据发生较大变化的情况下，也可能出现比截面数据更严重的异方差。

6.2.2 出现异方差对 OLS 估计的影响

异方差性的存在会对回归模型的正确建立和统计推断带来严重后果，因此在计量经济分析中，有必要检验模型是否存在异方差。

1. 对参数估计式统计特性的影响

1）参数的 OLS 估计仍然具有无偏性

根据参数估计的统计特性可知，参数 OLS 估计的无偏性仅依赖于基本假定中随机扰动项的零均值假定［即 $E(\varepsilon_i)=0$］，以及解释变量的非随机性，异方差的存在并不影响参数估计式的无偏性。

2）参数 OLS 估计式的方差不再是最小的

在模型参数的所有线性估计式中，OLS 估计方差最小的重要前提条件之一是随机扰动项为同方差，如果随机扰动项存在异方差，将不能保证最小二乘估计的方差最小。也就是说，在异方差存在时，虽然 OLS 估计仍保持线性无偏性和一致性，但已失去了有效性，即参数的 OLS 估计量不再具有最小方差。

2. 对参数显著性检验的影响

当随机扰动项 ε_i 存在异方差时，OLS 估计式不再具有最小方差，如果仍然用不存在异方差性时的 OLS 方式估计其方差，例如在一元回归时仍用 $D(\hat{\beta}_2)=\sigma^2/\sum x_i^2$ 去估计参数估计式的方差，将会低估存在异方差时的真实方差，从而低估 $SE(\hat{\beta}_2)$，这将导致夸大用于参数显著性检验的 t 统计量。如果仍用夸大的 t 统计量进行参数的显著性检验，可能造成本应接受的原假设被错误地拒绝，从而夸大所估计参数的统计显著性。

3. 对预测的影响

尽管参数的 OLS 估计量仍然无偏，并且基于此的预测也是无偏的，但是由于参数估计量不是有效的，从而对 Y 的预测也将不是有效的。在 ε_i 存在异方差时，σ_i^2 与 X_i 的变化有关，参数 OLS 估计的方差 $D(\hat{\beta}_k)$ 不能唯一确定，Y 预测区间的建立将发生困难。而且 $D(\hat{\beta}_k)$ 会增大，Y 预测值的精确度也将会下降。

6.2.3 异方差的检验

异方差性的检验主要是通过对随机扰动项 ε_i 的估计值残差 e_i 的分析，判断随机项的方差与解释变量观测值之间的关系来检验。在计量经济分析中，若通过检验，判断回归模型是否存在异方差，此时不能直接进行 OLS 估计，必须进行处理。

1. 图示法

根据 X 与 ε_i 的方差之间的关系，一般认为异方差可以分为以下三种类型：递增异方差、递减异方差和复杂异方差。可以利用 $X-Y$ 的散点图，或者残差平方 e_i^2 与 X 的散点图来近似判断（见图 6-4）。

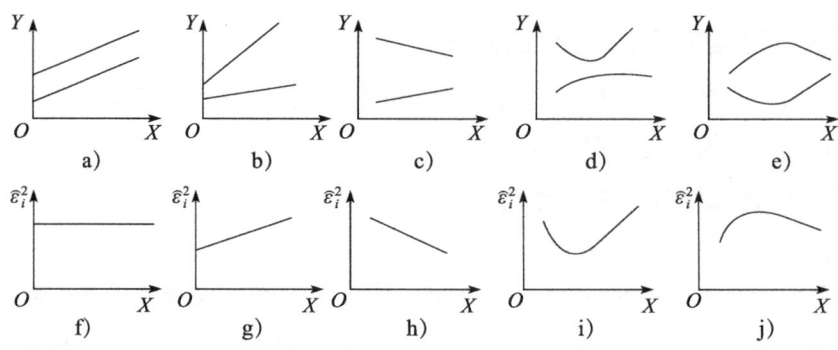

图 6-4 异方差类型判断图示法

由图 6-4 可以直观判断：图 6-4a 和图 6-4f 表示同方差；图 6-4b 和图 6-4g 表示递增异方差；图 6-4c 和图 6-4h 表示递减异方差；图 6-4d 和图 6-4i 表示方差先减后增；图 6-4e 和图 6-4j 表示方差先增后减。本节中主要讨论的是图 6-4b 和图 6-4c 两种情况下的异方差，而图 6-4d 和图 6-4e 的情况比较复杂。

2. Goldfeld-Quandt 检验

Goldfeld-Quandt 检验方法是戈德菲尔特和夸特于 1965 年提出的，可用于检验递增型或递减型异方差。该检验的基本思想是将样本分为两个部分：样本 A 和样本 B，然后分别对样本 A 和样本 B 进行回归分析，分别求出 RSS_1 和 RSS_2，用 RSS_1 和 RSS_2 的比构成 F 统计量，进行检验。

Goldfeld-Quandt 检验的前提条件是：①样本容量较大。②异方差是递增或递减型的，这里讨论递增型的异方差。③ε_i 服从正态分布，除异方差之外，满足其他假定条件。

Goldfeld-Quandt 检验的基本步骤为：①排序。将观测值按解释变量的大小顺序排列（X 与 Y 的对应关系不能改变）。②划分样本。将排列中间的约 $1/5 \sim 1/4$ 的观测值去掉，除去的观测值的个数记作 c，将其余的观测值分为两部分，每部分的观测值为 $(n-c)/2$。③提出假定。H_0：ε_i 同方差性，H_1：ε_i 为异方差性。④构造统计量。分别对两个样本进行回归分析，计算相应的残差平方和。RSS_1 表示 X_i 较小值子样本的残差平方和，RSS_2 表示 X_i 较大值子样本的残差平方和，它们的自由度为 $\dfrac{n-c}{2}-k$，k 为估计参数的个数，于是可以构造统计量：$F=\dfrac{RSS_2/\left(\dfrac{n-c}{2}-k\right)}{RSS_1/\left(\dfrac{n-c}{2}-k\right)}=\dfrac{RSS_2}{RSS_1}\sim F\left(\dfrac{n-c}{2}-k,\ \dfrac{n-c}{2}-k\right)$。⑤判断。在式中，残差平方和除以自由度得到随机项 ε 的方差的两个估计值。简单地讲，若两个方差估计值相同，表明同方差，则 F 的值就接近 1；若不相同，由于假定为递增异方差，RSS_2 应该大于 RSS_1，则 F 的值大于 1。若给定显著水平 α，利用 F 分布的临界值 F_α 进行显著性检验，当 $F>F_\alpha$ 时，应拒绝 H_0，接受 H_1，则存在异方差；当 $F<F_\alpha$ 时，应接受 H_0，则存在同方差。

3. White 检验

White 检验的基本思想是，先用 OLS 对模型进行估计，将估计后的残差平方对常数项、解释变量、解释变量的平方及交叉项乘积等构成一个辅助回归，通过辅助回归建立相应的检验统计量以判断异方差。

White 检验要求在大样本情况下进行，以二元线性回归为例，其模型为：

$$Y_i = \beta_0 + \beta_1 X_{1i} + \beta_2 X_{2i} + \varepsilon_i \tag{6-34}$$

异方差 σ_i^2 与解释变量 X_{1i} 和 X_{2i} 的一般线性形式为：

$$\sigma_i^2 = \alpha_0 + \alpha_1 X_{1i} + \alpha_2 X_{2i} + \alpha_3 X_{1i}^2 + \alpha_4 X_{2i}^2 + \alpha_5 X_{1i} X_{2i} + v_i \tag{6-35}$$

式中，v_i 为随机扰动项。White 检验的步骤如下：

(1) 用 OLS 估计的参数，得到估计值 $\hat{\beta}_0$，$\hat{\beta}_1$ 和 $\hat{\beta}_2$。

(2) 计算残差序列 e_i，并求出残差的平方 e_i^2。

(3) 求 e_i^2 对 X_{1i}，X_{2i}，X_{1i}^2，X_{2i}^2，$X_{1i}X_{2i}$ 的线性回归估计式，即辅助回归函数。

(4) 计算统计量 nR^2，n 为样本容量，R^2 为辅助回归方程的可决系数。

(5) 提出原假定 H_0：$\alpha_1=\alpha_2=\alpha_3=\alpha_4=\alpha_5=0$，此假定下 nR^2 服从自由度为 5 的 χ^2 分布。给定显著水平 α，查表得 $\chi_\alpha^2(5)$，如果 $nR^2>\chi_\alpha^2(5)$，则拒绝 H_0，表明式中的随机项 ε_i 存在异方差。

6.2.4 异方差补救措施

通过检验如果证实存在异方差，则需要采取措施对异方差性进行修正，基本思想是采用适当的估计方法，消除或减小异方差对模型的影响。

1. 对模型变换

当可以确定异方差的具体形式时，将模型做适当变换有可能消除或减轻异方差的影响。以一元线性回归模型为例：

$$Y_i = \beta_1 + \beta_2 X_i + \varepsilon_i \tag{6-36}$$

经检验 ε_i 存在异方差，并已知 $D(\varepsilon_i) = \sigma_i^2 = \sigma^2 f(X_i)$，式中 σ^2 为常数，$f(X_i)$ 为 X_i 的某种函数。显然，当 $f(X_i)$ 是常数时，ε_i 为同方差；当 $f(X_i)$ 不是常数时，ε_i 为异方差。为变换模型，用 $\sqrt{f(X_i)}$ 去除式 (6-36) 的两端，得

$$\frac{Y_i}{\sqrt{f(X_i)}} = \frac{\beta_1}{\sqrt{f(X_i)}} + \beta_2 \frac{X_i}{\sqrt{f(X_i)}} + \frac{\varepsilon_i}{\sqrt{f(X_i)}} \tag{6-37}$$

记 $Y_i^* = \frac{Y_i}{\sqrt{f(X_i)}}$；$X_i^* = \frac{X_i}{\sqrt{f(X_i)}}$；$\beta_1^* = \frac{\beta_1}{\sqrt{f(X_i)}}$；$v_i = \frac{\varepsilon_i}{\sqrt{f(X_i)}}$，则有

$$Y_i^* = \beta_1^* + \beta_2 X_i^* + v_i \tag{6-38}$$

式（6-38）的随机扰动项 v_i 的方差为

$$D(v_i) = \mathrm{Var}\left(\frac{\varepsilon_i}{\sqrt{f(X_i)}}\right) = \frac{1}{f(X_i)} D(\varepsilon_i) = \sigma^2 \tag{6-39}$$

可见，经变换后的式（6-38）的随机扰动项 $v_i = \dfrac{\varepsilon_i}{\sqrt{f(X_i)}}$ 已是同方差。

根据图示法所得到的相应信息，可以对 $f(X_i)$ 的函数形式做出各种假定，常见的 $f(X_i)$ 形式有以下三种。

(1) 设 $f(X_i) = X_i$，即 $\mathrm{Var}(\varepsilon_i) = \sigma^2 X_i$，这时对式（6-36）两端同除 $\sqrt{X_i}$，得

$$\frac{Y_i}{\sqrt{X_i}} = \frac{\beta_1}{\sqrt{X_i}} + \beta_2 \frac{X_i}{\sqrt{X_i}} + \frac{\varepsilon_i}{\sqrt{X_i}} \tag{6-40}$$

令 $v_i = \dfrac{\varepsilon_i}{\sqrt{X_i}}$，则 $D(v_i)$ 为同方差。因为

$$D(v_i) = D\left(\frac{\varepsilon_i}{\sqrt{X_i}}\right) = \frac{1}{X_i} D(\varepsilon_i) = \sigma^2 \tag{6-41}$$

(2) 设 $f(X_i) = X_i^2$，则 $D(\varepsilon_i) = \sigma^2 X_i^2$，同理，得

$$\frac{Y_i}{X_i} = \beta_1 \frac{1}{X_i} + \beta_2 \frac{X_i}{X_i} + \frac{\varepsilon_i}{X_i} \tag{6-42}$$

令 $v_i = \dfrac{\varepsilon_i}{X_i}$，则 $D(v_i)$ 为同方差。因为

$$D(v_i) = D\left(\frac{\varepsilon_i}{X_i}\right) = \frac{1}{X_i^2} D(\varepsilon_i) = \sigma^2 \tag{6-43}$$

(3) 设 $f(X_i) = (a_0 + a_1 X_i)^2$，则 $D(\varepsilon_i) = \sigma^2 (a_0 + a_1 X_i)^2$。同理有

$$\frac{Y_i}{a_0 + a_1 X_i} = \beta_1 \frac{1}{a_0 + a_1 X_i} + \beta_2 \frac{X_i}{a_0 + a_1 X_i} + \frac{\varepsilon_i}{a_0 + a_1 X_i} \tag{6-44}$$

令 $v_i = \dfrac{\varepsilon_i}{a_0 + a_1 X_i}$，则 $D(v_i)$ 为同方差。因为

$$D(v_i) = D\left(\frac{\varepsilon_i}{a_0 + a_1 X_i}\right) = \frac{1}{(a_0 + a_1 X_i)^2} D(\varepsilon_i) = \sigma^2 \tag{6-45}$$

2. 加权最小二乘法

为了便于说明问题，以一元线性回归模型为例

$$Y_i = \beta_1 + \beta_2 X_i + \varepsilon_i \tag{6-46}$$

且存在异方差的形式为 $D(\varepsilon_i) = \sigma_i^2 = \sigma^2 f(X_i)$，式中 σ^2 为常数，$f(X_i)$ 为 X_i 的某种函数。按照最小二乘法的基本原则，残差平方和 $\sum e_i^2 = \sum (Y_i - \hat{\beta}_1 - \hat{\beta}_2 X_i)^2$ 为最小。在同方差性假定下，普通最小二乘法是把每个残差平方 e_i^2（$i = 1, 2, \cdots, n$）都同等看待，都赋予相同的权数 1。但是，当存在异方差性时，方差 σ_i^2 越小，其样本值偏离均值的程度越小，其观测值越应受到重视。即方差越小，在确定回归线时的作用应当越大；反之方差 σ_i^2 越大，其样本值偏离均值的程度越大，其观测值所起的作用应当越小。也就是说，在拟合存

在异方差的模型的回归线时,对不同的 σ_i^2 应该区别对待。从样本的角度,对较小的 e_i^2 给予较大的权数,对较大的 e_i^2 给予较小的权数,从而使 $\sum e_i^2$ 更好地反映 σ_i^2 对残差平方和的影响。通常可将权数取为 $w_i=1/\sigma_i^2 (i=1, 2, \cdots, n)$,由此,当 σ_i^2 越小时,w_i 越大;当 σ_i^2 越大时,w_i 就越小。将权数与残差平方相乘以后再求和,得

$$\sum w_i e_i^2 = \sum w_i (Y_i - \beta_1^* - \beta_2^* X_i)^2 \tag{6-47}$$

式(6-47)称为加权的残差平方和。根据最小二乘法原理,若使得加权的残差平方和最小,即

$$\min : \sum w_i e_i^2 = \sum w_i (Y_i - \beta_1^* - \beta_2^* X_i)^2 \tag{6-48}$$

可得

$$\hat{\beta}_1^* = \overline{Y}^* - \hat{\beta}_2^* \overline{X}^*$$

$$\hat{\beta}_2^* = \frac{\sum w_i (X_i - \overline{X}^*)(Y_i - \overline{Y}^*)}{\sum w_i (X_i - \overline{X}^*)^2} \tag{6-49}$$

式中,$\overline{X}^* = \frac{\sum w_i X_i}{\sum w_i}$,$\overline{Y}^* = \frac{\sum w_i Y_i}{\sum w_i}$。这样估计的参数 β_1^* 和 β_2^* 称为加权最小二乘估计。这种求解参数估计式的方法为加权最小二乘法(weighted least square,简称 WLS)。

容易证明,对原模型变换的方法与加权最小二乘法实际上是等价的。例如以式(6-46)的一元线性模型为例,如果已知存在异方差,且 $D(\varepsilon_i) = \sigma_i^2 = \sigma^2 f(X_i)$,变换后的模型为

$$\frac{Y_i}{\sqrt{f(X_i)}} = \frac{\beta_1}{\sqrt{f(X_i)}} + \beta_2 \frac{X_i}{\sqrt{f(X_i)}} + \frac{\varepsilon_i}{\sqrt{f(X_i)}} \tag{6-50}$$

由前面的讨论知,式(6-50)的随机扰动项 $\varepsilon_i/\sqrt{f(X_i)}$ 已是同方差的。用 OLS 法估计式(6-50)的参数,其剩余平方和为

$$\sum e_i^2 = \sum \left(\frac{Y_i}{\sqrt{f(X_i)}} - \frac{\hat{\beta}_1}{\sqrt{f(X_i)}} - \hat{\beta}_2 \right)^2 = \sum \frac{1}{f(X_i)} (Y_i - \hat{\beta}_1 - \hat{\beta}_2 X_i)^2 \tag{6-51}$$

当对式(6-46)采用加权最小二乘法时,其权数为:
$w_i = 1/\sigma_i^2 = 1/\sigma^2 f(X_i) (i=1, 2, \cdots, n)$,其残差平方和为:

$$\sum \left(\frac{e_i^{*2}}{\sigma_i^2} \right) = \sum \frac{1}{\sigma_i^2} (Y_i - \beta_1^* - \beta_2^* X_i)^2 = \sum \frac{1}{\sigma^2 f(X_i)} (Y_i - \beta_1^* - \beta_2^* X_i)^2 \tag{6-52}$$

将式(6-51)变换的残差平方和与式(6-52)加权最小二乘法的残差平方和加以对比,可以看出二者的剩余平方和只相差常数因子 σ^2,能使其中一个最小时必能使另一个最小。对模型变换后用 OLS 估计其参数,实际与应用加权最小二乘法估计的参数是一致的。这也间接证明了加权最小二乘法可以消除异方差,只是对原模型变换后的模型拟合优度有可能变小,这是由于对样本观测值加权的结果。

3. 模型的对数变换

在经济意义成立的情况下,如果对式(6-46)的模型做对数变换,其变量 Y_i 和 X_i 分

别用 $\ln Y_i$ 和 $\ln X_i$ 代替,即
$$\ln Y_i = \beta_1 + \beta_2 \ln X_i + \varepsilon_i \tag{6-53}$$

对数变换后的模型通常可以降低异方差性的影响。

首先,运用对数变换能使测定变量值的尺度缩小。它可以将两个数值之间原来 10 倍的差异缩小到只有 2 倍的差异。例如,100 是 10 的 10 倍,但在常用对数情况下,lg100=2 是 lg10=1 的两倍;再例如,80 是 8 的 10 倍,但在自然对数情况下,ln80=4.382 0 是 ln8=2.079 4 的两倍多。

其次,经过对数变换后的线性模型,其残差 e 表示相对误差,而相对误差往往比绝对误差有较小的差异。

但是特别要注意的是,对变量取对数虽然能够减少异方差对模型的影响,但应注意取对数后变量的经济意义。如果变量之间在经济意义上并非呈对数线性关系,则不能简单地对变量取对数,这时只能用其他方法对异方差进行修正。

6.2.5 案例分析

1. 数据和模型设定

表 6-3 列出了 2012 年某地区主要制造工业销售收入与销售利润的统计资料,请利用统计软件 EViews 建立我国制造业利润函数模型。

表 6-3 2012 年某地区主要制造工业销售收入与销售利润

(单位:10 000 元)

行业名称	销售利润 y	销售收入 x	行业名称	销售利润 y	销售收入 x
食品加工业	1 013.3	6 304	文教体育用品	339.9	827
食品制造业	315	911	石油加工业	508.5	1 530
饮料制造业	103	934	化学原料制品	438.6	1 589
烟草加工业	463.7	1 297	医药制造业	620.1	2 403
纺织业	379.3	1 085	化学纤维制品	149.8	866
服装制品业	518.4	1 616	橡胶制品业	346.7	1 223
皮革羽绒制品	302.6	1 021	塑料制品业	488.4	1 361
木材加工业	371	1 375	非金属矿制品	82.9	536
家具制造业	419.9	1 212	黑色金属冶炼	88.9	594
造纸及纸品业	345.9	1 132	有色金属冶炼	402.4	1 471
印刷业	709.2	4 064	—	—	—

设模型的函数形式为:$Y_i = \beta_1 + \beta_2 X_i + \varepsilon_i$,式中 β_1 为常数项,β_2 为估计系数,ε_i 为随机扰动项。

2. 参数估计

进入 EViews 软件包,确定时间范围;编辑输入数据;选择估计方程菜单,估计样本回归函数如表 6-4 所示:

表 6-4 模型估计结果

Variable	Coefficient	Std. Error	t-Statistic	Prob.
C	−563.054 8	291.577 8	−1.931 062	0.068 5
X	5.373 498	0.644 284	8.340 265	0.000 0
R-squared	0.785 456	Mean dependent var		1 588.238
Adjusted R-squared	0.774 164	S. D. dependent var		1 311.037
S. E. of regression	623.033 0	Akaike info criterion		15.797 47
Sun squared resid	7 3752 33.0	Schwarz criterion		15.896 95
Log likelihood	−163.873 4	F-statistic		69.560 03
Durbin-Watson stat	0.429 831	Prob (F-statistic)		0.000 000

估计结果为：

$$\hat{Y}_i = -563.054\,8 + 5.373\,5X_i$$
$$(-1.931\,1) \quad (8.340\,3)$$
$$R^2 = 0.785\,5, S.E. = 623.03, F = 69.56$$

括号内为 t 统计量值。

3. 检验模型的异方差

本例用的是某地区主要制造工业销售收入与销售利润的统计资料，由于各个行业之间销售收入不同，因此，销售利润也会不相同，这种差异使得模型很容易产生异方差，从而影响模型的估计和运用。为此，必须对该模型是否存在异方差进行检验。

1) 图形法

生成残差平方序列，绘制 e_t^2 对 X_t 的散点图。在得到表 6-4 中的估计结果后，立即用生成命令建立序列 e_t^2，绘制 e_t^2 对 X_t 的散点图。选择变量名 x 与 e^2（注意选择变量的顺序，先选的变量将在图形中表示横轴，后选的变量表示纵轴），进入数据列表，再按路径 view/graph/scatter，可得散点图（见图 6-5）。

判断是否存在异方差。由图 6-5 可以看出，残差平方 e_i^2 对解释变量 x 的散点图主要分布在图形中的下三角部分，大致看出残差平方 e_i^2 随 X_i 的变动呈增大的趋势，因此，模型很可能存在异方差。但是否确实存在异方差还应通过进一步的检验。

2) Goldfeld-Quanadt 检验

对变量取值排序（按递增或递减）。在 Procs 菜单里选 Sort Series 命令，出现排序对话框，如果以递增型排序，选 Ascending，如果以递减型排序，则应选 Descending，键入 X，点 OK。本例选递增型排序。

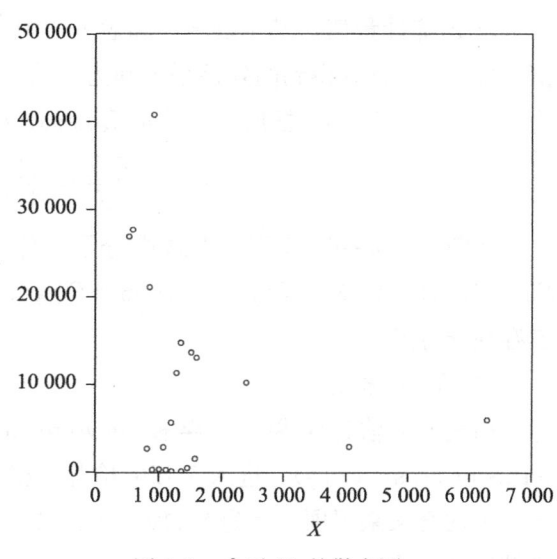

图 6-5 e_t^2 对 X_t 的散点图

构造子样本区间，建立回归模型。在本例中，样本容量 $n=21$，删除中间 1/4 的观测值，即大约 5 个观测值，余下部分平分得两个样本区间：1～8 和 14～21，它们的样本个数均是 8 个，即 $n_1=n_2=8$。

在 Sample 菜单里，将区间定义为 1～8，然后用 OLS 方法求得表 6-5 中的结果。

表 6-5　区间定义为 1～8 时 OLS 估计结果

Variable	Coefficient	Std. Error	t-Statistic	Prob.
C	598.252 5	119.292 2	5.015 018	0.002 4
X	1.177 650	0.490 187	2.402 452	0.053 1
R-squared	0.490 306	Mean dependent var		852.625 0
Adjusted R-squared	0.405 357	S. D. dependent var		201.566 7
S. E. of regression	155.434 3	Akaike info criterion		13.142 64
Sum squared resid	144 958.9	Schwarz criterion		13.162 50
Log likelihood	−50.570 56	F-statistic		5.771 775
Durbin-Watson stat	1.656 269	Prob (F-statistic)		0.053 117

在 Sample 菜单里，将区间定义为 14～21，再用 OLS 方法求得表 6-6 中的结果。

表 6-6　区间定义为 14～21 时 OLS 估计结果

Variable	Coefficient	Std. Error	t-Statistic	Prob.
C	−2 941.087	430.399 1	−6.833 395	0.000 5
X	9.179 365	0.692 831	13.249 07	0.000 0
R-squared	0.966 949	Mean dependent var		2 520.750
Adjusted R-squared	0.961 441	S. D. dependent var		1 781.608
S. E. of regression	349.846 6	Akaike info criterion		14.765 18
Sum squared resid	734 355.8	Schwarz criterion		14.785 04
Log likelihood	−57.060 74	F-statistic		175.537 9
Durbin-Watson stat	1.812 612	Prob (F-statistic)		0.000 011

求 F 统计量值。基于表 6-5 和表 6-6 中残差平方和的数据，即 Sum squared resid 的值，由表 6-5 计算得到的残差平方和为 $\sum e_{1i}^2 = 144\,958.9$，由表 6-6 计算得到的残差平方和为 $\sum e_{2i}^2 = 734\,355.8$，根据 Goldfeld-Quanadt 检验，F 统计量为：

$$F = \frac{\sum e_{2i}^2}{\sum e_{1i}^2} = \frac{734\,355.8}{144\,958.9} = 5.066$$

判断。在 $\alpha=0.05$ 下，上式中分子、分母的自由度均为 6，查 F 分布表得临界值为 $F_{0.05}(6,6)=4.28$，因为 $F=5.066>F_{0.05}(6,6)=4.28$，所以拒绝原假设，表明模型确实存在异方差。

3) White 检验

由表 6-4 估计结果，按路径 view/residual tests/white heteroskedasticity（no cross terms or cross terms），进入 White 检验。根据 White 检验中辅助函数的构造，最后一项为变量的交叉乘积项，因为本例为一元函数，故无交叉乘积项，因此应选 no cross terms，则辅助函数为：

$$\sigma_t^2 = \alpha_0 + \alpha_1 x_t + \alpha_2 x_t^2 + v_t$$

经估计出现 White 检验结果，如表 6-7 所示。

从表 6-7 可以看出，$nR^2 = 18.0694$，由 White 检验知，在 $\alpha = 0.05$ 下，查 χ^2 分布表，得临界值 $\chi_{0.05}^2(2) = 5.9915$（自由度为 2），比较计算的 χ^2 统计量与临界值，因为 $nR^2 = 18.0694 > \chi_{0.05}^2(2) = 5.9915$，所以拒绝原假设，不拒绝备择假设，表明模型存在异方差。

表 6-7 White 检验结果

Variable	Coefficient	Std. Error	t-Statistic	Prob.
C	823 726.3	130 406.0	6.316626	0.000 0
X	−3 607.112	554.190 8	−6.508 791	0.000 0
X^2	4.743 829	0.532 983	8.900 521	0.000 0
R-squared	0.860 446	Mean dependent var		351 201.6
Adjusted R-squared	0.844 940	S. D. dependent var		454 283.3
S. E. of regression	178 886.3	Akaike info criterion		27.158 45
Sum squared resid	5.76E+11	Schwarz criterion		27.307 67
Log likelihood	−282.163 7	F-statistic		55.491 05
Durbin-Watson stat	1.688 003	Prob (F-statistic)		0.000 000

4. 异方差性的修正

1）加权最小二乘法（WLS）

在运用 WLS 法估计过程中，我们分别选用了权数 $w_{1t} = \dfrac{1}{X_t}$，$w_{2t} = \dfrac{1}{X_t^2}$，$w_{3t} = \dfrac{1}{\sqrt{X_t}}$。权数的生成过程如下，在对话框中的 Enter Quation 处，按如下格式分别键入：$w_1 = 1/X$；$w_2 = 1/X^2$；$w_3 = 1/sqr(X)$，经估计检验发现用权数 w_{2t} 的效果最好。下面仅给出用权数 w_{2t} 的结果。

表 6-8 权数为 w_{2t} 的估计结果

Variable	Coefficient	Std. Error	t-Statistic	Prob.
C	368.609 0	84.168 70	4.379 407	0.000 3
X	2.952 958	0.822 688	3.589 402	0.002 0
Weighted Statistics				
R-squared	0.938 665	Mean dependent var		808.699 1
Adjusted R-squared	0.935 437	S. D. dependent var		1 086.410
S. E. of regression	276.049 3	Akaike info criterion		14.169 43
Sum squared resid	1 447 861.	Schwarz criterion		14.268 91
Log likelihood	−146.779 0	F-statistic		12.883 81
Durbin-Watson stat	1.705 980	Prob (F-statistic)		0.001 955
Unweighted Statistics				
R-squared	0.625 222	Mean dependent var		1 588.238
Adjusted R-squared	0.605 497	S. D. dependent var		1 311.037
S. E. of regression	823.455 5	Sum squared resid		128 835 01
Durbin-Watson stat	0.380 523			

表 6-8 的估计结果如下：
$$\hat{Y}_i = 368.609\,0 + 2.953\,0X_i$$
$$\quad\quad (4.379\,4) \quad (3.589\,4)$$
$$R^2 = 0.938\,7, D.W. = 1.706\,0, S.E. = 276.049\,3, F = 12.883\,8$$

括号中数据为 t 统计量值。

可以看出运用加权最小二乘法消除了异方差性后，参数的 t 检验均显著，可决系数大幅提高，F 检验也显著，并说明利润每增加 1 个百分点，需要收入增长 2.953 个百分点，而不是引子中得出的增加 5.373 5 个百分点。虽然这个模型可能还存在某些其他需要进一步解决的问题，但这一估计结果或许比引子中的结论更为接近真实情况。

6.3 自相关

6.3.1 自相关的性质

1. 自相关的含义

自相关就是指回归模型中随机误差之间相关，即 $\mathrm{Cov}(\varepsilon_i, \varepsilon_j) \neq 0 (i \neq j)$，也可以称为序列相关。序列相关最常用的一种形式是一阶自相关，在一阶自相关中，误差项的当期值是前一期值的函数：

$$\varepsilon_t = \rho \varepsilon_{t-1} + u_t \tag{6-54}$$

式（6-54）中，ε 为所研究的误差项；ρ 为描述误差项观测值之间函数关系的参数；u 为经典误差项（无自相关）。ρ 的大小反映方程中自相关的程度，随机扰动项 ε_t 与 ε_{t-1} 的自相关系数的计算方法与样本相关系数相同：

$$\rho = \frac{\sum_{t=2}^{n} \varepsilon_t \varepsilon_{t-1}}{\sqrt{\sum_{t=2}^{n} \varepsilon_t^2} \sqrt{\sum_{t=2}^{n} \varepsilon_{t-1}^2}} \tag{6-55}$$

ρ 的取值范围为 $-1 < \rho < 1$。如果 $\rho < 0$，则 ε_t 与 ε_{t-1} 为负相关；如果 $\rho > 0$，则 ε_t 与 ε_{t-1} 为正相关；如果 $\rho = 0$，则 ε_t 与 ε_{t-1} 不相关。

2. 自相关产生的原因和特点

为什么会出现自相关，原因主要有以下四个方面。

1）经济系统的惯性

大多数经济时间数据存在明显的惯性，表现在不同时间的前后关联上。例如，如果设定一个绝对收入假设下居民总消费函数模型：$C_t = \beta_1 + \beta_2 Y_t + \varepsilon_t$，由于消费习惯的影响被包含在随机扰动项中，则可能出现自相关。

2）经济活动的滞后效应

某一变量对另一变量的影响不仅限于当期，而是延续若干期，由此可能带来变量的自相关。例如，居民当期可支配收入的增加，不会使居民的消费水平在当期就达到应有水平，而是要经过若干期才能达到。这是因为人的消费观念的改变存在一定的适应期。

3）数据处理造成的相关

在实际经济问题中，有些数据是通过已知数据生成的，因此新生成的数据与原有的数据就存在一定的联系，造成序列相关。例如，将月度数据调整为季度数据，由于采用了加和处理，修匀了月度数据的波动，使季度数据具有平滑性，这种平滑性可能产生自相关。对缺失的历史资料，采用特定统计方法进行内插处理，也可能使得数据前后期相关，而产生自相关。

4）模型设定偏误

如果模型中省略了某些重要的解释变量或者模型函数形式设定不正确，都会产生系统误差，这种误差存在于随机扰动项中，从而带来自相关。例如，本来应该用两个解释变量去解释 Y，即 $Y_t = \beta_1 + \beta_2 X_{2t} + \beta_3 X_{3t} + \varepsilon_t$，而建立模型时，模型设定为 $Y_t = \beta_1 + \beta_2 X_{2t} + \varepsilon_t$，这样 X_{3t} 对 Y_t 的影响便归入随机扰动项 ε_t 中，这样就可能产生自相关。模型函数形式设定偏误也会产生自相关，假设真实的函数形式是：$Y_t = \beta_1 + \beta_2 X_{2t} + \beta_3 X_{3t}^2 + \varepsilon_t$，但是模型的设定采用了线性回归的形式：$Y_t = \alpha_1 + \alpha_2 X_{1t} + \varepsilon_t^*$，这时新的误差项 ε_t^* 现在是真实误差项 ε_t 和线性函数与多项式函数之间差异的函数。线性函数与多项式函数之间的差异项，通常表现为明显的自相关模式。

6.3.2 自相关对 OLS 估计的影响

1. 模型参数估计值不具有最优性

当存在自相关时，普通最小二乘法估计量不再是最佳线性无偏估计量，即它在线性无偏估计量中不是方差最小的。而且在大样本情况下，尽管参数估计量具有一致性，但仍然不具有渐进有效性。

1）参数估计值仍是无偏的

以一元线性回归模型为例。其模型：$Y_t = \beta_1 + \beta_2 X_t + \varepsilon_t$，满足：

$$\varepsilon_t = \rho_1 \varepsilon_{t-1} + \rho_2 \varepsilon_{t-2} + \cdots + \rho_p \varepsilon_{t-p} + v_t \tag{6-56}$$

在最小二乘估计法下得到 $\hat{\beta}_1$、$\hat{\beta}_2$，且有 $\hat{\beta}_2 = \beta_2 + \sum k_t \varepsilon_t$。因此：

$$E(\hat{\beta}_2) = \beta_2 + \sum k_t E(\varepsilon_t) = \beta_2 \tag{6-57}$$

这表明 $\hat{\beta}_2$ 满足无偏性。同理可以证明 $\hat{\beta}_1$ 也是 β_1 的无偏估计量。

2）参数估计值不再具有最小方差性

在上述假定下参数 β_2 的估计值 $\hat{\beta}_2$ 的方差为

$$D(\hat{\beta}_2) = E[\hat{\beta}_2 - E(\hat{\beta}_2)]^2 = E(\hat{\beta}_2 - \beta_2)^2 = E(\sum k_t \varepsilon_t)^2$$
$$= E\left[\sum k_t^2 \varepsilon_t^2 + 2 \sum_{t \neq s} k_t k_s \varepsilon_t \varepsilon_s\right] = \sum k_t^2 E(\varepsilon_t^2) + 2 \sum_{t \neq s} k_t k_s E(\varepsilon_t \varepsilon_s) \tag{6-58}$$

在随机扰动项 ε_t 不存在自相关的假定下，则：$E(\varepsilon_t \varepsilon_s) = 0 (t \neq s)$，参数 β_2 的估计值 $\hat{\beta}_2$ 的方差为

$$D(\hat{\beta}_2) = \sum k_t^2 E(\varepsilon_t^2) = \sigma^2 \sum k_t^2 = \frac{\sigma^2}{\sum (X_t - \overline{X})^2} \tag{6-59}$$

在随机扰动项 ε_t 存在自相关的假定下，则：$E(\varepsilon_t \varepsilon_s) \neq 0 (t \neq s)$，假设参数估计值为 $\hat{\beta}_2^*$，此时，

$$D(\hat{\beta}_2^*) = \sigma^2 \sum k_t^2 + 2 \sum_{t \neq s} k_t k_s E(\varepsilon_t \varepsilon_s) = D(\hat{\beta}_2) + 2 \sum_{t \neq s} k_t k_s E(\varepsilon_t \varepsilon_s) \tag{6-60}$$

如果误差序列存在的是正自相关，即 $E(\varepsilon_t \varepsilon_s) > 0 (t \neq s)$，则：

$$D(\hat{\beta}_2^*) > D(\hat{\beta}_2) \tag{6-61}$$

表明参数估计值的方差不是最小的。同理 $\hat{\beta}_1$ 也有类似的结果。

2. 参数的显著性检验失效

由于对参数显著性检验的 t 统计量为 $t = (\hat{\beta}_2 - \beta_2)/SE(\hat{\beta}_2) \sim t(n-2)$，它是建立在 σ^2 不变而正确估计了参数偏差 $SE(\hat{\beta}_2)$ 的基础之上。如果出现了自相关性，会低估真实的 σ^2 和参数估计值的方差，从而会过高估计 t 统计量的值，t 检验会失去意义。类似地，由于自相关的存在，参数的最小二乘估计量是无效的，使得 F 检验和 R^2 检验也是不可靠的。

若随机扰动项 ε_t 的方差 σ^2 出现低估，在进行 F 检验时，就会造成 F 统计量的算式：

$$F = \frac{ESS/(k-1)}{RSS/(n-k)} \tag{6-62}$$

式中，RSS 的虚假缩小及 ESS 的虚假增大，从而使 F 统计量虚假增大，不能作为检验解释变量的参数估计值是否可能同时为零的依据。

在随机扰动项 ε_t 存在自相关的假定下，如果仍然用 OLS 法来估计参数，则会使 $\hat{\sigma}^2$ 低估 σ^2，从而过低估计参数的标准误差：$SE(\hat{\beta}_2) = \sqrt{\frac{\hat{\sigma}^2}{\sum (x_t - \overline{x})^2}}$，$SE(\hat{\beta}_2)$ 的估计偏低将直接导致 $t = \frac{\hat{\beta}_2}{SE(\hat{\beta}_2)}$ 统计量的值会被过高估计，从而夸大所估计参数的显著性，参数的 t 检验将无实际意义。

3. 区间估计和预测精度下降

区间预测与参数估计量的方差有关，当模型由于自相关而出现异方差时，参数 OLS 估计值的变异程度增大，从而造成对被解释变量的预测误差变大，进而降低预测精度，预测功能失效。

6.3.3 自相关的检验

1. 图示法

残差 $\hat{\varepsilon}_t$ 可作为随机项 ε_t 的估计，如果 ε_t 存在自相关必然会由残差 e_t 反映出来，所以可以利用残差序列判断随机项 ε_t 是否存在自相关。如果随着时间的推移，残差分布呈现出周期性的变化，说明很可能存在自相关性，这种检验自相关的方法称为图示法。

1) 按时间顺序绘制残差图（见图 6-6）

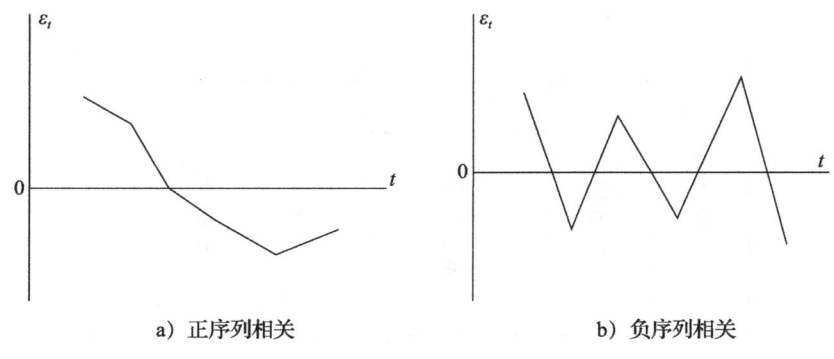

图 6-6 正序列相关和负序列相关

2) 绘制残差 ε_t 和 ε_{t-1} 的散点图（见图 6-7）

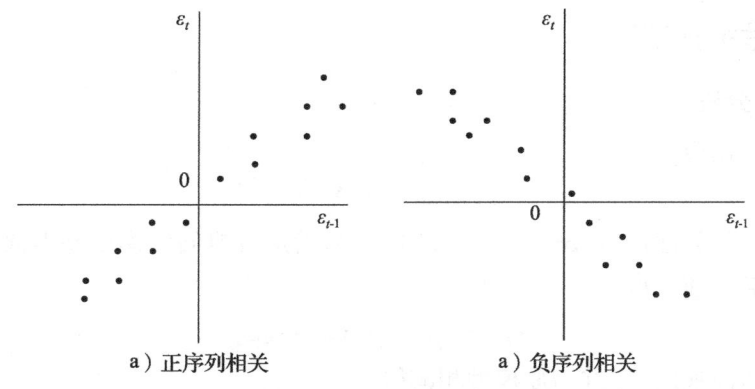

图 6-7 残差散点图正序列相关和负序列相关

2. D-W 检验

D-W 检验是杜宾和沃森于 1951 年提出的，是检验序列相关常见的方法。这种方法的主要步骤为：①提出假设；②计算 D-W 检验的统计量 d；③杜宾和沃森根据样本容量 n，解释变量的个数 k，显著水平 α，确定统计量 d 检验的上限临界值 d_u 和下限临界值 d_l。这样，对于原假设 H_0，确定判断一阶自回归的区域：

当 $0<d<d_l$ 时，表明存在一阶正相关，且相关程度随着 d 接近 0 而逐渐增强；

当 $d_l<d<d_u$ 时，表明不能确定存在自相关；

当 $d_u<d<4-d_u$ 时，表明不存在一阶自相关；

当 $4-d_l<d<4$ 时，表明存在一阶负相关，且相关程度随着 d 接近 4 而逐渐增强，如图 6-8 所示。

这里要特别强调的是，D-W 检验是常用的一种自相关检验方法，其优点就是计算简便。在 EViews 软件中，可以直接输出 d 统计量的值。但是，D-W 检验也有不足之处，主要体现在：第一，只适用于一阶自回归；第二，不适用随机解释变量模型；第三，有两个不能确定的区域。

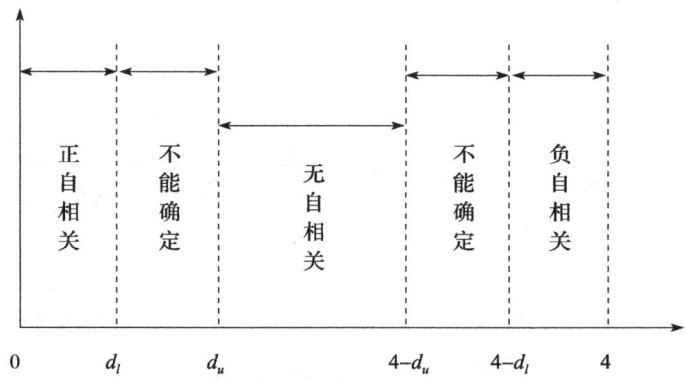

图 6-8 D-W 检验示意图

6.3.4 自相关的修正

1. 广义差分法

设线性回归模型

$$Y_t = \beta_1 + \beta_2 X_t + \varepsilon_t \tag{6-63}$$

存在一阶自相关性：$\varepsilon_t = \rho\varepsilon_{t-1} + v_t$，式中 v_t 为满足古典回归模型基本假定的随机扰动项。将模型滞后一期，得

$$Y_{t-1} = \beta_1 + \beta_2 X_{t-1} + \varepsilon_{t-1} \tag{6-64}$$

在方程两边同乘以 ρ，并与原模型相减得

$$Y_t - \rho Y_{t-1} = \beta_1(1-\rho) + \beta_2(X_t - \rho X_{t-1}) + (\varepsilon_t - \rho\varepsilon_{t-1}) \tag{6-65}$$

定义变量变换

$$\begin{cases} Y_t^* = Y_t - \rho Y_{t-1} \\ X_t^* = X_t - \rho X_{t-1} \end{cases} \tag{6-66}$$

称式（6-66）为广义差分变换，模型（6-63）可以表示成如下形式

$$Y_t^* = \beta_1^* + \beta_2 X_t^* + v_t \tag{6-67}$$

式中，$\beta_1^* = \beta_1(1-\rho)$。式（6-67）是经过广义差分变换得到的模型，称为广义差分模型。变换后模型的随机扰动项 v_t 满足回归模型的基本假定，故可以对式（6-67）中的参数 β_1^*、β_2 运用最小二乘法进行估计，得到参数 β_1^*、β_2 的估计值 $\hat{\beta}_1^*$、$\hat{\beta}_2$，进而得到

$$\hat{\beta}_1 = \hat{\beta}_1^* / (1-\hat{\rho}) \tag{6-68}$$

这种方法称为广义差分估计法。

在差分过程中，我们损失了一个观测值，为了避免损失自由度，可以将第一个观测值做如下变换：$Y_1^* = Y_1\sqrt{1-\rho^2}$，$X_1^* = X_1\sqrt{1-\rho^2}$。

在式（6-66）中，若 $\rho=1$，则式（6-66）变为

$$\begin{cases} Y_t^* = Y_t - Y_{t-1} = \Delta Y_t \\ X_t^* = X_t - X_{t-1} = \Delta X_t \end{cases} \tag{6-69}$$

此时式（6-69）称为差分变换。只要 $D.W. \approx 0$，就意味着 $\rho \approx 1$，就可以用一阶差分法对模型进行变换。如果模型为多元线性回归模型，同理可以进行类似的广义差分变换。

2. 自相关系数 $\hat{\rho}$ 的估计方法

1) 利用 $D.W.$ 统计量求 $\hat{\rho}$，然后再用广义差分法对模型进行估计

在大样本情况下，利用 $D.W.$ 统计量：$D.W. \approx 2(1-\rho)$，求出近似估计：

$$\hat{\rho} = 1 - \frac{D.W.}{2} \tag{6-70}$$

然后再用广义差分法对模型进行估计。

对于小样本，泰尔（Theil）建议使用下述近似公式：

$$\hat{\rho} = \frac{n^2(1-D.W./2)+(k+1)^2}{n^2-(k+1)^2} \tag{6-71}$$

式中，k 为解释变量的个数，当 $n \to \infty$ 时，$\hat{\rho} \to 1-D.W./2$。

另外，由于 ρ 是 ε_t 与 ε_{t-1} 的相关系数，如果用 e_t 作为 ε_t 的估计，则 e_t 与 e_{t-1} 的相关系数可以作为 ρ 的近似估计：

$$\hat{\rho} = \frac{\sum e_t e_{t-1}}{\sum e_t^2} \tag{6-72}$$

2) 杜宾两步估计法

设定模型为：$Y_t = \beta_1 + \beta_2 X_t + \varepsilon_t$，存在一阶自相关性：$\varepsilon_t = \rho \varepsilon_{t-1} + v_t$，式中 v_t 为满足古典回归模型基本假定的随机扰动项。

第一步，先对模型进行广义差分变换，得

$$Y_t - \rho Y_{t-1} = \beta_1(1-\rho) + \beta_2(X_t - \rho X_{t-1}) + (\varepsilon_t - \rho \varepsilon_{t-1}) \tag{6-73}$$

整理得

$$Y_t = \beta_1(1-\rho) + \rho Y_{t-1} + \beta_2 X_t - \rho \beta_2 X_{t-1} + v_t \tag{6-74}$$

式中，解释变量 Y_{t-1} 的回归系数恰好为 ρ。对此模型进行 OLS 估计得 ρ 的估计值 $\hat{\rho}$。

第二步，再用 ρ 的估计值 $\hat{\rho}$ 对原模型进行广义差分变换，并估计广义差分模型。

3) 迭代估计或科克伦—奥克特（Cochrane-Orcutt）估计

具体步骤为：

第一步，利用 OLS 法估计模型：$Y_t = \beta_1 + \beta_2 X_t + \varepsilon_t$，计算第一轮残差 $e_t(1)$；

第二步，根据残差 $e_t(1)$ 计算 ρ 的（第一轮）估计值：

$$\hat{\rho}(1) = \frac{\sum e_t(1) e_{t-1}(1)}{\sum e_t^2(1)} \tag{6-75}$$

第三步，利用估计的 $\hat{\rho}(1)$ 值进行广义差分变换：

$$\begin{cases} Y_t^* = Y_t - \hat{\rho}(1) Y_{t-1} \\ X_t^* = X_t - \hat{\rho}(1) X_{t-1} \end{cases} \tag{6-76}$$

并估计广义差分模型：

$$Y_t^* = \beta_1^* + \beta_2 X_t^* + v_t \tag{6-77}$$

第四步，再利用 OLS 法估计模型：$Y_t^* = \beta_1^* + \beta_2 X_t^* + v_t$，计算第二轮残差 $e_t(2)$ 和 ρ

的第二轮估计值：

$$\hat{\rho}(2) = \frac{\sum e_t(2) e_{t-1}(2)}{\sum e_t^2(2)} \tag{6-78}$$

第五步，重复执行第三步和第四步，直到 ρ 的前后两次估计值比较接近，即估计误差小于事先给定的精度 δ 时为止：$|\hat{\rho}(n+1) - \hat{\rho}(n)| < \delta$。此时，以 $\hat{\rho}(n+1)$ 作为 ρ 的近似估计值，并用广义差分法进行变换，得到回归系数的估计值。

6.3.5 案例分析

1. 数据及模型的设定

某地区 1992~2012 年国内生产总值与出口总额的数据资料，如表 6-9 所示。其中 x 表示地区生产总值（单位：人民币亿元），y 表示出口总额（单位：人民币亿元）。可以看出，随着某地区国内生产总值的增加，出口总额也在逐步增加，那么出口总额 y 与国内生产总值 x 之间究竟存在着怎样的数量变动关系？需要建立数理模型进行估计。

表 6-9　某地区 1992~2012 年地区生产总值与出口总额数据　（单位：亿元）

年份	地区生产总值 x	出口总额 y	年份	地区生产总值 x	出口总额 y
1992	3 624.10	134.80	2003	16 917.80	1 470.00
1993	4 038.20	139.70	2004	18 598.40	1 766.70
1994	4 517.80	167.60	2005	21 662.50	1 956.00
1995	4 860.30	211.70	2006	26 651.90	2 985.80
1996	5 301.80	271.20	2007	34 560.50	3 827.10
1997	5 957.40	367.60	2008	46 670.00	4 676.30
1998	7 206.70	413.80	2009	57 494.90	5 284.80
1999	8 989.10	438.30	2010	66 850.50	10 421.80
2000	10 201.40	580.50	2011	73 142.70	12 451.80
2001	11 954.50	808.90	2012	78 017.80	15 231.70
2002	14 922.30	1 082.10	—	—	—

设模型的函数形式为：$Y_t = \beta_1 + \beta_2 X_t + \varepsilon_t$

2. 用 OLS 估计方法求模型的参数估计

点击 New 项，建立 Workfile，输入 x、y 的数据。点击 Quick，选 Estimate Equation 项，在对话框里键入："$y\ \ c\ \ x$"（见表 6-10）。

表 6-10　OLS 估计结果

Variable	Coefficient	Std. Error	t-Statistic	Prob.
C	−831.640 6	432.209 0	−1.924 163	0.069 4
X	0.164 148	0.012 611	13.016 02	0.000 0
R-squared	0.899 160	Mean dependent var		3 080.390
Adjusted R-squared	0.893 852	S. D. dependent var		4 368.710
S. E. of regression	1 423.340	Akaike info criterion		17.449 79
Sum squared resid	384 920 19	Schwarz criterion		17.549 27
Log likelihood	−181.222 8	F-statistic		169.416 7
Durbin-Watson stat	1.106 992	Prob (F-statistic)		0.000 000

3. 自相关检验

1）图示法

由上述 OLS 估计，可直接得到残差 resid，在命令窗口输入："scat　@trend（1978）resid"或在命令窗口输入"scat　resid(-1)　resid"，可以得到图 6-9 的输出结果。

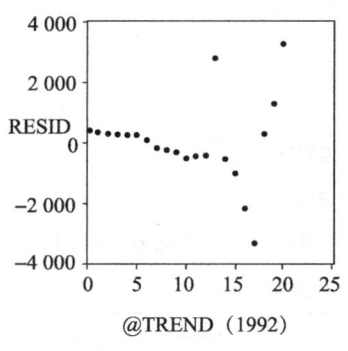 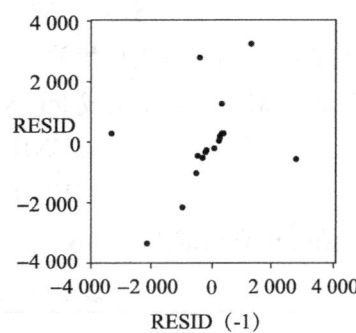

图 6-9　残差图

从图 6-9 中可以看出残差 e_t 呈线性回归，表明随机项 ε_t 存在正自相关性。

2）D.W. 检验

根据表 6-10 估计的结果，由 $D.W.=1.106\,992$，给定显著性水平 $\alpha=0.05$，查杜宾—沃森统计表，$n=21$，$k=1$，得下限临界值 $d_l=1.221$ 和上限临界值 $d_u=1.420$，因为 $D.W.=1.106\,992<d_l=1.221$，根据判断区域可知，这时随机扰动项存在一阶正自相关。

4. 自相关的修正

（1）由 $D.W.=1.106\,992$，得 $\hat{\rho}=1-\dfrac{D.W.}{2}=1-0.553\,496=0.446\,504$。用 GENR 分别对 x 和 y 做广义差分。然后再用 OLS 方法估计参数，其结果如表 6-11 所示。

表 6-11　广义差分后的回归结果

Variable	Coefficient	Std. Error	t-Statistic	Prob.
C	−365.372 5	424.520 9	−0.860 670	0.400 7
DX	0.161 500	0.019 227	8.399 550	0.000 0
R-squared	0.796 731	Mean dependent var		2 123.544
Adjusted R-squared	0.785 438	S. D. dependent var		2 935.013
S. E. of regression	1 359.523	Akaike info criterion		17.362 30
Sum squared resid	332 694 55	Schwarz criterion		17.461 87
Log likelihood	−171.623 0	F-statistic		70.552 44
Durbin-Watson stat	1.637 189	Prob（F-statistic）		0.000 000

$$D_y=-365.372\,5+0.1615D_x$$
$$(-0.860\,7)\quad(8.399\,6)$$
$$R^2=0.796\,7\quad F=70.552\,4\quad D.W.=2.627\,1$$

从表 6-11 可以看出，这时 $D.W.=1.637\,189$，查 $n=20$，$k=1$，$\alpha=0.05$ 的 D.W. 统

计量表，得 $d_l=1.201$，$d_u=1.414<D.W.=1.637\,189<4-d_u=2.586$，这表明，模型已不存在自相关。

此时 $\hat{b}_1=0.161\,5$，$\hat{b}_0=\hat{A}/(1-\hat{\rho})=-365.372\,5/(1-0.446\,504)=-660.117\,69$，因此，回归方程为：

$$\hat{y}_t=-660.117\,69+0.161\,5x_t$$

2) 利用对数线性回归修正自相关

运用 GENR 分别对 x 与 y 生成 log(x)、log(y)：

    GENR lny = log(y)

    GENR lnx = log(x)

在估计对话框里直接键入："lny c lnx"即得输出结果（见表 6-12）：

表 6-12 取对数的回归结果

Variable	Coefficient	Std. Error	t-Statistic	Prob.
C	4.572 905	1.373 341	3.329 767	0.003 5
LNX	0.268 749	0.145 456	1.847 639	0.080 3
R-squared	0.152 307	Mean dependent var		7.043 795
Adjusted R-squared	0.107 691	S. D. dependent var		1.515 819
S. E. of regression	1.431 874	Akaike info criterion		3.646 238
Sum squared resid	38.955 01	Schwarz criterion		3.745 716
Log likelihood	−36.285 50	F-statistic		3.413 770
Durbin-Watson stat	0.310 287	Prob (F-statistic)		0.080 285

从表 6-12 可以看出，这时 $D.W.=0.310\,287$，查 $n=21$，$k=1$，$\alpha=0.05$ 的 $D.W.$ 统计量表，得 $d_l=1.221$，$d_u=1.420$，$D.W.=0.310\,287<d_l=1.221$，这表明，模型存在一阶正自相关。用 Cochrane-Orcutt 迭代估计法，在对话框中键入："lny c lnx AR(1)"，可得表 6-13 中的结果：

表 6-13 迭代估计法回归结果

Variable	Coefficient	Std. Error	t-Statistic	Prob.
C	479.793 1	18 810.61	0.025 507	0.979 9
LNX	0.017 195	0.010 631	1.617 511	0.124 2
AR(1)	0.999 509	0.022 649	44.129 83	0.000 0
R-squared	0.991 903	Mean dependent var		7.150 795
Adjusted R-squared	0.990 950	S. D. dependent var		1.471 582
S. E. of regression	0.139 994	Akaike info criterion		−0.956 952
Sum squared resid	0.333 172	Schwarz criterion		−0.807 592
Log likelihood	12.569 52	F-statistic		1 041.219
Durbin-Watson stat	2.137 080	Prob (F-statistic)		0.000 000

从表 6-13 可以看出，这时 $D.W=2.137\,08$，查 $n=20$，$k=1$，$\alpha=0.05$ 的 $D.W.$ 统计量表，得 $d_l=1.201$，$d_u=1.414<D.W.=2.137\,08<4-d_u=2.586$，这表明，模型已不存在自相关。从图 6-10 残差图也可以看出，模型已不存在自相关。

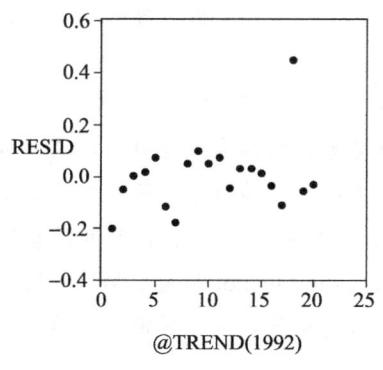 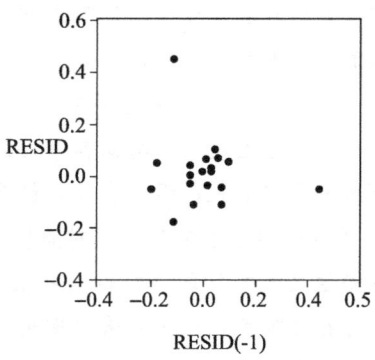

图 6-10　修正后的残差图

此时，回归方程为：

$$\ln \hat{y}_t = 479.7931 + 0.0172\ln x_t$$
$$(0.0255)\quad(1.6175)$$
$$R^2 = 0.9919 \quad \overline{R}^2 = 0.9909 \quad D.W. = 2.1371$$

本章小结

1. 在经典基本假设下，采用普通最小二乘法可以得到无偏的、有效的参数估计量。但是，在研究实际的经济社会问题时，经常会遇到一些违背经典假设的情况，常见的违背经典假设的情况有多重共线性、异方差和自相关三种情况。

2. 多重共线性是指回归模型中的解释变量之间由于存在精确的线性关系或近似的线性关系而使模型估计失真或难以估计准确。如果解释变量之间存在精确的线性关系，称之为完全多重共线性；如果解释变量之间存在近似的线性关系，称之为不完全多重共线性。

3. 多重共线性在经济现象中具有普遍性，其产生的原因很多，一般较常见的有以下几种情况：经济变量间具有相同方向的变化趋势；经济变量间存在较密切的关系；采用滞后变量作为解释变量较易产生多重共线性；样本数据自身的原因。

4. 当解释变量出现多重共线性的时候，会对模型估计产生一系列的影响，不完全多重共线性对模型估计的影响主要有：增大了 OLS 估计量的方差；难以区分每个解释变量的单独影响；t 检验的可靠性降低；回归模型缺乏稳定性。

5. 当回归模型中存在多重共线性的时候，我们可以采取如下检验和判断的方法：简单相关系数检验法；方差扩大（膨胀）因子法；直观判断法；逐步回归检测法；修正的 Frish 判别法。

6. 当回归模型中存在多重共线性的时候，我们可以采取如下补救措施：剔除引起共线性的变量；先验信息法；变换模型和变量的形式；综合使用时序数据与横截面数据；逐步回归分析法；主成分法；岭回归估计；增加样本容量；不做任何处理。

7. 总体回归函数中的随机扰动项满足同方差性，即它们都有相同的方差。如果这一假定不满足，则称线性回归模型存在异方差性。若线性回归模型存在异方差性，则用传统的最小二乘法估计模型，得到的参数估计量不是有效估计量，甚至也不是渐近有效的估计量；此时也无法对模型参数进行有关显著性检验。

8. 通常产生异方差有以下主要原因：模型中省略了某些重要的解释变量；模型设定误差；测量误差的变化；截面数据中总体各单位的差异。异方差性的存在，会对回归模型的正确建立和统计推断带来严重后果，因此在计量经济分析中，有必要检验模型是否存在异方差。

9. 异方差性的检验主要是通过对随机项 ε_i 的估计值残差 e_i 的分析，判断随机项的方差与解释变量观测值之间的关系来检验。可采用图示法、Gold-Quandt 检验、White 检验。通过检验如果证实存在异方差，则需要采取措施对异方差性进行修正，比如对模型变换、加权最小二乘法及模型的对数变换。

10. 自相关就是指回归模型中随机误差之间相关。产生自相关的原因主要有：经济系统的惯性；经济活动的滞后效应；数据处理造成的相关；模型设定偏误。

11. 自相关对 OLS 估计的影响：模型参数估计值不具有最优性；参数的显著性检验失效；区间估计和预测精度下降。自相关的检测主要有如下几种方法：图示法；D-W 检验。自相关的修正方法有：广义差分法；自相关系数$\hat{\rho}$的估计方法。

练习题

1. 什么是多重共线性？产生多重共线性的经济背景是什么？
2. 多重共线性对模型的主要影响是什么？
3. 什么是方差膨胀因子（VIF）？根据 $VIF=1/(1-R^2)$，你能说出 VIF 的最小可能值和最大可能值吗？VIF 多大时，认为解释变量间的多重共线性是比较严重的？
4. 简述检验多重共线性与消除多重共线性的方法。
5. 什么是异方差性？试举例说明经济现象中的异方差性。
6. 对数变化的作用是什么？进行对数变化应注意什么？对数变换后模型的经济意义有什么变化？
7. 产生异方差性的原因及异方差性对模型的 OLS 估计有何影响？
8. 什么是一阶自相关？举例说明经济现象中的自相关性。
9. 经济模型中产生自相关的原因和后果是什么？
10. 由最小二乘回归得到如下回归结果：

$$y_t = 1.3 + 0.97 y_{t-1} + 2.31 x_t, D.W. = 1.21$$
$$(0.3) \quad (0.18) \quad (1.04)$$

检验残差序列是否存在自相关。

11. 简述 D-W 检验的步骤及应用条件。
12. 考虑以下模型：$y_t = \beta_1 + \beta_2 x_{2t} + \beta_3 x_{3t} + \beta_4 x_{4t} + \mu_t$，式中 $\mu_t = \rho \mu_{t-1} + v_t$。请问怎样消除此模型中的自相关？
13. 表 6-14 是某种商品的需求量、价格和居民收入的统计资料：

表 6-14　某种商品 2004～2013 年统计资料

年份	2004	2005	2006	2007	2008	2009	2010	2011	2012	2013
需求量（y）	3.5	4.3	5.0	6.0	7.0	9.0	8.0	10	12	14
价格（x_2）	16	13	10	7	7	5	4	3	3.5	2
收入（x_3）	15	20	30	42	50	54	65	72	85	90

检验 x_2 与 x_3 之间的多重共线性，并建立适当的回归方程。

14. 表 6-15 给出了某地区 1998～2013 年新客车年销售量等的数据。

表 6-15　某地区 1998～2013 年新客车年销售量等有关的统计资料

年	y	x_2	x_3	x_4	x_5	x_6
1998	10 227	112.0	121.3	776.8	4 089	79 367
1999	10 872	111.0	125.3	839.6	4 055	82 153
2000	11 350	111.1	133.1	949.8	7.38	85 064
2001	8 775	117.5	147.7	1 038.4	8.61	86 794
2002	8 539	127.6	161.2	1 142.8	6.16	85 846
2003	9 994	135.7	170.5	1 252.6	5.22	88 752
2004	11 046	142.9	181.5	1 379.3	5.50	92 017
2005	11 164	153.8	195.3	1 551.2	7.78	96 048
2006	10 559	166.0	217.7	1 729.3	10.25	98 824
2007	8 979	179.3	247.0	1 918.0	11.28	99 303
2008	8 535	190.2	272.3	2 127.6	13.73	100 397
2009	7 980	197.6	286.6	2 261.4	11.20	99 526
2010	9 179	202.6	297.4	2 428.1	8.69	100 834
2011	10 394	208.5	307.6	2 670.6	9.65	105 005
2012	11 039	215.2	318.5	2 841.1	7.75	107 150
2013	11 450	224.4	323.4	3 022.1	6.31	109 597

Y＝新客车销售量（单位：1 000）；

x_2＝新车价格指数，1967 年为 100；

x_3＝消费价格指数（CPI），1967 年为 100；

x_4＝个人可支配收入（单位：10 亿美元）；

x_5＝利率；

x_6＝从业人数（单位：1 000）。

现考虑以下对客车的总体需求函数：
$$\ln y_t = \beta_1 + \beta_2 + \ln x_{2t} + \beta_3 \ln x_{3t} + \beta_4 \ln x_{4t} + \beta_5 \ln x_{5t} + \beta_6 \ln x_{6t} + \mu_t$$

请回答以下问题：

(1) 同时把两种价格指数 x_2 和 x_3 引入模型的理由是什么？

(2) 把就业人数 x_6 引入模型的理由是什么？

(3) 利率变量 x_5 在此模型中的作用是什么？

(4) 用普通最小二乘法估计此模型。

(5) 此模型是否存在多重共线性？

(6) 如果存在，估计各种可能的辅助回归模型，并找出哪些解释变量之间具有高度共线性？

(7) 如果存在高度共线性，你将舍去哪个解释变量？为什么？

(8) 你认为较合适的需求函数是什么？

15. 表 6-16 中的数据是某国 2013 年研究与开发（R&D）支出费用（Y）与不同部门产品销售量（X）。试根据资料建立一个回归模型，运用 Glejser 方法和 White 方法检验异方差，由此决定异方差的表现形式并选用适当方法加以修正。

表 6-16　某国 2013 年研究与开发（R&D）支出费用与不同部门产品销售量和利润统计表

（单位：亿美元）

工业群体	销售量（X）	R&D 费用（Y）	利润（Z）
1. 容器与包装	6 375.3	62.5	185.1
2. 非银行业金融	11 626.4	92.9	1 569.5
3. 服务行业	14 655.1	178.3	276.8
4. 金属与采矿	21 869.2	258.4	2 828.1
5. 住房与建筑	26 408.3	494.7	225.9
6. 一般制造业	32 405.6	1 083	3 751.9
7. 休闲娱乐	35 107.7	1 620.6	2 884.1
8. 纸张与林木产品	40 295.4	421.7	4 645.7
9. 食品	70 761.6	509.2	5 036.4
10. 卫生保健	80 552.8	6 620.1	13 869.9
11. 宇航	95 294	3 918.6	4 487.8
12. 消费者用品	101 314.3	1 595.3	10 278.9
13. 电器与电子产品	116 141.3	6 107.5	8 787.3
14. 化工产品	122 315.7	4 454.1	16 438.8
15. 五金	141 649.9	3 163.9	9 761.4
16. 办公设备与电算机	175 025.8	13 210.7	19 774.5
17. 燃料	230 614.5	1 703.8	22 626.6
18. 汽车	293 543	9 528.2	18 415.4

16. 根据统计资料，某地区的社会消费总额、国民生产总值、城乡储蓄和农民人均收入如表 6-17 所示。

表 6-17　某地区 1992~2003 年社会消费总额相关数据　　（单位：亿元）

年份	社会消费总额（y）	国民生产总值（x_1）	城乡储蓄（x_2）	农民人均收入（x_3）
1992	3 801.4	8 989.1	1 622.6	397.6
1993	4 374.0	10 471.8	2 237.6	423.8
1994	5 115.0	11 954.5	3 073.3	462.6
1995	6 534.6	14 922.3	3 801.5	544.9
1996	7 074.2	16 917.8	5 146.9	601.5
1997	7 250.3	19 598.4	7 034.2	686.3

(续)

年份	社会消费总额（y）	国民生产总值（x_1）	城乡储蓄（x_2）	农民人均收入（x_3）
1998	8 245.7	21 662.5	9 110.3	708.6
1999	9 704.8	26 651.9	11 545.4	784.0
2000	12 462.1	34 560.5	15 203.5	921.6
2001	16 246.7	46 670.0	21 518.8	1 221.0
2002	20 620.0	57 494.9	29 662.3	1 577.7
2003	24 774.1	67 559.7	38 520.8	1 926.1

请回答以下问题：

(1) 建立回归模型 $y=\beta_0+\beta_1 x_1+\beta_2 x_2+\beta_3 x_3+u$，并且进行回归分析。

(2) 进行 D-W 检验，判别是否具有自相关？

(3) 用适当的检验法，判断是否具有异方差性？

Chapter 7

第 7 章

计量经济模型的设定与诊断

学习目标

1. 了解模型选择的标准
2. 掌握模型拟合不足和过度拟合产生的后果
3. 掌握因变量和解释变量的测量误差对估计结果的影响
4. 了解嵌套模型和非嵌套模型的区别
5. 掌握对非嵌套模型进行选择的方法

7.1 模型选择的标准

模型的设定要遵循一定的标准。一般来说,被普遍接受的标准有以下七个方面:

(1) 模型应当与数据所表现的事实相一致,这是模型设定的基本原则;

(2) 模型应当与经济理论相吻合,若存在若干相互矛盾的理论,则模型应该至少与其中一种理论相一致;

(3) 模型的解释变量必须是外生的,与解释变量不相关,并且模型中含有明确的因果关系;

(4) 模型中的参数应当具有相对稳定性,这是模型用于预测和政策分析的必备条件,即估计出的模型的参数必须可靠,并且具有时不变性;

(5) 模型必须具有对数据的代表性和优良的拟合性,即由模型计算出的拟合值与实际观测值之差,只能是随机误差;

(6) 模型应有一定的包容性,即模型从能解释其结论的意义上讲应该包容或包括所有与之相竞争的模型。简言之,其他模型都无法再对所设定的模型进行改进;

(7) 模型的简洁性。

能满足以上标准的模型,可称之为与理论和数据保持一致的模型。总之,计量经济模型的设定过程,是一个综合考虑经济理论、样本数据、模型特征、使用要求等因素,依据上述标准进行科学创新的过程。

7.2 模型误设

7.2.1 不足拟合

在实证分析时，由于某些变量的数据难以获得，所以在模型设定时不得不将其舍弃，从而导致模型的"不足拟合"。本小节分析模型的不足拟合带来的后果。

假如正确的模型为：

$$Y = \beta_1 + \beta_2 X_2 + \beta_3 X_3 + \varepsilon \tag{7-1}$$

比如 Y 表示工资水平，X_2 表示教育水平，X_3 反映个人的能力。假设该模型满足高斯—马尔科夫假定，此时 X_2 和 X_3 与误差项 ε 不相关。现在我们想估计教育的回报，假设可以得到模型中所有变量的数据，就可以得到 β_2 的无偏（一致）估计。

但是由于 X_3 难以度量，我们无法获得关于 X_3 的数据，所以我们估计的模型为：

$$Y = \beta_1 + \beta_2 X_2 + v \tag{7-2}$$

式中，

$$v = \beta_3 X_3 + \varepsilon \tag{7-3}$$

换句话说，由于没有 X_3 的数据，不得不将其放入误差项中。如果我们对式（7-2）进行 OLS 估计，将得到的 β_2 的估计量记为 $\widetilde{\beta}_2$，那么，此时 $\widetilde{\beta}_2$ 是不是 β_2 的无偏估计量呢？为了回答这个问题，我们首先计算 $\widetilde{\beta}_2$ 的条件期望。由于 $\widetilde{\beta}_2$ 是 Y 对 X_2 进行简单回归得到的 OLS 估计量，所以：

$$\widetilde{\beta}_2 = \frac{\sum(X_{2i} - \overline{X}_2)Y_i}{\sum(X_{2i} - \overline{X}_2)^2} \tag{7-4}$$

由于真实模型为 $Y = \beta_1 + \beta_2 X_2 + \beta_3 X_3 + \varepsilon$，所以：

$$Y_i = \beta_1 + \beta_2 X_{2i} + \beta_3 X_{3i} + \varepsilon_i \tag{7-5}$$

代入式（7-4）得：

$$\widetilde{\beta}_2 = \frac{\sum(X_{2i} - \overline{X}_2)(\beta_1 + \beta_2 X_{2i} + \beta_3 X_{3i} + \varepsilon_i)}{\sum(X_{2i} - \overline{X}_2)^2} \tag{7-6}$$

容易计算，$E(\widetilde{\beta}_2 | X_2, X_3) = \beta_2 + \beta_3 \widetilde{\delta}$，式中 $\widetilde{\delta} = \frac{\text{Cov}(X_2, X_3)}{D(X_2)}$，即 X_3 对 X_2 进行简单回归得到的总体回归系数。定义遗漏变量偏差为：$bias(\widetilde{\beta}_2) = E(\widetilde{\beta}_2) - \beta_2 = \beta_3 \widetilde{\delta}$。很显然，在下面两种情况下，遗漏 X_3 所得到的估计量 $\widetilde{\beta}_2$ 是无偏的：

(1) $\beta_3 = 0$，即一旦控制 X_2，则 X_3 对 Y 没有影响，也就是说 X_3 不应该出现在真实模型中。

(2) $\widetilde{\delta} = 0$，即 X_2 与 X_3 不相关。很容易理解，如果真实模型中 X_2 与误差项 ε 不相关，则此时将 X_3 放入误差项之中，X_2 与新的误差项也不相关，遗漏 X_3 对估计量的无偏性没有影响。

如果 β_3 与 δ 都不为零，则此时的遗漏变量偏差也不为零，那么遗漏变量就会对估计量的无偏性产生影响。偏差的方向取决于 β_3 和 δ 的符号：如果两者同号，则 β_2 被高估；如果两者异号，则 β_2 被低估。

进一步可以计算一般情形下的遗漏变量偏差。假设真实模型为：

$$Y = \beta_1 + \beta_2 X_2 + \cdots + \beta_k X_k + \varepsilon \qquad (7\text{-}7)$$

式中所有解释变量与误差项都不相关。如果无法得到 X_k 的数据，不得不将其放入误差项，仅对除 X_k 之外的变量进行回归，记估计量为 $\widetilde{\beta}_j (j=1, \cdots, k-1)$，可以证明：

$$E(\widetilde{\beta}_j) - \beta_j = \beta_k \widetilde{\delta}_j \qquad (7\text{-}8)$$

式中，$\widetilde{\delta}_j = \dfrac{\mathrm{Cov}(X_j, X_k)}{\mathrm{Var}(X_j)}$。

例 7-1（教育程度与小时工资） 假设一个人的小时工资取决于教育程度与个人能力，我们将计量模型写为：

$$\log(wage) = \beta_0 + \beta_1 educ + \beta_2 abil + u$$

假设该模型满足高斯—马尔科夫假定。如果我们没有关于个人能力 $abil$ 的数据，所以我们用 $\log(wage)$ 对 $educ$ 进行回归，回归结果为：

$$\log(\widetilde{w}age) = 0.584 + 0.083 educ$$
$$n = 526, R^2 = 0.186$$

如果个人能力 $abil$ 与 $\log(wage)$ 正相关，且 $educ$ 与个人能力 $abil$ 正相关，那么遗漏掉个人能力 $abil$ 就会高估教育的回报。但是，由于上面的回归结果仅来自一个样本，所以我们不能说 0.083 高估了教育的回报。

7.2.2 过度拟合

与遗漏变量相反的情况是，我们在模型设定时加入了无关的解释变量，此时会导致模型的过度拟合。本小节分析模型的过度拟合所带来的后果。

假设我们将模型设定为：

$$Y = \beta_1 + \beta_2 X_2 + \beta_3 X_3 + \varepsilon \qquad (7\text{-}9)$$

假设该模型满足高斯—马尔科夫假定，此时 X_2 和 X_3 与误差项 ε 不相关。如果一旦控制 X_2，则 X_3 对解释变量 Y 没有影响，即 $\beta_3 = 0$。但是如果我们事先不确定 $\beta_3 = 0$，出于避免遗漏变量偏差的考虑，我们仍然将 X_3 加入了模型，由此得到的回归方程为：

$$\hat{Y} = \hat{\beta}_1 + \hat{\beta}_2 X_2 + \hat{\beta}_3 X_3 \qquad (7\text{-}10)$$

如果我们设定的模型满足高斯—马尔科夫假定，则 $E(\hat{\beta}_1 \mid X_2, X_3) = \beta_1$，$E(\hat{\beta}_2 \mid X_2, X_3) = \beta_2$ 且 $E(\hat{\beta}_3 \mid X_2, X_3) = \beta_3 = 0$。因此，模型的过度拟合不会影响估计量的无偏性。这一结论也可以推广至更一般的情形：在回归模型中加入一个或多个无关的解释变量不会影响估计量的无偏性。

既然模型的过度拟合不会影响估计量的无偏性，那么出于避免遗漏变量偏差的考虑，我们是不是就可以在回归模型中任意加入解释变量呢？毕竟如果这些变量对被解释变量有影响，不加入这些变量就有可能导致遗漏变量偏差，何况加入这些变量也不会影响估计量的无偏性。似乎模型的过度拟合是一个不需要担心的问题。但是，如果我们将视角转向估计量的方差，结论就没有那么简单了。

假设真实模型设定如式（7-9），假设该模型满足高斯—马尔科夫假定。Y 对 X_2 和 X_3 进行多元回归得到的 β_2 的估计量记为 $\hat{\beta}_2$；将 X_3 从模型中剔除，Y 仅对 X_2 进行简单回归得到的 β_2 的估计量记为 $\tilde{\beta}_2$。仅以无偏性为标准，$\hat{\beta}_2$ 优于 $\tilde{\beta}_2$，因为不管 X_3 是否对 Y 有影响，$\hat{\beta}_2$ 都是无偏的，而 $\tilde{\beta}_2$ 则有可能是有偏的。

但是，由于 $D(\hat{\beta}_2) = \dfrac{\sigma^2}{TSS_1(1-R_1^2)}$，$D(\tilde{\beta}_2) = \dfrac{\sigma^2}{TSS_1}$，所以通常情况下，$D(\hat{\beta}_2) \geqslant D(\tilde{\beta}_2)$（若 $R_1^2 = 0$，即 X_2 和 X_3 不相关，则两个估计量的方差相等）。假设 X_2 和 X_3 相关，并且 $\beta_3 = 0$，虽然将 X_3 加入回归模型不会影响估计量的无偏性，但是会增加估计量的误差，降低了估计的准确度。

上面的讨论体现了我们在进行实证分析时通常面临的困境：将某个变量加入回归模型通常会提高估计量的方差，将其从模型中剔除又可能会影响估计量的无偏性。通常情况下我们更倾向于前者，因为只要增加样本容量就可以提高估计量的准确度，但是估计量的偏误却无法通过这种方式改善。

7.3 测量误差

在进行实地调查的时候，所获得的数据有可能存在度量误差。有时候度量误差的产生源于被调查者的有意谎报，比如人们倾向于低报自己的收入水平。还有一些时候，即便被调查者并非有意谎报数据，但是由于客观原因，报告的数据和实际值存在偏差，比如在询问被调查者过去一年的食品开支的时候，如果被调查者没有对食品开支记账，那么被调查者很难回忆起过去一年每一天的食品开支，报告的数据可能是一个大约数，此时也存在着变量的测量误差。测量误差可能会对估计结果产生影响。我们首先介绍因变量存在度量误差的后果，之后介绍自变量存在度量误差的后果。

7.3.1 因变量的测量误差

令 Y^* 表示我们要去解释的因变量，比如说 Y^* 表示一个家庭一年的储蓄或者开支，回归模型为：

$$Y^* = \beta_1 + \beta_2 X_2 + \cdots + \beta_k X_k + \varepsilon \tag{7-11}$$

假设该模型满足高斯—马尔科夫假定。在实际调查时，受访者的报告值与实际值可能是有出入的，令 Y 表示受访者的报告值，Y 和 Y^* 可能不相等。由于没有 Y^* 的数据，所以我们无法直接对式（7-11）进行估计。我们将 Y 和 Y^* 的差异记为度量误差，即

$$e = Y - Y^* \tag{7-12}$$

这样的话，真实值 Y^* 可以写为 $Y^* = Y - e$，代入到回归模型中，可以得到：

$$Y = \beta_1 + \beta_2 X_2 + \cdots + \beta_k X_k + \varepsilon + e \tag{7-13}$$

注意，此时回归模型的误差项变成 $\varepsilon + e$。由于我们有变量 Y 的数据，所以可以对式（7-13）进行 OLS 估计。

由于我们使用因变量的观测值 Y 代替了真实值 Y^*，对式（7-13）进行 OLS 估计能否得到 β 的一致估计量呢？根据我们前面学到的知识，该问题的答案取决于 $\varepsilon + e$ 的均值是否为 0，以及是否与所有解释变量都不相关。

实际上，只要回归模型中包含截距项，$\varepsilon + e$ 的均值是否为 0 并不会影响系数估计量的一致性，所以 $\varepsilon + e$ 的均值是否为 0 并不需要担心。关键的问题是，$\varepsilon + e$ 是否与所有的解释变量都不相关。

我们已经假定原回归模型满足高斯—马尔科夫假定，所以 ε 与所有解释变量都不相关。因此 $\varepsilon + e$ 是否与所有的解释变量都不相关取决于度量误差 e 是否与所有的解释变量都不相关。

如果假定 e 独立于每一个解释变量，那么对式（7-13）进行 OLS 估计得到的估计量仍然是无偏的和一致的，也就是说，此时被解释变量存在度量误差并不会带来多大的问题；否则，如果度量误差 e 与某个解释变量相关，那么 OLS 估计量就是有偏的，此时需要采取其他的估计方法进行补救。

7.3.2 自变量的测量误差

在实际应用中，通常认为自变量的度量误差所带来的问题比因变量的度量误差所带来的问题更值得重视。本节学习自变量的度量误差所产生的影响。

简单起见，假设回归模型仅有一个解释变量：

$$Y = \beta_1 + \beta_2 X_2^* + \varepsilon \tag{7-14}$$

假设该回归方程满足高斯—马尔科夫假定，如果我们能够得到 X_2^* 的真实值，对式（7-14）进行 OLS 估计就可以得到 β_1 和 β_2 的无偏估计量。但是，假设我们无法得到 X_2^*，仅得到了 X_2^* 的观测值 X_2。比如 X_2^* 是受访者的真实收入，X_2 是受访者报告的收入，两者通常存在出入，即解释变量存在度量误差。记度量误差 e 为：

$$e = X_2 - X_2^* \tag{7-15}$$

e 可以为正、负或者 0。假设 e 的均值为 0，即 $E(e) = 0$。同时假定 ε 与 X_2^* 以及 X_2 不相关。ε 与 X_2^* 不相关源自之前做出的高斯—马尔科夫假定，ε 与 X_2 不相关源自 $E(Y|X_2^*, X_2) = E(Y|X_2^*)$，这意味着一旦控制了 X_2^*，则 X_2 对 Y 的均值没有影响。这一点很容易理解：比如 Y 表示储蓄，X_2^* 表示真实收入，X_2 表示报告的收入，很显然，是真实收入影响储蓄，一旦控制了真实收入，报告的收入水平对储蓄没有影响。

由于我们得不到 X_2^* 的真实值，所以为了得到 β_1 和 β_2 的估计量，我们用 X_2 代替 X_2^*，此时 β_1 和 β_2 的估计量性质取决于我们对度量误差所做的假定。在实际应用中，通常

会对度量误差的性质做出两种截然不同的假定。第一种假定是度量误差 e 与观测到的度量值 X_2 无关，即

$$\text{Cov}(X_2, e) = 0 \tag{7-16}$$

容易证明，此时 e 与真实值 X_2^* 一定是相关的。为了判定此时 β_1 和 β_2 的一致性，将 $X_2^* = X_2 - e$ 代入到回归方程中，得到：

$$Y = \beta_1 + \beta_2 X_2 + (\varepsilon - \beta_2 e) \tag{7-17}$$

由于我们已经假定 ε 和 e 的均值都为 0 且与 X_2 不相关，所以 $\varepsilon - \beta_2 e$ 的均值也为 0 且与 X_2 不相关，因此根据前面学到的知识，此时用 X_2 代替 X_2^* 得到的 β_1 和 β_2 的估计量仍然是一致的。不过，由于 ε 和 e 不相关，所以 $\text{Var}(\varepsilon - \beta_2 e) = \sigma_\varepsilon^2 + \beta_2^2 \sigma_e^2$，因此除非 $\beta_2 = 0$，度量误差会提高估计量的标准误。总之，如果我们假定度量误差与测量值不相关，那么 OLS 估计量的一致性不会受到影响，但是标准误更大。

与之截然相反的假定是，假定度量误差与不可观测的真实值 X_2^* 不相关，该假定成为经典度量误差（classical errors-in-variables，CEV）假定，即

$$\text{Cov}(X_2^*, e) = 0 \tag{7-18}$$

我们可以把度量值 X_2 表示为真实值与度量误差之和，即 $X_2 = X_2^* + e$，经典度量误差假定 X_2 的两个组成部分不相关。那么，此时 X_2 与 e 一定相关，这是因为：

$$\text{Cov}(X_2, e) = E(X_2 e) = E(X_2^* e) + E(e^2) = 0 + \sigma_e^2 = \sigma_e^2 \tag{7-19}$$

如果用 X_2 代替 X_2^* 去估计 β_1 和 β_2，得到的估计量是不一致的，这是因为：

$$\text{Cov}(X_2, \varepsilon - \beta_2 e) = -\beta_2 \text{Cov}(X_2, e) = -\beta_2 \sigma_e^2 \tag{7-20}$$

实际上，此时 β_2 估计量 $\hat{\beta}_2$ 的概率极限通常比 β_2 更接近于 0，也就是说，如果 β_2 是正的，则 $\hat{\beta}_2$ 会低估 β_2；如果 β_2 是负的，$\hat{\beta}_2$ 会高估 β_2。总之，如果度量误差满足经典度量误差假定，那么解释变量存在度量误差就会影响 OLS 估计量的一致性。

多元回归时的情形与简单回归比较类似。假设回归方程有 $k-1$ 个解释变量，其中第一个解释变量存在度量误差。真实模型为：

$$Y = \beta_1 + \beta_2 X_2^* + \cdots + \beta_k X_k + \varepsilon \tag{7-21}$$

假设该模型满足高斯—马尔科夫假定。同样假定 ε 与 X_2^* 的度量值 X_2 不相关，并且假定 X_2^* 的度量误差 e 与 $X_3, \cdots, X_k$ 不相关。如果用观测到的度量值 X_2 代替真实值 X_2^*，则回归方程可以写为：

$$Y = \beta_1 + \beta_2 X_2 + \cdots + \beta_k X_k + \varepsilon - \beta_2 e \tag{7-22}$$

与简单回归时的情形一样，此时若假定度量误差 ε 与观测到的度量值 X_2 无关，则 OLS 估计量仍然是一致的。但是，如果我们认为经典度量误差假定成立，则全部 k 个估计量都是无偏且不一致的。并且此时 β_2 估计量 $\hat{\beta}_2$ 的概率极限通常比 β_2 更接近于 0，即如果 β_2 是正的，则 $\hat{\beta}_2$ 会低估 β_2；如果 β_2 是负的，$\hat{\beta}_2$ 会高估 β_2。

当然，有可能几个解释变量同时存在度量误差，或者解释变量与被解释变量都存在度量误差，此时的推导比较复杂，在此略过。

7.4 嵌套与非嵌套模型

在进行模型的设定检验时，区分嵌套模型和非嵌套模型非常必要。为了说明两者的区别，考虑以下两个模型：

$$Y = \beta_1 + \beta_2 X_2 + \beta_3 X_3 + \beta_4 X_4 + \varepsilon \tag{7-23}$$

$$Y = \beta_1 + \beta_2 X_2 + u \tag{7-24}$$

对比模型（7-23）和模型（7-24）可以发现，模型（7-24）是模型（7-23）的特例，因此可以说模型（7-24）嵌套于模型（7-23）之中。通过前面的学习，我们已经掌握如何在模型（7-23）和模型（7-24）之间进行选择：如果我们估计模型（7-23），然后对假设 $H_0: \beta_3 = \beta_4 = 0$ 进行检验，如果不能拒绝该假设，那么我们就会选择模型（7-24），反之我们就会选择模型（7-23）。

接下来我们看一个非嵌套模型的例子：

$$Y = \beta_1 + \beta_2 X_2 + \beta_3 X_3 + \varepsilon \tag{7-25}$$

$$Y = \alpha_1 + \alpha_2 Z_2 + \alpha_3 Z_3 + u \tag{7-26}$$

与嵌套模型的例子不同，模型（7-25）和模型（7-26）都不是彼此的特例，此时模型（7-25）和模型（7-26）是非嵌套的。即便两个模型的变量完全一样，函数形式的差别仍然可能使得两个模型是非嵌套的，比如考虑模型（7-27）：

$$Y = \alpha_1 + \alpha_2 \ln X_2 + \alpha_3 \ln X_3 + \omega \tag{7-27}$$

此时模型（7-25）和模型（7-27）是非嵌套的，因为我们无法将其中某个模型作为另一个模型的特例而推导出来。

通过前面的学习我们已经知道，通过 t 检验或 F 检验可以在嵌套模型之间做出选择。那么，如何在非嵌套模型之间进行选择呢？接下来本书主要介绍涉及非嵌套模型的常用检验。

7.4.1 基于信息准则的判别

1. 赤池信息准则（AIC）

如果模型中回归元的个数为 k，样本容量为 n，则赤池信息准则的判定标准为：

$$\min AIC = \ln \frac{RSS}{n} + \frac{2k}{n} \tag{7-28}$$

AIC 越小，则越倾向于选择该模型。从赤池信息准则的表达式可以看出，第一项是对模型的拟合优度的奖励，第二项则是对解释变量过多的惩罚。通常来讲，当 k 增加，即增加解释变量的个数时，第一项上升而第二项下降，因此赤池信息准则可以用于嵌套模型的选择。此外，通过 AIC 的大小比较，赤池信息准则也可以用于非嵌套模型的选择。

2. 施瓦茨信息准则（SIC）

施瓦茨信息准则与赤池信息准则的思想类似，其判定标准为：

$$\min SIC = \ln\frac{RSS}{n} + \frac{k}{n}\ln n \tag{7-29}$$

其中第二项为施瓦茨信息准则对解释变量个数的惩罚。由于通常情况下样本容量都较大，所以施瓦茨信息准则对解释变量个数施加的惩罚大于赤池信息准则。同样，施瓦茨信息准则既可以用于嵌套模型的选择，也可以用于非嵌套模型的选择。

7.4.2 基于统计检验的判别

为了在两个非嵌套模型之间做出选择，通常使用的方法是戴维森—麦金农 J 检验。以模型（7-25）和模型（7-26）为例进行 J 检验的步骤如下：

（1）估计模型（7-26）并得到拟合值 $\hat{Y}'$。

（2）将步骤（1）中的拟合值增补到模型（7-25）中，并估计如下模型：

$$Y = \alpha_1 + \alpha_2 X_2 + \alpha_3 X_3 + \alpha_4 \hat{Y}' + \varepsilon$$

（3）对该模型的假设 $\alpha_4=0$ 进行 t 检验。

（4）如果假设 $\alpha_4=0$ 不能被拒绝，则同样不能拒绝模型（7-25）为真实的模型；反之，如果 $\alpha_4=0$ 被拒绝，则模型（7-25）不是真实的模型。

（5）仿照上述过程，不过此时先估计模型（7-25），并将其拟合值代入模型（7-26），并按照步骤（4）的原则进行假设检验，进而在模型（7-25）和模型（7-26）之间做出选择。

J 检验的缺陷在于，模型（7-25）和模型（7-26）有可能被同时拒绝或接受，此时 J 检验并不能帮助我们在模型（7-25）和模型（7-26）之间做出选择。

本章小结

1. 计量经济模型的设定过程，应综合考虑经济理论、样本数据、模型特征、使用要求等因素，做到理论和数据一致。

2. 如果因为变量难以观测而将其放入误差项，就会因遗漏变量而导致拟合不足。如果被遗漏的变量对被解释变量没有影响，或者与模型中的其他变量不相关，那么遗漏变量不会影响估计量的无偏性；否则，遗漏变量会影响估计量的无偏性，此时，可以借助经济理论推测遗漏变量所带来的偏差的方向。

3. 在模型设定时加入了无关的解释变量，此时会导致模型的过度拟合。过度拟合不影响估计量的无偏性，但是通常会提高估计量的方差。

4. 当被解释变量存在测量偏差时，如果测量误差与解释变量不相关，就不会影响估计量的无偏性，否则，估计量就是有偏的；当解释变量存在测量误差时，如果测量误差与测量值不相关，OLS 估计量仍然是无偏的，但是估计量的方差更大；如果测量误差与真实值不相关，就会出现经典测量误差问题，此时 OLS 估计量是有偏的。

5. t 检验或 F 检验可以帮助我们在嵌套模型之间做出选择；对于非嵌套模型，可以使用赤池信息准则、施瓦茨信息准则以及戴维森—麦金农 J 检验等标准来进行选择。

练习题

1. 如果你想估计参加考研辅导班对考研成绩的影响,其中用 y 表示考研成绩,用虚拟变量 x 表示是否参加考研辅导班。通过 y 对 x 进行简单线性回归来评估考研辅导班对考研成绩的影响。那么:
   (1) 你认为简单线性回归会遗漏哪些变量?
   (2) 遗漏的变量如何影响简单线性回归的结论?
   (3) 如何对遗漏变量所带来的影响进行纠正?
2. 如果我们想分析翘课次数对学习成绩的影响。假如我们没有翘课次数的真实数据,只能从被调查的学生那里获得。如果学生倾向于低报自己的翘课次数,并且翘课越多的同学低报得越多,那么翘课次数的度量误差是否满足经典度量误差的假定?
3. 如果我们想分析收入对储蓄的影响,假如每个被调查对象在报告收入时会四舍五入,那么你认为收入的度量误差是否满足经典度量误差的假定?
4. 什么是嵌套模型,什么是非嵌套模型?如何分别对这两类模型的设定进行检验?

Chapter 8

第 8 章

定性响应回归模型

学习目标

1. 了解定性响应模型的特征及其分类
2. 掌握线性概率模型的估计方法
3. 掌握 Logit 模型和 Probit 模型的估计方法
4. 了解三类定性响应模型的优劣

在本书前面章节所考虑的回归模型中,都隐含地假定了被解释变量 Y 是连续变量。但是在经济分析以及其他的社会科学领域,面临许多决策问题,当我们用模型来描述人们的行为规律时,模型中被解释变量记录的是他们在面对不同环境时所做出的某种反应。通常这些反应被简单地归为几类,最简单的情形是分为两类:是或否。在这里,被解释变量的取值仅为几个离散的数值,这类模型在计量经济学中有不同的名称,如离散选择模型、虚拟变量模型、哑变量模型,在本书中,我们统一称之为定性响应模型。定性响应模型由于其被解释变量取值的特殊性,使得传统的回归分析的方法在模型估计以及结果解释方面遇到一些障碍,这要求我们必须引入新的建模方法,本章中我们仅仅讨论这个领域的一些入门性质的主题,要对该领域有更深入的了解,可以查阅雨宫健 (1981) 和麦克法登 (1984) 等人的论著。

8.1 定性响应模型的性质

有文献表明,定性响应模型最早起源于对动物的二元条件反射研究。20 世纪 60 年代,Warner 首次将它用于经济研究领域,用以分析公共交通工具和私人交通工具的选择问题。很快这类模型便被推广到产业规划、劳动经济学以及消费者行为分析等领域。

例如古扎拉蒂曾研究成年男子的劳动力参与 (LFP) 决策问题。一个成人或者在劳动力队伍中或者不在,所以 LFP 是一个是或者不是的决策。这样,被解释变量或响应变量只能取两个值,即如果这个人在劳动力队伍中,则取值 1;如果他不在其中,则取值 0。

换言之，被解释变量是一个二值或二分变量（binary or dichotomous variable）。劳动经济学研究表明，LFP 决策是失业率、平均工资率、教育和家庭收入等因素的函数。

另外还有一些问题，其决策结果可能是三分类甚至是多分类的。如对于即将毕业的大四学生而言，他们毕业去向可能有这样几类：直接工作、攻读研究生以及出国留学深造三类。如果我们建立一个模型来分析哪些因素会影响学生毕业规划，那么这里的被解释变量是三分（trichotomous）变量。在一些特殊场合，我们可能还会遇到一个多分响应被解释变量（polychotomous）或多类型响应被解释变量（multiple-category）作为被解释变量的情形。在本章，我们主要考虑被解释变量为二分响应被解释变量的情形，以二分响应被解释变量为分析对象，对定性响应回归模型的建模一般思路展开讨论，了解定性响应被解释变量模型和我们以往所分析的定量被解释变量模型的异同。对于多分响应被解释变量模型以及其他一些更高深的专题，有兴趣的读者可参阅威廉·格林的《计量经济分析》。

对于二分响应（binary response）回归模型，比较成熟的建模方法有以下三种：

(1) 线性概率模型（LPM）。

(2) Logit 模型。

(3) Probit 模型。

由于 LPM 相对简单而且能用 OLS 进行估计，因此我们将首先考虑 LPM，另外两个模型将在后面讨论。

8.2 线性概率模型

不失一般性，考虑只有一个解释变量的情形，被解释变量取值只有两类：0，1。回归模型表述如下：

$$Y = \beta_1 + \beta_2 X_i + \varepsilon_i \tag{8-1}$$

不妨假定 $X=$ 家庭收入。如果该家庭拥有住房，$Y=1$；如果该家庭不拥有住房，$Y=0$。尽管模型（8-1）与经典线性回归模型在形式上无任何区别，但是只要稍做分析便可以发现其内在结构与传统线性回归模型有较大差异。对于随机扰动项 ε_i，此处仅要求其满足零均值假定，$E(\varepsilon_i|X_i)=0$。因此有：

$$E(Y_i|X_i) = \beta_1 + \beta_2 X_i \tag{8-2}$$

由于被解释变量 Y_i 此时仅有两个取值，不妨记当 $X=X_i$ 时，$Y_i=1$ 的概率为 P_i，$Y_i=0$ 的概率记为 $1-P_i$，即

$$P(Y_i = 1|X_i) = P_i, P(Y_i = 0|X_i) = 1 - P_i \tag{8-3}$$

根据上述定义，显然 Y_i 的条件期望可表示为：

$$E(Y_i|X_i) = 1 \times P(Y_i = 1|X_i) + 0 \times P(Y_i = 0|X_i) = P_i \tag{8-4}$$

所以有，

$$P_i = \beta_1 + \beta_2 X_i \tag{8-5}$$

从模型（8-2）、模型（8-5）可以看出，模型（8-1）背后的回归所反映的是解释变量

与其对应选择结果发生的概率之间的关系,故这一模型也被称为线性概率模型。线性概率模型尽管也可以用 OLS 给出参数的估计值,但此时的模型仍存在许多问题。

8.2.1 随机扰动项 ε_i 的非正态分布

在计量经济学的初级阶段,为了统计推断的简便性,我们通常假定随机干扰项服从正态分布。虽然这一假定对 OLS 并不是必须的,但是对于习惯了正态分布扰动的初学者而言,线性概率模型中扰动项的分布确实有点特殊。在线性概率模型中,干扰项 ε_i 和 Y_i 一样,只取两个值,所以 ε_i 的正态性假定便不再成立。为了看清这一点,我们把模型(8-1)写成:

$$\varepsilon_i = Y_i - \beta_1 - \beta_2 X_i \tag{8-6}$$

ε_i 的概率分布为

	ε_i	概率
当 $Y_i=1$ 时	$1-\beta_1-\beta_2 X_i$	P_i
当 $Y_i=0$ 时	$-\beta_1-\beta_2 X_i$	$1-P_i$

显然此时 ε_i 服从贝努利分布。正态分布的缺失对最小二乘估计量的无偏性特征并未造成影响,可能在小样本情形下,随机扰动项的非正态分布会给最小二乘估计量的统计分布的推导带来一些障碍。但是,这些问题对于大样本数据而言,都不复存在。当样本无限增大时,统计理论表明,OLS 估计量一般都趋于正态分布。因此,在大样本中,线性概率模型的统计推断仍可沿用正态性假定下常用的 OLS 程序。

8.2.2 干扰项的异方差

对于线性概率模型,我们可以假定 $E(\varepsilon_i)=0$ 和 $\text{Cov}(\varepsilon_i, \varepsilon_j)=0$,但是却不能假定扰动项具有同方差特征。换句话讲,线性概率模型的随机扰动项天然不满足同方差假定。根据前面的分析可知,ε_i 服从贝努利分布,其方差为

$$\begin{aligned} D(\varepsilon_i) &= P_i(1-P_i) \\ &= (\beta_1+\beta_2 X_i)(1-\beta_1-\beta_2 X_i) \end{aligned} \tag{8-7}$$

显然,此时随机扰动项的方差与解释变量有关,不再是一个常数,模型存在异方差问题。

当出现异方差时,OLS 估计虽然是无偏的,却不再是有效的。当然,异方差性的问题也不是一种不能克服的障碍,并且此处我们已经对异方差的结构掌握了更多的信息,这为后面的修正奠定了良好的基础。在第 6 章中,我们讨论过处理异方差问题一种重要的方法:加权最小二乘法。根据 WLS 的思路,我们可以对原模型左右两边同时除以 $\sqrt{D(\varepsilon_i)}$,记 $\omega_i = \sqrt{D(\varepsilon_i)}$,显然有 $\omega_i = \sqrt{(\beta_1+\beta_2 X_i)(1-\beta_1-\beta_2 X_i)}$。对原方程左右两边同除以 ω_i,

$$\frac{Y_i}{\omega_i} = \frac{\beta_1}{\omega_i} + \beta_2 \frac{X_i}{\omega_i} + \frac{\varepsilon_i}{\omega_i} \tag{8-8}$$

接下来对模型（8-8）用最小二乘法估计，即可得到 β_1 和 β_2 的最优线性无偏估计（BLUE）。理论上，我们刚才的思路很完美。但在实践中，真实的 ω_i 是未知的，因此要顺利实施 WLS，必须先估计 ω_i。为了估计 ω_i，我们可以用如下两步法：

（1）对模型（8-1）进行 OLS 回归，暂不考虑异方差性问题，可得到 $\hat{P}_i = \hat{\beta}_1 + \hat{\beta}_2 X_i$，因此权重 $\hat{\omega}_i = \sqrt{\hat{P}_i(1-\hat{P}_i)}$。

（2）用估计的 $\hat{\omega}_i$ 对模型（8-8）所示的数据变换，并用 OLS 估计变换后的方程。

这一方法存在潜在隐患，在实际的估算过程中，$\hat{P}_i$ 的结果有可能大于 1 或者小于 0，这导致 $\hat{\omega}_i$ 无法求解。因此当我们对异方差性进行修正时，还必须解决困扰 LPM 的另一个问题。

8.2.3 不满足 $0 \leqslant E(Y_i | X_i) \leqslant 1$ 情形

由于线性概率模型中的 $E(Y_i | X_i)$ 度量着在给定 X 情形下事件 Y 发生的条件概率，所以它必须落在 0 与 1 之间。虽然理论上有此要求，但在实际估计过程中，OLS 的估计结果并不能保证 $\hat{Y}_i \in [0, 1]$。出现这个问题的原因，是 OLS 没有考虑 $0 \leqslant E(Y_i | X_i) \leqslant 1$ 的约束条件。针对 $\hat{Y}_i$ 不合理的溢出，有两种解决方法：一是通过修正 $\hat{Y}_i$ 的估计值使之有合理含义，如果 $\hat{Y}_i \leqslant 0$，则令其等于 0；如果 $\hat{Y}_i \geqslant 1$，则令其等于 1。二是设计一种估计方法保证 $\hat{Y}_i$ 落在 0 与 1 之间，稍后讨论的 Logit 和 Probit 模型将能保证所估计的概率确实落在 0 和 1 这个界限之内。

8.2.4 R^2 缺乏参考意义

在二分响应模型中，惯常计算 R^2 的价值是有限的。为看出其中的道理，考虑图 8-1，对于给定的 X，Y 为 0 或 1。因此，一般地说，不能期望有任何 LPM 能很好地拟合这样的散点。因此，对这样的模型，按惯例算出的 R^2 很可能比 1 小很多。在大多数实际应用中，R^2 都介于 0.2 与 0.6 之间。对这种模型，只有当实际的散点非常密集地分布在点 A 和点 B 周围时，R^2 才会高，例如高于 0.8，因为这时容易通过 A 和 B 两点的连接把直线的位置固定下来。这时，预测的 Y_i 值将非常靠近 0 或 1。

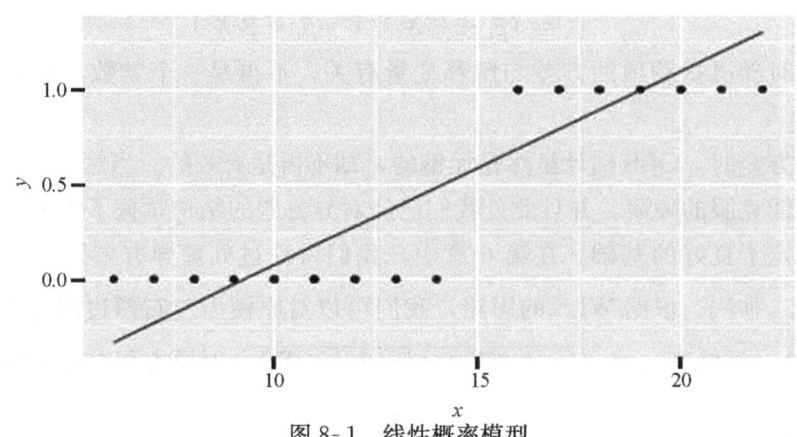

图 8-1 线性概率模型

例 8-1（拥有住房与否：一个 LPM 模型的例子） 我们用一个数值例子来说明本节中关于 LPM 的一些问题。表 8-1 给出了 40 个家庭的住房所有权 Y（1=拥有住房，0=不拥有住房）和家庭收入 X（1 000 美元）的虚构数据。根据这些数据，用 OLS 估计 LPM 如下：

$$\hat{Y}_i = -0.9457 + 0.102X_i \tag{8-9}$$

$$(0.1228) \quad (0.0082)$$

$$t = (-7.6984) \quad (12.515) \quad R^2 = 0.8048$$

截距项 -0.9457 给出了对于零收入家庭平均拥有自己住房的"概率"。由于此值是负的，而概率又不可能是负值，我们就把对应的概率取为零。斜率值 0.1021 意味着收入每增加 1 单位，即 1 000 美元，平均而言，拥有住房的概率增加 0.1021 或约 10%。当然，对某一给定的收入水平，我们可从式（8-9）估计出拥有住房的实际概率。例如，对于 $X=12$（即 12 000 美元），估计拥有住房的概率是

$$(\hat{Y}_i | X_i = 12) = -0.9457 + 12 \times 0.1021 = 0.2795 \tag{8-10}$$

就是说，收入为 12 000 美元的家庭拥有住房的概率为 28%。表 8-2 给出了对应于表中所列各种收入水平的估计概率 $\hat{Y}_i$。表 8-2 中最值得注意的特点是，有 6 个估计会为负值，并有 6 个值大于 1。这清楚地说明了前面提到的一种观点，尽管 $E(Y_i/X_i)$ 为正且小于 1，而其估计值 $\hat{Y}_i$ 却不一定为正或小于 1。这就是为什么当因变量是二分变量时不宜使用 LPM 的原因。

表 8-1 家庭收入与拥有住房

家庭	Y	X	家庭	Y	X
1	0	8	21	1	22
2	1	16	22	1	16
3	1	18	23	0	12
4	0	11	24	0	11
5	0	12	25	1	16
6	1	19	26	0	11
7	1	20	27	1	20
8	0	13	28	1	18
9	0	9	29	0	11
10	0	10	30	0	10
11	1	17	31	1	17
12	1	18	32	0	13
13	0	14	33	1	21
14	1	20	34	1	20
15	0	6	35	0	11
16	1	19	36	0	8
17	1	16	37	1	17
18	0	10	38	1	16
19	0	8	39	0	7
20	1	18	40	1	17

表 8-2 线性概率模型的估计结果

家庭	Y_i	X_i	$\hat{Y}_i$	ω_i	家庭	Y_i	X_i	$\hat{Y}_i$	ω_i
1	0	8	−0.129		21	1	22	1.301	
2	1	16	0.668	0.463 3	22	1	16	0.688	0.463 3
3	1	18	0.893	0.369 1	23	0	12	0.28	0.499
4	0	11	0.178	0.382 5	24	0	11	0.178	0.382 5
5	0	12	0.28	0.449	25	1	16	0.688	0.463 3
6	1	19	0.995	0.070 5	26	0	11	0.178	0.382 5
7	1	20	1.098		27	1	20	1.097	
8	0	13	3.82	0.485 9	28	1	18	0.893	0.309 1
9	0	9	−0.026 5		29	0	11	0.178	0.382 5
10	0	10	0.076	0.265	30	0	10	0.076	0.265
11	1	17	0.791	0.406 6	31	1	17	0.791	0.405 5
12	1	18	0.893	0.309 1	32	0	13	0.382	0.485 9
13	0	14	0.484	0.499 7	33	1	21	1.199	
14	1	20	1.097		34	1	20	1.097	
15	0	6	−0.333		35	0	11	0.178	0.382 5
16	1	19	0.995	0.070 5	36	0	8	−0.129	
17	1	16	0.688	0.463 3	37	1	17	0.791	0.406 6
18	0	10	0.076	0.265	38	1	16	0.688	0.163 3
19	0	8	−0.129		39	0	7	−0.231	
20	1	18	0.893	0.309 1	40	1	17	0.791	0.106 6

即使所估计的 Y_i 全部是正值且小于 1，LPM 仍受异方差性问题的困扰。因此对于式 (8-9) 所报告的参数估计标准误是值得怀疑的。但是我们可用先前讨论过的加权最小二乘法 (WLS) 来求这些标准误更为有效的估计值。加权最小二乘法所需的权重 ω_i 也列在表 8-2 中。由于有些 $\hat{Y}_i$ 的值大于 1 或小于 0，因此其对应的权重无法获得，对应的样本在做加权最小二乘估计时也必须舍去，样本观测值的个数最终从 40 个减少到 28 个。删去这些观测值的 WLS 回归结果如下：

$$\frac{\hat{Y}_i}{\omega_i} = -1.245\,6\,\frac{1}{\omega_i} + 0.119\,6\,\frac{X_i}{\omega_i} \tag{8-11}$$

$$(0.120\,6) \qquad (0.006\,9)$$

$$t = (-10.332) \qquad (17.454) \qquad R^2 = 0.921\,4$$

这些结果表明，和式 (8-9) 相比，估计的标准误变小了，从而 t 统计量的绝对值变大。然而，我们接受这一结果不免有些难处，因为在估计式 (8-11) 时，我们被迫放弃了 12 个观测值。而且，由于 ω_i 是估计值，严格地说，通常的统计假设检验程序仅在大样本中有效。

8.3 LPM 以外的其他方法

通过前面的分析，我们不难发现，LPM 虽然在估计上比较简单易行，但自身存在不少问题。例如 ε_i 的非正态性、ε_i 的异方差性以及 $\hat{Y}_i$ 落在 0 到 1 区域的范围之外。虽然这些问题都可以通过各种方法来解决，但是 LPM 本身还存在一个逻辑上的缺陷，使得该模型在实际使用中遭受指责。

在线性概率模型中，它假定 $P_i = E(Y_i = 1 | X_i)$ 随 X 的边际效应始终保持不变，这一点在图 8-1 中可以很直观地体现。例如在现实决策中，当一个家庭的收入水平处于相对居中的位置时，收入的增加或减少对其购房决策的影响较大，但当其收入水平处于较高位置时，收入再增加或减少，对其购买决策影响相对较小，这种影响会随着收入水平提高而变得小。同样的道理，对于处于低收入阶层的家庭而言，也是如此。显然，对于一个年收入过千万元的家庭，收入增加十万元或者减少十万元，对其买房影响微乎其微，但是对于一个家庭年收入在十万元左右的家庭，收入增加十万元，势必对其购房决策带来较大的影响。因此，从人们的决策经验来看，选择某一方案的概率随解释变量变化的趋势应该是非线性的，并且是随着 X_i 逐渐变小，估计概率趋于零的速度越来越慢，而随着 X_i 逐渐变大，估计概率趋于 1 的速度也越来越慢。

从几何上看，我们所需要的概率模型有点像图 8-2 那样。在此模型中，概率位于 0 到 1 之间并且随着 X 的变大而非线性地变化。显然，图 8-2 中的 S 形曲线很像是一个随机变量的累积分布函数（cumulative distribution function，CDF）。因此，当回归中的被解释变量是取值 0 和 1 的二分变量时，容易用 CDF 建立回归模型。现在的实际问题是用哪一个 CDF？因为尽管所有的 CDF 都是 S 形的，但每个随机变量有唯一的 CDF。由于历史和实际两方面的原因，通常选择用以代表 0 和 1 响应模型的 CDF 是 Logistic 分布和标准正态（Normal）分布，当我们选择 Logistic 分布的 CDF 作为选择概率和解释变量之间的连接函

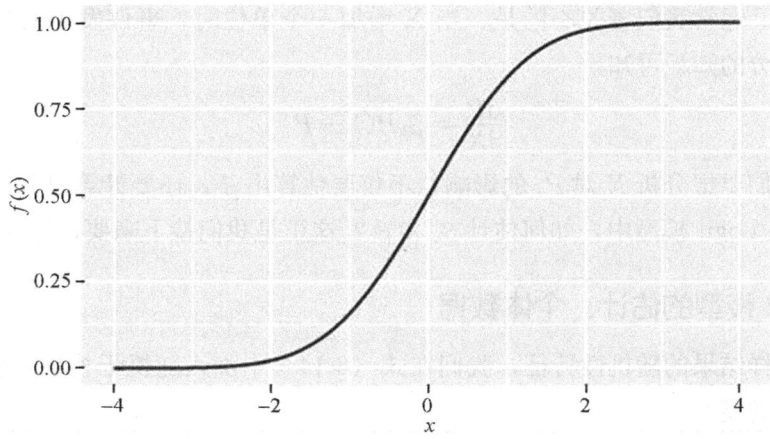

图 8-2　线性概率模型

数时，我们得到的就是 logit 模型；若我们选择标准正态分布的 CDF 作为连接函数，那么我们得到的就是 Probit 模型。

8.4 Logit 模型

在线性概率模型中，尽管我们所讨论的模型是 $Y_i = \beta_1 + \beta_2 X_i + \varepsilon_i$，但是隐藏在该模型背后的却是，给定 X_i 的值 Y_i 取 1 的概率与 X_i 之间的线性函数关系，即 $P_i = P(Y_i = 1 | X_i) = \beta_1 + \beta_2 X_i$。当我们估计该模型时，发现模型的线性关系设定存在许多隐患，比如估计值溢出无合理含义、决策概率的线性变化违背经验常识，因此考虑引入非线性函数关系以避免这些缺陷。当然建模的焦点也由 Y_i 与 X_i 之间的关系转移到 $P(Y_i = 1 | X)$ 与 X_i 之间的关系上来，Logit 模型就是在此背景下诞生的。Logistic 分布的 CDF 一般形式如下：

$$f(x) = \frac{e^x}{1+e^x} = \frac{1}{1+e^{-x}} \tag{8-12}$$

现在我们考虑用 logistic 函数作为连接函数：

$$P_i = \frac{1}{1+e^{-(\beta_1+\beta_2 X_i)}} \tag{8-13}$$

在式（8-13）中，无论参数如何设定，X_i 如何变化，等式右边的结果都在 [0，1] 区间，这与 P_i 的取值范围吻合。经过简单变形，式（8-13）可变为：

$$\ln\left(\frac{P_i}{1-P_i}\right) = \beta_1 + \beta_2 X_i \tag{8-14}$$

在式（8-14）中，$\frac{P_i}{1-P_i}$ 也被称为成败比例，或机会比例（odds ratio），$\ln\left(\frac{P_i}{1-P_i}\right)$ 被称为 Logit。虽然 P_i 和 X_i 是非线性关系，但是 $Logit_i$ 和 X_i 却是线性的。Logit 模型虽然在理论上有诸多优点，但是与 LPM 模型相比，系数的解释却很不直观。按照以往的经验，β_2 表示当 X 每增加一个单位时，成败比例平均增加 β_2%。这种解释不直观，也看不出有什么实际意义。通常我们更关心的是，当 X 增加一个单位时，事件发生的概率 P 如何变化？根据微积分的知识可知，

$$\frac{\mathrm{d}P}{\mathrm{d}X} = \beta_2 P(1-P) \tag{8-15}$$

因此，我们要想分析 X 对 P_i 的影响，不仅要估算出 β_2，还要计算出 $X = X_i$ 时，对应的概率 P_i。在 Logit 模型中，如何估计 β_1 和 β_2？这正是我们接下来要讨论的问题。

8.4.1 Logit 模型的估计：个体数据

考虑到抽样结果的随机性特征，我们在式（8-14）中加入随机干扰项，使之更符合实际，改写之后的模型为：

$$\ln\left(\frac{P_i}{1-P_i}\right) = \beta_1 + \beta_2 X_i + \varepsilon_i \tag{8-16}$$

我们把式（8-16）中的 $\ln\left(\frac{P_i}{1-P_i}\right)$ 记为 L_i，作为被解释变量。若想用 OLS 估计该模型，必须有 L_i 和 X_i 的观测值。以表 8-1 中的数据为例，我们已经有了 X_i 观测，关键是要获得 L_i 的观测。在表 8-1 中，若某家庭拥有住房，则 $P_i=1$；若不拥有住房，$P_i=0$。如果我们将这些值直接代入 L_i，就会得到：$L_i=\ln\left(\frac{1}{0}\right)$，一个家庭拥有住房；$L_i=\ln\left(\frac{0}{1}\right)$，一个家庭不拥有住房。显然，这些表达式是没有意义的。因此，如果拥有的是个体数据，我们无法运用标准的 OLS 程序。在这种情况下，我们可能不得不求助于极大似然（maximum-likelihood，ML）方法对参数进行估计。

对给定的 $X=X_i$，有

$$P(Y=Y_i) = \begin{cases} P_i, Y_i=1 \\ 1-P_i, Y_i=0 \end{cases} \tag{8-17}$$

因此服从贝努利分布的 Y_i 的概率函数可以合写为：

$$f(Y_i) = P_i^{Y_i}(1-P_i)^{1-Y_i} \tag{8-18}$$

于是，对于 $\{Y_1,\cdots,Y_n\}$ 的似然函数为

$$L = \prod_{i=1}^{n} f(Y_i) = \prod_{i=1}^{n} P_i^{Y_i}(1-P_i)^{1-Y_i} \tag{8-19}$$

相应的对数似然函数为

$$l = \sum_{i=1}^{n} [Y_i \ln P_i + (1-Y_i)\ln(1-P_i)] \tag{8-20}$$

将式（8-13）代入式（8-20），整理可得

$$l = \sum_{i=1}^{n} Y_i(\beta_1 + \beta_2 X_i) - \sum_{i=1}^{n} \ln[1+e^{(\beta_1+\beta_2 X_i)}] \tag{8-21}$$

对上述目标函数求极值，可以得到 β_1 和 β_2 的估计。利用 EViews 软件可以轻松完成后续工作。

例 8-2（抽烟与否：一个 Logit 模型的例子） 为了弄清楚哪些因素影响一个人是否抽烟，默里曾收集了 1 196 个人的数据，数据集中记录了每个调查对象在 1979 年的年龄、受教育年限、收入水平以及吸烟与否。其中，吸烟取 1，不吸烟取 0。基于演示的简便性，我们仅考虑年龄因素对一个人吸烟的影响。利用 EViews 软件，我们给出如下估计结果（见表 8-3）：

表 8-3 Logit 模型估计结果

Variable	Coefficient	Std. Error	z-Statistic	Prob.
C	0.232 013	0.158 638	1.462 53	0.143 6
AGE	−0.017 49	0.003 625	−4.822 91	0
McFadden R-squared	0.015 118	Mean dependent var		0.380 435
S. D. dependent var	0.485 697	S. E. of regression		0.481 415
Akaike info criterion	1.311 812	Sum squared resid		276.722 3

(续)

Variable	Coefficient	Std. Error	z-Statistic	Prob.
Schwarz criterion	1.320 319	Log likelihood		−782.464
Hannan-Quinn criter	1.315 017	Deviance		1 564.928
Restr. deviance	1 588.95	Rester. log likelihood		−794.475
LR statistic	24.022 05	Avg. log likelihood		−0.654 23
Prob (LR statistic)	0.000 001			

根据表（8-3）中的结果可知，$\hat{\beta}_1=0.232$，$\hat{\beta}_2=-0.017$。AGE 的系数是显著的（对应的 Prob<0.05），这说明，不同年龄段的人在吸烟的概率上确实存在差异。由于 AGE 的系数符号为负，这表明年龄越大的人，其吸烟与不吸烟的比例（Odds ratio）越低，当然吸烟的概率在下降。年龄每增长一岁，logit 平均下降 1.7%（见图 8-3）。对于 Logit 模型的输出结果，有以下几点需要注意：

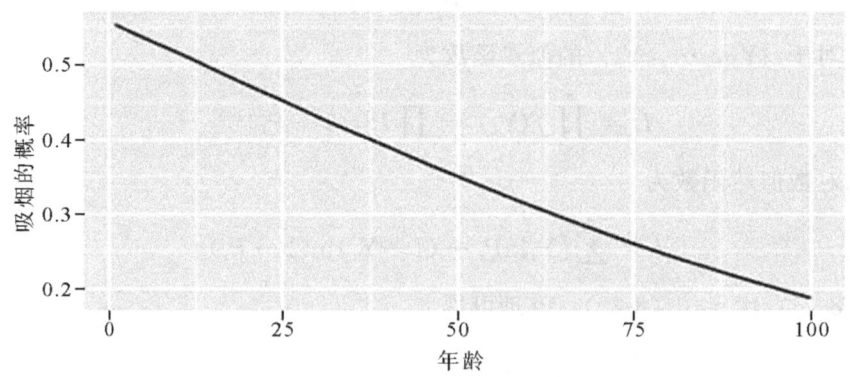

图 8-3　吸烟的概率随年龄增长的变化

（1）系数显著性检验所用的统计量，假定其服从正态分布而不是 t 分布。这是因为极大似然估计中的检验是在大样本背景下进行的，检验统计量只能给出大样本情形下的渐进分布。

（2）拟合系数：McFadden R^2，在定性响应模型中，该指标意义不大。从模仿传统 R^2 功效的角度，可考虑计数 R^2（countR^2），计算公式为：

$$\text{count}R^2 = 正确预测次数 / 总观测次数 \tag{8-22}$$

（3）与经典回归输出结果中 F 统计量对应的是 LR 统计量，这两个检验的原假设均为 $H_0: \beta_2=\cdots=\beta_k=0$。

8.4.2　Logit 模型的估计：分组数据

再次把焦点回到式（8-16），在个体观测数据中，由于我们不能合理地给出 P_i 的观测，使得最小二乘方法无法工作。但是，这一障碍在分组数据中将得到克服。在实际抽样结果中，可能有多个样本的解释变量取相同值（比如 X_i），这样的样本我们把它归为一组，把每

一组的样本数记为 N_i，其中 $Y=1$ 的样本数记为 n_i。因此我们得到 $\hat{P}_i$，即当解释变量观测值为 X_i 时，对应 $Y=1$ 的概率为 $\hat{P}_i = \dfrac{n_i}{N_i}$，进一步可以计算 $\hat{L}_i = \ln\left(\dfrac{\hat{P}_i}{1-\hat{P}_i}\right)$。这一计算过程要求 $\hat{P}_i \neq 0$ 或 1，即 $n_i \neq 0$ 或 $n_i \neq N_i$。当 $n_i = 0$ 或 $n_i = N_i$ 时，可用如下修正的公式计算

$$\hat{L}_i = \ln\left(\dfrac{n_i + 0.5}{N_i - n_i + 0.5}\right) \tag{8-23}$$

为了说明分组数据的具体估计过程，我们继续以吸烟的数据作为分析对象，只不过在本节中，我们考虑的是学历对吸烟的影响。解释变量 X_i 记录了调查对象的受教育年限，数据整理后的结果如表 8-4 所示。

表 8-4 受教育年限与吸烟的分组数据

X_i	N_i	n_i
0	8	3
2.5	19	4
6	43	17
8	79	33
10	189	79
12	421	185
13.5	166	68
15	46	14
16	122	34
18	103	18

利用表 8-4 中的数据，可以估算出 $\hat{P}_i$ 以及 $\hat{L}_i$。接下来可以对模型（8-16）用最小二乘法进行估计，不过深入分析你会发现该模型存在异方差。可以证明，当样本容量较大时，有

$$\varepsilon_i \sim N\left[0, \dfrac{1}{N_i P_i (1-P_i)}\right] \tag{8-24}$$

随机扰动项的方差不是常数，因此须使用加权最小二乘法估计模型。具体的估计程序如下：

（1）对每一受教育水平 X_i，计算抽烟的概率 $\hat{P}_i = n_i/N_i$ 以及 $\hat{L}_i = \ln[\hat{P}_i/(1-\hat{P}_i)]$。

（2）为解决异方差性的问题，将式（8-16）变换为：

$$\dfrac{\hat{L}_i}{\omega_i} = \dfrac{\beta_1}{\omega_i} + \beta_2 \dfrac{X_i}{\omega_i} + \dfrac{\varepsilon_i}{\omega_i} \tag{8-25}$$

我们把它写为：

$$\hat{L}_i^* = \beta_1 X_{0i} + \beta_2 X_{1i} + v_i \tag{8-26}$$

式中，权重 $\omega_i = 1/\sqrt{N_i \hat{P}_i (1-\hat{P}_i)}$，$\hat{L}_i^* = \dfrac{\hat{L}_i}{\omega_i}$，$X_{0i} = 1/\omega_i$，$X_{1i} = \dfrac{X_i}{\omega_i}$，$v_i$ 为变换后的扰动项。可以验证变换后的扰动项 v_i 是同方差的。

(3) 用 OLS 估计式（8-26），可以得到 β_1 和 β_2 的有效估计。

例 8-3［抽烟与否：一个 Logit 模型（续）］ 表 8-4 中的数据由于是分组数据，因此对应的 Logit 模型也被称为 glogit（grouped logit model），一些需要计算的中间项可见表 8-5。

表 8-5 抽烟与受教育年限的 glogit 模型

X_i	N_i	n_i	P_i	L_i	w_i	L_i^*	X_{0i}	X_{1i}	X_{2i}
0	8	3	0.375	−0.511	0.730	−0.699	1.369	0.000	0.000
2.5	19	4	0.211	−1.322	0.563	−2.349	1.777	11.107	27.766
6	43	17	0.395	−0.425	0.312	−1.362	3.206	115.420	692.517
8	79	33	0.418	−0.332	0.228	−1.460	4.384	280.545	2 244.359
10	189	79	0.418	−0.331	0.147	−2.245	6.781	678.077	6 780.770
12	421	185	0.439	−0.243	0.098	−2.479	10.184	1 466.437	17 597.240
13.5	166	68	0.410	−0.365	0.158	−2.316	6.336	1 154.731	15 588.870
15	46	14	0.304	−0.827	0.320	−2.580	3.121	702.171	10 532.560
16	122	34	0.279	−0.951	0.202	−4.709	4.952	1 267.771	20 284.340
18	103	18	0.175	−1.552	0.259	−5.983	3.854	1 248.740	22 477.320

利用表 8-5 中的数据可以描绘出 L_i 与 X_i（EDU）的散点图（见图 8-4），从中可以看出，两者之间存在非线性关系。所以把 Logit 模型的线性回归改为多项式回归，经过比较发现，模型中解释变量保留 X_i^2 和 X_i^3。因为仅有 10 个样本点，不建议引入解释变量的更高阶数。所建立的 glogit 模型如下：

$$L_i = \beta_1 + \beta_2 X_i^2 + \beta_3 X_i^3 + \varepsilon_i \tag{8-27}$$

模型（8-27）存在异方差，采用加权最小二乘法估计，权重向量仍为表 8-5 中的 ω_i 序列。估计结果见表 8-6。其中 $X_{0i}=1/\omega_i$，$X_{1i}=X_i^2/\omega_i$，$X_{2i}=X_i^3/\omega_i$。

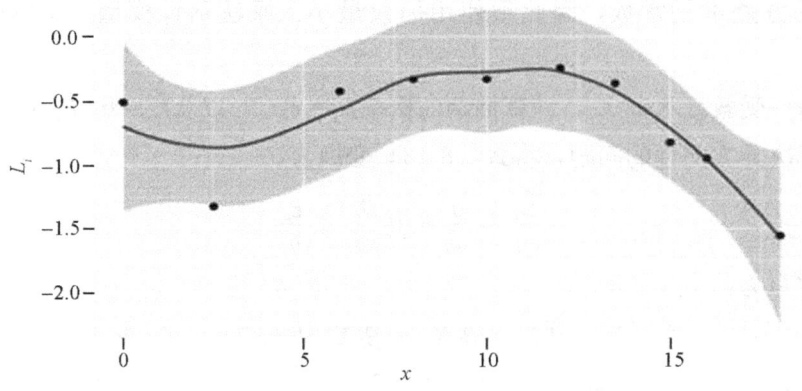

图 8-4 L_i 随受教育年限的变化

表 8-6　glogit 模型加权最小二乘法的估计结果

Variable	Coefficient	Std. Error	z-Statistic	Prob.
X0	−0.946 988	0.156 785	−6.040 025	0.000 5
X1	0.018 124	0.002 93	6.185 818	0.000 5
X2	−0.001 121	0.000 15	−7.449 852	0.000 1
R-squared	0.910 31	Mean dependent var		−2.617 81
Adjusted R-squared	0.884 684	S. D. dependent var		1.585 613
S. E. of regression	0.538 445	Akaike info criterion		1.843 064
Sum squared resid	2.029 464	Schwarz criterion		1.933 839
Log likelihood	−6.215 319	Hannan-Quinn criter.		1.743 483
Durbin-Watson stat	2.731 944			

从 EViews 软件输出的结果看，模型的二次项和三次项系数显著，拟合系数 R^2 取值超过 0.9，这些指标表明我们用三阶多项式拟合 glogit 模型是合适的。根据估计的结果，可以计算一个接受过 10 年教育的人抽烟的概率：

$$\hat{L}_i = -0.946\,988 + 0.018\,124 \times 10^2 - 0.001\,121 \times 10^3 = -0.255\,6$$

$$\hat{P}_i = \frac{1}{1+e^{-\hat{L}_i}} = \frac{1}{1+e^{0.255\,6}} = 0.436$$

进一步我们根据拟合结果可以给出各个受教育年限的人群抽烟的概率，两者之间的关系如图 8-5 所示。

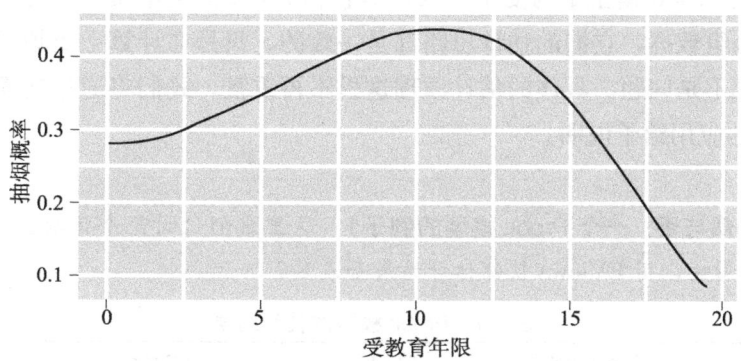

图 8-5　抽烟概率随受教育年限的变化

从图 8-5 中我们可以看出低学历人群的抽烟比例相对较高，随着接受教育的程度增加，抽烟比例会有缓慢上升，到高中以后，高学历人群中抽烟比例会急剧下降，整体上看，高学历人群抽烟比例要低于中低学历人群。

留给读者的问题：利用默里的原始数据（个体数据），用 MLE 的方法估计抽烟与教育年限的之间关系，和本例中利用群组数据的估计结果进行比较，看看有什么发现。

8.5 Probit 模型

正如我们在 Logit 模型中所说，为了解释二分响应被解释变量的行为，我们必须使用适当选择的累积分布函数（CDF）。Logit 模型使用 Logistic 累积分布函数，如式（8-13）所示，但这并非唯一可用的 CDF。类似地，我们也可以用正态分布的 CDF 作为连接函数。使用正态 CDF 估计的模型通常被称为 Probit 模型，也有教科书称为 Normit 模型。接下来我们用正态 CDF 代替式（8-13）中的 Logistic CDF，并按照 Logit 模型的思路进行估计。

标准正态分布的累计分布函数没有简洁的解析表达式，它只能通过一个积分函数表示：

$$\Phi(x) = \frac{1}{\sqrt{2\pi}} \int_{-\infty}^{x} e^{-u^2/2} du \tag{8-28}$$

与 Logit 模型类似，Probit 的定义可记为 $\text{Probit}_i = \Phi^{-1}(P_i)$，假定 Probit_i 与解释变量之间存在线性关系，则 Probit 模型可表示为

$$\text{Probit}_i = \Phi^{-1}(P_i) = \beta_1 + \beta_2 X_i \tag{8-29}$$

如果写成概率的形式，则模型又可表示为

$$P_i = \Phi(\text{Probit}_i) = \frac{1}{\sqrt{2\pi}} \int_{-\infty}^{\beta_1 + \beta_2 X_i} e^{-u^2/2} du \tag{8-30}$$

尽管形式上 Probit 模型更为复杂一点，但它和 Logit 模型本质上没有区别，无论是对个体数据还是分组数据，它们的估计思路都是一致的，只是在计算上更烦琐，不过这些问题在软件面前都不是问题。具体的估计原理这里不再重复，我们将通过前面抽烟的例子来对 Probit 模型的应用给予说明。

例 8-4（抽烟与否：一个 Probit 模型的例子） 这里我们仅讨论个体数据的情形，继续考虑年龄对抽烟的影响，用 EViews 软件估计结果如表 8-7 所示：

表 8-7 Probit 模型的估计结果

Variable	Coefficient	Std. Error	z-Statistic	Prob.
C	0.146 768	0.098 593	1.488 625	0.136 6
AGE	−0.010 943	0.002 235	−4.897 23	0
McFadden R-squared	0.015 36	Mean dependent var		0.380 435
S. D. dependent var	0.485 697	S. E. of regression		0.481 358
Akaike info criterion	1.311 492	Sum squared resid		276.656
Schwarz criterion	1.319 998	Log likelihood		−782.272
Hannan-Quinn criter	1.314 696	Deviance		1 564.544
Restr. deviance	1 588.95	Restr. log likelihood		−794.475
LR statistic	24.405 57	Avg. log likelihood		−0.654 07
Prob（LR statistic）	0.000 001			

输出结果与 Logit 模型输出结果（见表 8-3）类似，指标的解读都相同，具体数值有差异。在 Probit 模型中 age 的系数为 -0.0109，统计上看是显著的；McfaddenR^2 的值为 0.015，LR 统计量的值为 24.4，对应的 p 值远小于 0.05，因此不能拒绝 Probit 和解释变量之间的线性关系。

8.6 三类模型的比较

为了更详细地比较前面我们所讨论的三类模型之间的异同，我们把这三类模型的估计结果汇总到表 8-8，所讨论的模型仍然是年龄（AGE）对抽烟的影响。

表 8-8　抽烟与年龄：LPM、Logit、Probit 模型的估计结果比较

Model	Variable	Coefficient	Std. Error	t-Statistic	Prob.
LPM	C	0.547 714	0.036 837	14.868 46	0
	AGE	$-0.004\,001$	0.000 816	$-4.904\,139$	0
Logit	C	0.232 013	0.158 638	1.462 53	0.143 6
	AGE	$-0.017\,485$	0.003 625	$-4.904\,139$	0
Probit	C	0.146 768	0.098 593	1.488 625	0.136 6
	AGE	$-0.010\,943$	0.002 235	$-4.897\,23$	0

在线性回归模型中，斜率系数度量的是，解释变量每变化一个单位所引起的抽烟概率的平均变化；在 LPM 中，斜率系数度量了解释变量的单位变化而导致的机会比率的对数变化。正如前面曾指出的那样，对于 Logit 模型来说，一个事件发生概率的变化率是由 $\beta_2 P_i(1-P_i)$ 给出的，其中 β_2 是解释变量的系数；在 Probit 模型中，概率的变化率要复杂一些，解释变量的边际效应求解如下：

$$\frac{\mathrm{d}P_i}{\mathrm{d}X_i} = \beta_2 \phi(\beta_1 + \beta_2 X_i) \tag{8-31}$$

式中，$\phi(\cdot)$ 是标准正态变量的密度函数。因此，无论是 Logit 模型，还是 Probit 模型，概率变化的计算涉及对应解释变量的取值，而在 LPM 中仅须知道解释变量系数。LPM 模型在边际效应的计算上简便，结果易于解释，这使得 LPM 模型在早期颇受欢迎。当然，现在有功能强大的计量分析软件的帮助，用户可以很方便地计算 Logit 和 Probit 模型在解释变量所有合理区间内的概率变化，再加上 Logit 模型和 Probit 模型在描述概率与解释变量关系上的合理性，因此就没必要因为简洁去选择 LPM 模型。

在 Logit 和 Probit 之间，哪个模型更可取呢？在大多数应用中，这两个模型非常类似，主要的区别在于 Logistic 分布的尾部稍微平坦一些，这一点从图 8-6 中可以看出。也就是说，与 Probit 相比，在 Logit 模型中，条件概率趋近于 0 或 1 的速度更慢一些。因此，没有一个令人信服的理由去选择一个模型而放弃另一个模型。实践中，由于 Logit 模型使用相对简单的数学，因而许多研究者选择了它。

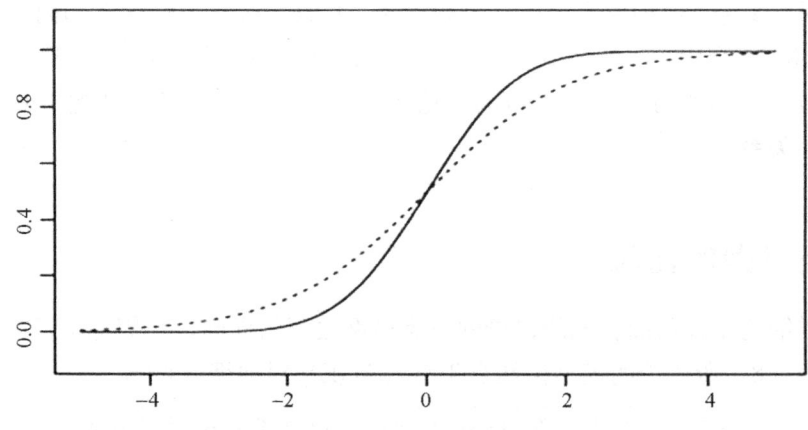

图 8-6　Logit 和 Probit 模型的累积分布

本章小结

1. 定性响应模型是指模型中被解释变量仅取有限个值，其中最为简单、常见的定性响应模型中，被解释变量仅有两个取值，0 或 1。这类模型也称为二分响应回归模型。

2. 最简单的二分响应模型是线性概率模型（LPM），线性概率模型通过最小二乘法估计响应被解释变量与解释变量之间的关系。线性概率模型尽管操作上简便却也存在一些不符合实际的设定，例如它认为影响行为主体决策发生变化的因素，其对决策的影响是线性变化的。这种不合实际的设定在 Logit 模型和 Pobit 模型中可以避免。

3. Logit 模型把行为主体的决策概率与解释变量之间的连接函数用 Logistic 分布的分布函数代替，经过变形后，该模型的被解释变量为成败比例（odds ratio）的对数，解释变量则仍用线性函数关系式。对于分组数据，该模型中的参数可用加权最小二乘法进行估计；对于个体数据，则需要用极大似然估计方法。

4. Probit 模型的连接函数是正态分布的累积分布函数，Probit 模型与 Logit 模型相比，除了数学形式上更为复杂外，估计方法以及结果解释无本质区别。在实际应用中，这两种模型通常也会给出相似的结果。

练习题

1. 考虑在校学生考研录取情况。令 Y 表示某位同学考研录取与否，$Y=1$ 表示录取，$Y=0$ 表示没有录取。设 X_1、X_2、X_3 分别表示该同学在校期间英语、数学以及政治科目的平均成绩。利用 65 个报名参与考研的学生的数据得到如下 Logit 模型：

$$P_i = \Pr\{Y_i = 1\} = \frac{1}{1+\exp(-1.1+2.1X_1+0.3X_2+5X_3)}$$

假设 $X_2=90$、$X_3=70$，计算英语成绩 $X_1=50$ 提高至 $X_1=70$ 时，考取研究生的概率会提高多少？

2. 对分组数据，试证明以"成败比例"为特征的 Logit 模型

$$\ln\frac{P_i}{1-P_i} \approx \ln\frac{\hat{P}_i}{1-\hat{P}_i} + \frac{e_i}{\hat{P}_i(1-\hat{P}_i)}$$

中误差项的方差为

$$\text{Var}\left[\frac{e_i}{P_i(1-P_i)}\right] = \frac{1}{N_i P_i(1-P_i)}$$

3. 在申请出国读学位的 16 名学生名单中有如下 GRE 数量与词汇分数。其中 9 名学生获得入学准入。请根据表 8-9 中的资料估计 Logit 模型与 Probit 模型。其中 Q 表示数量成绩，V 表示词汇成绩，Y 表示是否准入，1 为准入，0 为不准。

表 8-9

No.	Q	V	Y	No.	Q	V	Y
1	760	550	1	9	520	660	1
2	600	350	0	10	800	250	0
3	720	320	0	11	670	480	0
4	710	630	1	12	670	520	1
5	530	430	1	13	780	710	1
6	650	570	0	14	520	450	0
7	800	500	1	15	680	590	1
8	650	680	1	16	500	380	0

4. 某省统计局在全省范围内进行了一次公众安全感问卷调查，共回收 1 391 份问卷资料。对于问题"一个人在家是否害怕生人来"，$Y=1$ 表示害怕，$Y=0$ 表示不害怕。影响因素有两个：X_1 表示年龄，X_2 表示文化程度。各变量的取值含义如表 8-10 所示：

表 8-10

是否害怕 Y	年龄 X_1		文化程度 X_2	
害怕 1	16~28 岁	22	文盲	0
不害怕 0	29~45 岁	37	小学	1
	46~60 岁	53	中学	2
	61 岁以上	68	中专以上	3

现在问题是：公民一人在家害怕生人来这个事件与公民年龄 X_1、文化程度 X_2 有没有关系呢？调查表的数据合并结果如表 8-11 所示：

表 8-11

序号	X_1	X_2	N_i	$Y=1$	$Y=0$
1	22	0	3	0	3
2	22	1	11	3	8
3	22	2	389	146	243
4	22	3	83	26	57
5	37	0	4	3	1
6	37	1	27	18	9
7	37	2	487	196	291
8	37	3	103	27	76
9	53	0	9	4	5
10	53	1	6	3	3

(续)

序号	X_1	X_2	N_i	$Y=1$	$Y=0$
11	53	2	188	73	115
12	53	3	47	18	29
13	68	0	2	0	2
14	68	1	10	3	7
15	68	2	18	7	11
16	68	3	4	0	4

(1) 把公民的年龄 X_1、文化程度 X_2 作为数量型变量，建立 Y 对 X_1 和 X_2 的 Logistic 回归。

(2) 把公民的年龄 X_1、文化程度 X_2 作为定性变量，用 0～1 型变量将其数量化，建立 Y 对公民的年龄和文化程度的 Logistic 回归。

(3) 比较两类回归结果，你认为（1）（2）两类模型哪一个更合适？给出你的理由。

Chapter 9

第 9 章

面板数据模型初步

学习目标

1. 了解面板数据的定义
2. 了解混合 OLS 方法
3. 理解不可观测的异质性对混合 OLS 估计量的影响
4. 理解固定效应估计量和随机效应估计量
5. 理解如何通过 Hausman 检验在随机效应估计量和固定效应估计量之间进行选择

9.1 引入面板数据的背景

9.1.1 什么是面板数据

前面我们学习了如何对横截面数据和时间序列数据进行计量分析,有时候,我们还会遇到另一种数据类型,兼具横截面数据和时间序列数据的特征,这就是面板数据。所谓面板数据是指,在一段时间内对同一组个体跟踪调查所获得的数据。比如我国 2001~2010 年各省人均 GDP 所构成的数据集就是面板数据,大学四年某一个班级每位同学每个学年的成绩构成的数据集也是面板数据。通常情况下,一个典型的面板数据结构如表 9-1 所示。

表 9-1 面板数据结构

观测值	id	年份	Y	X
1	1	2013	.	.
2	1	2014	.	.
3	2	2013	.	.
4	2	2014	.	.
.	.	.		
.	.	.		
.	.	.		
297	149	2013	.	.
298	149	2014	.	.
299	150	2013	.	.
300	150	2014	.	.

9.1.2 混合 OLS

我们前面提到的很多估计方法，如 OLS 估计，同样适用于面板数据。比如我们想估计一项职业技能培训项目对职员劳动生产率的影响，根据经济学理论，职员劳动生产率的提高会反映在工资上，因此我们可以用工资水平（wage）对表示职员是否参加培训的虚拟变量（program）进行回归，来评价该职业技能培训项目的效果。假定我们有一组工人的横截面数据，该数据包含工人的工资水平、是否参加培训等信息，回归方程为：

$$\ln wage_i = \beta_0 + \boldsymbol{\beta} z_i + \delta_1 programm_i + \varepsilon_i \tag{9-1}$$

在式（9-1）中，我们用向量 z_i 表示一组影响工人工资水平的控制变量，向量 $\boldsymbol{\beta}$ 表示这组控制变量的系数。我们关心的是是否参加培训 $programm_i$ 对工资的对数 $\ln wage_i$ 的影响，δ_1 衡量了该影响的大小。

实际上在进行项目评价时，我们可以收集两期的面板数据。比如，在培训项目开始之前（$t=1$），我们得到一组工人的工资等信息，在项目开始时，一部分工人参加了培训项目，一部分工人没有参加培训项目，在项目结束之后（$t=2$），我们对这组工人追踪调查，得到工人是否参加培训的信息、工资信息，以及其他可能影响工人工资的变量的信息，这样，我们就得到了一个两期的面板数据，此时，上面的回归方程变为：

$$\ln wage_{it} = \beta_0 + \boldsymbol{\beta} z_{it} + \delta_1 programm_{it} + \varepsilon_{it} \tag{9-2}$$

我们注意到，此时，每一个变量有两个下标，其中第一个下标 i 表示个体，第二个下标 t 表示时间。我们同样可以对式（9-2）进行 OLS 估计，因为此时我们把两期的数据混合在了一起，此时的 OLS 回归我们称为面板数据的混合 OLS（pooled OLS）。很显然，与使用横截面数据进行 OLS 回归相比，两期数据使得样本容量增加了一倍，这有助于降低估计量的标准误，使我们的估计更加准确。

9.1.3 不可观测的异质性

利用面板数据进行混合 OLS 估计虽然能够得到更准确的估计结果，但是也存在缺陷，并没有完全发挥出面板数据的优势。为了说明混合 OLS 的缺陷，仍以上面职业技能培训项目为例。如果工人自愿选择是否参加培训项目，一部分工人选择参加培训，另一部分工人没有参加培训，那么工人是否参加培训就不是随机的，而是自我选择的结果，由此带来的后果是，program 是内生的，与误差项相关。当然，我们可以通过将影响工人是否参加培训决策的因素从误差项中提取出来，加入到控制变量中，来尽可能地避免 program 的内生性。但是，如果影响工人是否参加培训决策的变量是不可观测的，那么上面的方法就行不通。比如，工人的内在能力（ability）可能会影响其是否参与培训项目的决策，能力强的工人技能娴熟，可能会认为参加培训项目没有太大必要；能力差的工人掌握技能慢，可能认为参与培训项目很有必要，而工人的能力又会影响他们的工资水平，如果我们不控制能力这个变量的话，就会被放入误差项中，此时，program 就是内生的，OLS 估计的结果是有偏的。也就是说，在进行 OLS 估计时，如果我们不控制能力变量的话，就会低估培训项目的效果。

在生活中我们也会碰到类似的情况。比如我们想评价英语考研培训班对提高英语考研成绩的效果。假如我们有一组考生构成的随机样本，包含他们是否曾参加英语培训班的信息，以及他们的英语考研成绩，如果我们直接用后者对前者进行 OLS 回归，我们可能会低估英语培训班的效果，甚至可能得到的系数估计值是负的，为什么呢？这是因为选择参加考研培训班的同学可能是英语基础比较差的同学，而英语基础比较好的同学可能不会参加英语培训班。在用英语考研成绩对是否参加培训班进行 OLS 回归时，我们就把英语基础这个变量遗漏到误差项之中了，从而导致估计结果的有偏性。

继续职业技能培训项目的例子，既然工人是否参加培训受到个人能力的影响，而能力又会影响工人的工资水平，为了避免 program 与误差项相关，我们可以把能力变量从误差项中提取出来，将它控制住。如果我们认为能力是不变的，至少在短期内不会发生改变，那么此时的回归方程变为：

$$\ln wage_{it} = \beta_0 + \boldsymbol{\beta} z_{it} + \delta_1 programm_{it} + ability_i + \varepsilon_{it} \tag{9-3}$$

式中，$ability_i$ 表示能力变量，我们注意到，只有一个下标 i，这是因为我们假定不随时间改变。由于不可观测，我们称其为不可观测的异质性（unobserved heterogeneity）。

将能力变量从误差项中提取出来之后，我们就解决了之前讨论的内生性问题。但是现在的问题是，既然能力变量不可观测，我们就无法获得关于能力的数据，那么，我们如何对式（9-3）进行估计呢？面板数据模型可以克服这一障碍，这是计量分析使用面板数据最主要的原因。第 9.2 节的固定效应模型将解释如何解决能力的不可观测性问题。

9.2 固定效应模型

假设我们对 N 个个体进行为期 T 期的跟踪调查，面板数据模型为：

$$Y_{it} = \beta_1 X_{1,it} + \beta_2 X_{2,it} + \cdots + \beta_k X_{k,it} + \alpha_i + e_{it}, t = 1, 2 \cdots, T \tag{9-4}$$

注意，在式（9-4）中，解释变量 X 有三个下标，其中第一个下标表示变量序号，第二个下标 i 表示第 i 个观测值，第三个下标 t 表示第 t 期。α_i 表示所有影响被解释变量 y 的不可观测且不随时间改变的因素，如上一节的 $ability_i$。前面提到 α_i 称为不可观测的异质性，因为 α_i 不可观测，且不随时间的改变而改变，也被称为不可观测效应（unobserved effect），或固定效应（fixed effect），因此，上面的模型通常被称为不可观测效应模型或固定效应模型。e_{it} 中包含所有影响被解释变量 Y 的不可观测且随时间改变的因素，通常被称为特异性误差（idiosyncratic error）或时变（time-varying）误差。

对于每一个个体 i，将式（9-4）中全部变量在所有 T 期的值取平均值，可以得到：

$$\overline{Y}_i = \beta_1 \overline{X}_{1,i} + \beta_2 \overline{X}_{2,i} + \cdots + \beta_k \overline{X}_{k,i} + \alpha_i + \overline{e}_i \tag{9-5}$$

式中，$\overline{Y}_i = T^{-1} \sum_{t=1}^{T} Y_{it}$，$\overline{X}_{k,i} = T^{-1} \sum_{t=1}^{T} X_{k,it}$，$\overline{e}_i = T^{-1} \sum_{t=1}^{T} e_{it}$，由于 α_i 不随时间改变，所以对所有 T 期的 α_i 求均值仍为 α_i。接下来，用式（9-4）减去式（9-5）得：

$$Y_{it} - \overline{Y}_i = \beta_1(X_{1,it} - \overline{X}_{1,i}) + \beta_2(X_{2,it} - \overline{X}_{2,i}) + \cdots + \beta_k(X_{k,it} - \overline{X}_{k,i}) + e_{it} - \overline{e}_i \quad (9\text{-}6)$$

如果我们记 $\ddot{Y}_{it} = Y_{it} - \overline{Y}_i$，$\ddot{X}_{k,it} = X_{k,it} - \overline{X}_{k,i}$，$\ddot{e}_{it} = e_{it} - \overline{e}_i$，则式（9-6）可以写为：

$$\ddot{Y}_{it} = \beta_1 \ddot{X}_{1,it} + \beta_2 \ddot{X}_{2,it} + \cdots + \beta_k \ddot{X}_{k,it} + \ddot{e}_{it}, \quad t=1,2,\cdots,T \quad (9\text{-}7)$$

通过式（9-6）或式（9-7）可以看出，经过变换之后，式（9-4）中的不可观测效应 α_i 消失了。回到我们在第 9.1 节中提出的问题，如果我们认为在误差项中存在影响被解释变量且与解释变量相关的因素，如果这些因素不随时间改变，那么我们就可以将它们从误差项中提取出来，利用面板数据的特点，通过上面的转换，将不可观测效应消除，从而解决内生性问题。

如果我们对式（9-7）进行混合 OLS 回归，就可以得到系数 β 的一致估计量，我们称之为固定效应估计量。我们注意到，在从式（9-4）转换到式（9-6）的过程中，如果解释变量 X_k 不随时间改变，那么在转换过程中将被消掉，我们也就无法估计它所对应的系数 β_k，也就是说，固定效应无法估计出不随时间变化的变量对被解释变量的影响。

当然，固定效应估计量的一致性或无偏性还需要若干假定，在初级计量教材中不做要求，在此略过。

例 9-1（企业培训与次品率） 企业的培训对生产率的提高有多大作用呢？为了评估企业对个人的培训对生产率的影响，利用 1987～1989 年 54 家企业的面板数据分析了企业培训对次品率的影响。定义企业是否对个人进行培训为 $train_{it}$，是一个虚拟变量，被解释变量为 $\log(scrap)_{it}$，为企业的次品率。1988 年之前，所有企业都未对个人进行培训；1988 年，有 19 家企业对工人进行了培训；1989 年，有 10 家不同的企业对工人进行了培训。

企业是否对个人进行培训，可能取决于工人的生产率等特征，因此如果使用混合 OLS 用 $\log(scrap)_{it}$ 对 $train_{it}$ 回归，就会产生内生性问题。为此，我们选择固定效应模型：

$$\log(scrap)_{it} = \beta_0 + \beta_1 d88 + \beta_2 d89 + \beta_3 train_{it} + \beta_4 train_{it-1} + \alpha_i + e_{it} \quad (9\text{-}8)$$

式中，$d88$ 和 $d89$ 是两个表示时间的虚拟变量，分别在 1988 年和 1989 年取值为 1，其他时间取值为 0，这两项的加入考虑到了被解释变量在不同年份的差异。由于培训的效果可能会持续到下一年，所以我们在模型中加入了 $train_{it-1}$。α_i 是固定效应。

利用 1987～1989 年 54 家企业的面板数据，对上述模型进行估计，得到的结果如表 9-2 所示。由估计结果我们可以看出，培训能够降低次品率，并且培训的滞后效果要大于当前的效果。

表 9-2　固定效应估计结果

解释变量	被解释变量：$\log(scrap)_{it}$ 系数（标准误）
$d88$	−0.080 (0.109)
$d89$	−0.247 (0.133)

(续)

被解释变量：$\log(scrap)_{it}$	
$train_{it}$	−0.252
	(0.151)
$train_{it-1}$	−0.422
	(0.210)
观测值	162
自由度	104
R^2	0.201

9.3 随机效应模型

第 9.2 节的固定效应估计量通过对面板数据进行特殊处理，将不可观测效应 α_i 消掉。之所以要这样做，是因为 α_i 可能与解释变量相关。但是，如果我们假定 α_i 与任意一个解释变量都不相关，那么消除 α_i 就没有必要，而且消除 α_i 会导致信息的丢失，得到的估计量可能不是有效的。

本节要介绍的随机效应估计量假设 α_i 与所有解释变量都不相关，即

$$\mathrm{Cov}(X_{j,it},\alpha_i)=0, t=1,2,\cdots,T; j=1,2,\cdots,k$$

既然我们假定 α_i 与所有解释变量不相关，我们就可以将其放入误差项之中。如果我们定义复合误差项（composite error term）为：$u_{it}=\alpha_i+e_{it}$，则固定效应模型（9-4）就可以写为：

$$Y_{it}=\beta_1 X_{1,it}+\beta_2 X_{2,it}+\cdots+\beta_k X_{k,it}+u_{it}, t=1,2,\cdots,T \tag{9-9}$$

我们将式（9-9）称为随机效应模型。根据假定，复合误差项与所有解释变量都不相关，那么我们对式（9-9）进行混合 OLS 回归，就可以得到系数 β 的估计量。但是，混合 OLS 回归忽视了 u_{it} 的序列相关性，因此，虽然是一致的，但并不是有效的。

为了说明复合误差项 u_{it} 的序列相关性，我们定义 $\sigma_\alpha^2=\mathrm{Var}(\alpha_i)$，$\sigma_e^2=\mathrm{Var}(e_{it})$，进一步假定 e_{it} 不存在序列相关，即 $\mathrm{Cov}(e_{it},e_{is})=0$, $t\neq s$，则：

$$\mathrm{corr}(u_{it},u_{is})=\frac{\sigma_\alpha^2}{(\sigma_e^2+\sigma_\alpha^2)}, t\neq s \tag{9-10}$$

由于通常混合 OLS 忽视了误差项 u_{it} 的序列相关性，回归后得到的标准误就是错误的，通常的检验统计量也不再适用。当然，因为误差项的序列相关并不影响估计量的一致性，此时我们可以使用稳健标准误以及稳健的检验统计量来纠正序列相关带来的问题。但是，根据第 6 章学到的知识，当误差项存在序列相关时，GLS 比 OLS（在面板数据背景下即混合 OLS）更有效。

随机效应估计量通过 GLS 转换来消除误差项的序列相关，其步骤如下：

1. 定义 $\lambda=1-[\sigma_u^2/(\sigma_u^2+T\sigma_\alpha^2)]^{1/2}$
2. 对回归方程（9-9）进行如下转换：

$$Y_{it} - \lambda \overline{Y}_i = \beta_0(1-\lambda) + \beta_1(X_{1,it} - \lambda \overline{X}_{1,i}) + \cdots + \beta_k(X_{k,it} - \lambda \overline{X}_{k,i}) + (u_{it} - \lambda \overline{u}_i)$$
(9-11)

可以证明，式（9-11）中转换后的误差项 $(u_{it} - \lambda \overline{u}_i)$ 序列不相关，可以直接对式（9-11）进行混合 OLS 回归。不过在回归之前，由于 λ 的值未知，所以需要对其进行估计，也就是从 GLS 到 FGLS（Feasible GLS，可行的广义最小二乘法）的过程。通常 λ 的估计量 $\hat{\lambda}$ 为 $\hat{\lambda} = 1 - \{1/[1 + T(\hat{\sigma}_a^2/\hat{\sigma}_u^2)]\}^{1/2}$，式中 $\hat{\sigma}_a^2$ 是 σ_a^2 的一致估计量，$\hat{\sigma}_u^2$ 是 σ_u^2 的一致估计量。用 $\hat{\lambda}$ 代替 λ 进行 FGLS 回归就是随机效应估计量。在实际对面板模型进行随机效应估计的时候，计量软件会自动计算 $\hat{\lambda}$ 并进行 FGLS 回归，因此，本书不再详细介绍如何得到 σ_a^2 和 σ_u^2 的一致估计量 $\hat{\sigma}_a^2$ 和 $\hat{\sigma}_u^2$。

9.4 Hausman 检验

通过前面两节的学习我们知道，固定效应估计量和随机效应估计量建立在两种截然不同的假定上：固定效应估计量允许不可观测效应 α_i 与解释变量相关，随机效应估计量则不然，因此通常认为固定效应估计量比随机效应估计量更稳健。但是，前面提到，如果解释变量不随时间变化，固定效应估计量就无法估计出它对被解释变量的影响。

如果我们关注的解释变量随着时间的变化而变化，通常来讲，因为固定效应估计量允许不可观测效应 α_i 与解释变量相关，因此更稳健。但是，我们通常看到很多研究也同时报告随机效应估计量。这是因为如果不可观测效应 α_i 与解释变量无关，那么随机效应估计量比固定效应估计量更有效。因此到底是选择固定效应估计量还是随机效应估计量，实际上是稳健和有效之间的权衡取舍。

Hausman 提出了一种检验方法，有助于在固定效应估计量和随机效应估计量之间做出正确的选择，该检验方法称为 Hausman 检验。Hausman 检验的原假设是解释变量与不可观测效应 α_i 不相关，如果检验结果拒绝原假设，则选择固定效应估计量，否则，则选择随机效应估计量。

Hausman 检验的基本原理是，如果原假设成立，则固定效应估计量和随机效应估计量都是一致的，两者收敛于同一个真实值，意味着两者的差距不会太大；否则，如果原假设不成立，固定效应估计量仍然是一致的，但随机效应估计量不一致，这意味着如果两者差距过大，则倾向于拒绝原假设。Hausman 检验的统计量为：

$$\frac{\hat{\beta}_{FE} - \hat{\beta}_{RE}}{SE(\hat{\beta}_{FE} - \hat{\beta}_{RE})} \overset{asy}{\sim} \chi_1^2 \tag{9-12}$$

式中，$\hat{\beta}_{FE}$ 为固定效应估计量，$\hat{\beta}_{RE}$ 为随机效应估计量，$SE(\hat{\beta}_{FE} - \hat{\beta}_{RE})$ 为两者之差的标准误。在原假设成立的前提下，该统计量服从渐进的卡方分布。

例 9-2（交通死亡率的影响因素） 我们用数据集 traffic.dta 来分析影响美国各州交通死亡率的因素。被解释变量是交通死亡率，解释变量分别为啤酒税、酒精消费量、失业率、人均收入。面板数据集包括48个州，时间跨度为1982~1988年。我们分别用固定效应模型和随机效应模型进行估计，回归结果见表9-3。

表9-3 固定效应估计结果

变量	固定效应 交通死亡率	随机效应 交通死亡率
啤酒税	−0.484***	0.0443
	(0.163)	(0.120)
酒精消费量	0.817***	0.302***
	(0.0792)	(0.0643)
失业率	−0.0290***	−0.0491***
	(0.00903)	(0.00982)
人均收入	0.105***	−0.0111
	(0.0206)	(0.0195)
常数	−0.384	2.002***
	(0.420)	(0.381)
观测值	336	336
州数	48	48

注：***表示在1%的显著性水平下显著。

通过对比可以发现，固定效应估计量和随机效应估计量存在较大差别，为此我们利用Hausman检验在这两个估计量之间进行选择。检验的统计量为90.46，p值为0.0000。故我们可以拒绝原假设解释变量与不可观测效应不相关，因此应该选择固定效应估计量。

本章小结

1. 面板数据是指在一段时间内对同一组个体跟踪调查所获得的数据。

2. 如果对面板数据进行OLS回归，则称为混合OLS，与使用横截面数据相比，混合OLS能够降低估计量的标准误。

3. 固定效应估计量将不可观测的异质性从误差项中提取出来，并将其消除掉，能够解决遗漏变量所带来的内生性问题。

4. 随机效应估计量假设不可观测的异质性与所有解释变量都不相关，并通过GLS转换来消除误差项的序列相关，比混合OLS更有效。

5. Hausman检验通过检验解释变量与不可观测的异质性是否相关，有助于在固定效应估计量和随机效应估计量之间做出正确的选择。

练习题

1. 假如面板数据是两期的，证明此时固定效应估计量和一阶差分估计量（第2期减去第1期）是等价的。

2. 在随机效应模型中，定义复合误差项为 $u_{it}=\alpha_i+e_{it}$，式中 α_i 与 e_{it} 无关，而且 e_{it} 有常方差 σ_e^2，并且是序列无关的，定义 $v_{it}=u_{it}-\lambda\bar{u}_i$，其中 $\lambda=1-[\sigma_u^2/(\sigma_u^2+T\sigma_a^2)]^{1/2}$：

　　(1) 证明：$E(v_{it})=0$

　　(2) 证明：$\mathrm{Var}(v_{it})=\sigma_e^2$

　　(3) 证明：$\mathrm{Cov}(v_{it},v_{is})=0$，$t\neq s$

3. 固定效应估计量和随机效应估计量有什么区别？如何在两者之间进行选择？

附 录 A

表 A-1 t 分布临界值

$$P\{|X|>t_{\alpha/2}(n)\}=\alpha$$

n \ α	0.01	0.02	0.03	0.04	0.05	0.1	0.2
1	63.6567	31.8205	21.2049	15.8945	12.7062	6.3138	3.0777
2	9.9248	6.9646	5.6428	4.8487	4.3027	2.9200	1.8856
3	5.8409	4.5407	3.8960	3.4819	3.1824	2.3534	1.6377
4	4.6041	3.7469	3.2976	2.9985	2.7764	2.1318	1.5332
5	4.0321	3.3649	3.0029	2.7565	2.5706	2.0150	1.4759
6	3.7074	3.1427	2.8289	2.6122	2.4469	1.9432	1.4398
7	3.4995	2.9980	2.7146	2.5168	2.3646	1.8946	1.4149
8	3.3554	2.8965	2.6338	2.4490	2.3060	1.8595	1.3968
9	3.2498	2.8214	2.5738	2.3984	2.2622	1.8331	1.3830
10	3.1693	2.7638	2.5275	2.3593	2.2281	1.8125	1.3722
11	3.1058	2.7181	2.4907	2.3281	2.2010	1.7959	1.3634
12	3.0545	2.6810	2.4607	2.3027	2.1788	1.7823	1.3562
13	3.0123	2.6503	2.4358	2.2816	2.1604	1.7709	1.3502
14	2.9768	2.6245	2.4149	2.2638	2.1448	1.7613	1.3450
15	2.9467	2.6025	2.3970	2.2485	2.1314	1.7531	1.3406
16	2.9208	2.5835	2.3815	2.2354	2.1199	1.7459	1.3368
17	2.8982	2.5669	2.3681	2.2238	2.1098	1.7396	1.3334
18	2.8784	2.5524	2.3562	2.2137	2.1009	1.7341	1.3304
19	2.8609	2.5395	2.3456	2.2047	2.0930	1.7291	1.3277
20	2.8453	2.5280	2.3362	2.1967	2.0860	1.7247	1.3253
21	2.8314	2.5176	2.3278	2.1894	2.0796	1.7207	1.3232
22	2.8188	2.5083	2.3200	2.1829	2.0739	1.7171	1.3212
23	2.8073	2.4999	2.3132	2.1770	2.0687	1.7139	1.3195
24	2.7969	2.4922	2.3069	2.1715	2.0639	1.7109	1.3178
25	2.7874	2.4851	2.3011	2.1666	2.0595	1.7081	1.3163
30	2.7500	2.4573	2.2783	2.1470	2.0423	1.6973	1.3104
40	2.7045	2.4233	2.2503	2.1229	2.0211	1.6839	1.3031
50	2.6778	2.4033	2.2338	2.1087	2.0086	1.6759	1.2987

表 A-2 χ^2 分布临界值

$$P\{X>\chi_\alpha^2(n)\}=\alpha$$

n \ α	0.01	0.02	0.03	0.04	0.05	0.06	0.07	0.08	0.09	0.1
1	6.635	5.412	4.709	4.218	3.841	3.537	3.283	3.065	2.874	2.706
2	9.210	7.824	7.013	6.438	5.991	5.627	5.319	5.051	4.816	4.605
3	11.345	9.837	8.947	8.311	7.815	7.407	7.060	6.759	6.491	6.251
4	13.277	11.668	10.712	10.026	9.488	9.044	8.666	8.337	8.043	7.779
5	15.086	13.388	12.375	11.644	11.070	10.596	10.191	9.837	9.521	9.236
6	16.812	15.033	13.968	13.198	12.592	12.090	11.660	11.283	10.948	10.645
7	18.475	16.622	15.509	14.703	14.067	13.540	13.088	12.691	12.337	12.017
8	20.090	18.168	17.010	16.171	15.507	14.956	14.484	14.068	13.697	13.362
9	21.666	19.679	18.480	17.608	16.919	16.346	15.854	15.421	15.034	14.684
10	23.209	21.161	19.922	19.021	18.307	17.713	17.203	16.753	16.352	15.987
11	24.725	22.618	21.342	20.412	19.675	19.061	18.533	18.069	17.653	17.275
12	26.217	24.054	22.742	21.785	21.026	20.393	19.849	19.369	18.939	18.549
13	27.688	25.472	24.125	23.142	22.362	21.711	21.151	20.657	20.214	19.812
14	29.141	26.873	25.493	24.485	23.685	23.017	22.441	21.933	21.478	21.064
15	30.578	28.259	26.848	25.816	24.996	24.311	23.720	23.199	22.732	22.307
16	32.000	29.633	28.191	27.136	26.296	25.595	24.990	24.456	23.977	23.542
17	33.409	30.995	29.523	28.445	27.587	26.870	26.251	25.705	25.215	24.769
18	34.805	32.346	30.845	29.745	28.869	28.137	27.505	26.947	26.445	25.989
19	36.191	33.687	32.158	31.037	30.144	29.396	28.751	28.181	27.669	27.204
20	37.566	35.020	33.462	32.321	31.410	30.649	29.991	29.410	28.887	28.412
21	38.932	36.343	34.759	33.597	32.671	31.895	31.225	30.632	30.100	29.615
22	40.289	37.659	36.049	34.867	33.924	33.135	32.453	31.849	31.307	30.813
23	41.638	38.968	37.332	36.131	35.172	34.370	33.675	33.062	32.510	32.007
24	42.980	40.270	38.609	37.389	36.415	35.599	34.893	34.269	33.708	33.196
25	44.314	41.566	39.880	38.642	37.652	36.824	36.106	35.472	34.902	34.382
30	50.892	47.962	46.160	44.834	43.773	42.883	42.113	41.430	40.816	40.256
40	63.691	60.436	58.428	56.946	55.758	54.761	53.895	53.128	52.436	51.805
50	76.154	72.613	70.423	68.804	67.505	66.412	65.463	64.621	63.861	63.167

表 A-3　F 分布临界值

$$P\{X>F_\alpha(n, m)\}=\alpha$$

m \ n	1	2	3	4	5	6	7	8	9	10	11	12
1	161.45	18.51	10.13	7.71	6.61	5.99	5.59	5.32	5.12	4.96	4.84	4.75
2	199.50	19.00	9.55	6.94	5.79	5.14	4.74	4.46	4.26	4.10	3.98	3.89
3	215.71	19.16	9.28	6.59	5.41	4.76	4.35	4.07	3.86	3.71	3.59	3.49
4	224.58	19.25	9.12	6.39	5.19	4.53	4.12	3.84	3.63	3.48	3.36	3.26
5	230.16	19.30	9.01	6.26	5.05	4.39	3.97	3.69	3.48	3.33	3.20	3.11
6	233.99	19.33	8.94	6.16	4.95	4.28	3.87	3.58	3.37	3.22	3.09	3.00
7	236.77	19.35	8.89	6.09	4.88	4.21	3.79	3.50	3.29	3.14	3.01	2.91
8	238.88	19.37	8.85	6.04	4.82	4.15	3.73	3.44	3.23	3.07	2.95	2.85
9	240.54	19.38	8.81	6.00	4.77	4.10	3.68	3.39	3.18	3.02	2.90	2.80
10	241.88	19.40	8.79	5.96	4.74	4.06	3.64	3.35	3.14	2.98	2.85	2.75
11	242.98	19.40	8.76	5.94	4.70	4.03	3.60	3.31	3.10	2.94	2.82	2.72
12	243.91	19.41	8.74	5.91	4.68	4.00	3.57	3.28	3.07	2.91	2.79	2.69
13	244.69	19.42	8.73	5.89	4.66	3.98	3.55	3.26	3.05	2.89	2.76	2.66
14	245.36	19.42	8.71	5.87	4.64	3.96	3.53	3.24	3.03	2.86	2.74	2.64
15	245.95	19.43	8.70	5.86	4.62	3.94	3.51	3.22	3.01	2.85	2.72	2.62
16	246.46	19.43	8.69	5.84	4.60	3.92	3.49	3.20	2.99	2.83	2.70	2.60
17	246.92	19.44	8.68	5.83	4.59	3.91	3.48	3.19	2.97	2.81	2.69	2.58
18	247.32	19.44	8.67	5.82	4.58	3.90	3.47	3.17	2.96	2.80	2.67	2.57
19	247.69	19.44	8.67	5.81	4.57	3.88	3.46	3.16	2.95	2.79	2.66	2.56
20	248.01	19.45	8.66	5.80	4.56	3.87	3.44	3.15	2.94	2.77	2.65	2.54
21	248.31	19.45	8.65	5.79	4.55	3.86	3.43	3.14	2.93	2.76	2.64	2.53
22	248.58	19.45	8.65	5.79	4.54	3.86	3.43	3.13	2.92	2.75	2.63	2.52
23	248.83	19.45	8.64	5.78	4.53	3.85	3.42	3.12	2.91	2.75	2.62	2.51
24	249.05	19.45	8.64	5.77	4.53	3.84	3.41	3.12	2.90	2.74	2.61	2.51
25	249.26	19.46	8.63	5.77	4.52	3.83	3.40	3.11	2.89	2.73	2.60	2.50
26	249.45	19.46	8.63	5.76	4.52	3.83	3.40	3.10	2.89	2.72	2.59	2.49
27	249.63	19.46	8.63	5.76	4.51	3.82	3.39	3.10	2.88	2.72	2.59	2.48
28	249.80	19.46	8.62	5.75	4.50	3.82	3.39	3.09	2.87	2.71	2.58	2.48
29	249.95	19.46	8.62	5.75	4.50	3.81	3.38	3.08	2.87	2.70	2.58	2.47
30	250.10	19.46	8.62	5.75	4.50	3.81	3.38	3.08	2.86	2.70	2.57	2.47
31	250.23	19.46	8.61	5.74	4.49	3.80	3.37	3.07	2.86	2.69	2.57	2.46
32	250.36	19.46	8.61	5.74	4.49	3.80	3.37	3.07	2.85	2.69	2.56	2.46
33	250.48	19.47	8.61	5.74	4.48	3.80	3.36	3.07	2.85	2.69	2.56	2.45
34	250.59	19.47	8.61	5.73	4.48	3.79	3.36	3.06	2.85	2.68	2.55	2.45
35	250.69	19.47	8.60	5.73	4.48	3.79	3.36	3.06	2.84	2.68	2.55	2.44

(续)

n\m	13	14	15	16	17	18	19	20	21	22	23	24
1	4.67	4.60	4.54	4.49	4.45	4.41	4.38	4.35	4.32	4.30	4.28	4.26
2	3.81	3.74	3.68	3.63	3.59	3.55	3.52	3.49	3.47	3.44	3.42	3.40
3	3.41	3.34	3.29	3.24	3.20	3.16	3.13	3.10	3.07	3.05	3.03	3.01
4	3.18	3.11	3.06	3.01	2.96	2.93	2.90	2.87	2.84	2.82	2.80	2.78
5	3.03	2.96	2.90	2.85	2.81	2.77	2.74	2.71	2.68	2.66	2.64	2.62
6	2.92	2.85	2.79	2.74	2.70	2.66	2.63	2.60	2.57	2.55	2.53	2.51
7	2.83	2.76	2.71	2.66	2.61	2.58	2.54	2.51	2.49	2.46	2.44	2.42
8	2.77	2.70	2.64	2.59	2.55	2.51	2.48	2.45	2.42	2.40	2.37	2.36
9	2.71	2.65	2.59	2.54	2.49	2.46	2.42	2.39	2.37	2.34	2.32	2.30
10	2.67	2.60	2.54	2.49	2.45	2.41	2.38	2.35	2.32	2.30	2.27	2.25
11	2.63	2.57	2.51	2.46	2.41	2.37	2.34	2.31	2.28	2.26	2.24	2.22
12	2.60	2.53	2.48	2.42	2.38	2.34	2.31	2.28	2.25	2.23	2.20	2.18
13	2.58	2.51	2.45	2.40	2.35	2.31	2.28	2.25	2.22	2.20	2.18	2.15
14	2.55	2.48	2.42	2.37	2.33	2.29	2.26	2.22	2.20	2.17	2.15	2.13
15	2.53	2.46	2.40	2.35	2.31	2.27	2.23	2.20	2.18	2.15	2.13	2.11
16	2.51	2.44	2.38	2.33	2.29	2.25	2.21	2.18	2.16	2.13	2.11	2.09
17	2.50	2.43	2.37	2.32	2.27	2.23	2.20	2.17	2.14	2.11	2.09	2.07
18	2.48	2.41	2.35	2.30	2.26	2.22	2.18	2.15	2.12	2.10	2.08	2.05
19	2.47	2.40	2.34	2.29	2.24	2.20	2.17	2.14	2.11	2.08	2.06	2.04
20	2.46	2.39	2.33	2.28	2.23	2.19	2.16	2.12	2.10	2.07	2.05	2.03
21	2.45	2.38	2.32	2.26	2.22	2.18	2.14	2.11	2.08	2.06	2.04	2.01
22	2.44	2.37	2.31	2.25	2.21	2.17	2.13	2.10	2.07	2.05	2.02	2.00
23	2.43	2.36	2.30	2.24	2.20	2.16	2.12	2.09	2.06	2.04	2.01	1.99
24	2.42	2.35	2.29	2.24	2.19	2.15	2.11	2.08	2.05	2.03	2.01	1.98
25	2.41	2.34	2.28	2.23	2.18	2.14	2.11	2.07	2.05	2.02	2.00	1.97
26	2.41	2.33	2.27	2.22	2.17	2.13	2.10	2.07	2.04	2.01	1.99	1.97
27	2.40	2.33	2.27	2.21	2.17	2.13	2.09	2.06	2.03	2.00	1.98	1.96
28	2.39	2.32	2.26	2.21	2.16	2.12	2.08	2.05	2.02	2.00	1.97	1.95
29	2.39	2.31	2.25	2.20	2.15	2.11	2.08	2.05	2.02	1.99	1.97	1.95
30	2.38	2.31	2.25	2.19	2.15	2.11	2.07	2.04	2.01	1.98	1.96	1.94
31	2.38	2.30	2.24	2.19	2.14	2.10	2.07	2.03	2.00	1.98	1.95	1.93
32	2.37	2.30	2.24	2.18	2.14	2.10	2.06	2.03	2.00	1.97	1.95	1.93
33	2.37	2.29	2.23	2.18	2.13	2.09	2.06	2.02	1.99	1.97	1.94	1.92
34	2.36	2.29	2.23	2.17	2.13	2.09	2.05	2.02	1.99	1.96	1.94	1.92
35	2.36	2.28	2.22	2.17	2.12	2.08	2.05	2.01	1.98	1.96	1.93	1.91

(续)

n\m	25	26	27	28	29	30	31	32	33	34	35	36
1	4.24	4.23	4.21	4.20	4.18	4.17	4.16	4.15	4.14	4.13	4.12	4.11
2	3.39	3.37	3.35	3.34	3.33	3.32	3.30	3.29	3.28	3.28	3.27	3.26
3	2.99	2.98	2.96	2.95	2.93	2.92	2.91	2.90	2.89	2.88	2.87	2.87
4	2.76	2.74	2.73	2.71	2.70	2.69	2.68	2.67	2.66	2.65	2.64	2.63
5	2.60	2.59	2.57	2.56	2.55	2.53	2.52	2.51	2.50	2.49	2.49	2.48
6	2.49	2.47	2.46	2.45	2.43	2.42	2.41	2.40	2.39	2.38	2.37	2.36
7	2.40	2.39	2.37	2.36	2.35	2.33	2.32	2.31	2.30	2.29	2.29	2.28
8	2.34	2.32	2.31	2.29	2.28	2.27	2.25	2.24	2.23	2.23	2.22	2.21
9	2.28	2.27	2.25	2.24	2.22	2.21	2.20	2.19	2.18	2.17	2.16	2.15
10	2.24	2.22	2.20	2.19	2.18	2.16	2.15	2.14	2.13	2.12	2.11	2.11
11	2.20	2.18	2.17	2.15	2.14	2.13	2.11	2.10	2.09	2.08	2.07	2.07
12	2.16	2.15	2.13	2.12	2.10	2.09	2.08	2.07	2.06	2.05	2.04	2.03
13	2.14	2.12	2.10	2.09	2.08	2.06	2.05	2.04	2.03	2.02	2.01	2.00
14	2.11	2.09	2.08	2.06	2.05	2.04	2.03	2.01	2.00	1.99	1.99	1.98
15	2.09	2.07	2.06	2.04	2.03	2.01	2.00	1.99	1.98	1.97	1.96	1.95
16	2.07	2.05	2.04	2.02	2.01	1.99	1.98	1.97	1.96	1.95	1.94	1.93
17	2.05	2.03	2.02	2.00	1.99	1.98	1.96	1.95	1.94	1.93	1.92	1.92
18	2.04	2.02	2.00	1.99	1.97	1.96	1.95	1.94	1.93	1.92	1.91	1.90
19	2.02	2.00	1.99	1.97	1.96	1.95	1.93	1.92	1.91	1.90	1.89	1.88
20	2.01	1.99	1.97	1.96	1.94	1.93	1.92	1.91	1.90	1.89	1.88	1.87
21	2.00	1.98	1.96	1.95	1.93	1.92	1.91	1.90	1.89	1.88	1.87	1.86
22	1.98	1.97	1.95	1.93	1.92	1.91	1.90	1.88	1.87	1.86	1.85	1.85
23	1.97	1.96	1.94	1.92	1.91	1.90	1.88	1.87	1.86	1.85	1.84	1.83
24	1.96	1.95	1.93	1.91	1.90	1.89	1.88	1.86	1.85	1.84	1.83	1.82
25	1.96	1.94	1.92	1.91	1.89	1.88	1.87	1.85	1.84	1.83	1.82	1.81
26	1.95	1.93	1.91	1.90	1.88	1.87	1.86	1.85	1.83	1.82	1.82	1.81
27	1.94	1.92	1.90	1.89	1.88	1.86	1.85	1.84	1.83	1.82	1.81	1.80
28	1.93	1.91	1.90	1.88	1.87	1.85	1.84	1.83	1.82	1.81	1.80	1.79
29	1.93	1.91	1.89	1.88	1.86	1.85	1.83	1.82	1.81	1.80	1.79	1.78
30	1.92	1.90	1.88	1.87	1.85	1.84	1.83	1.82	1.81	1.80	1.79	1.78
31	1.91	1.89	1.88	1.86	1.85	1.83	1.82	1.81	1.80	1.79	1.78	1.77
32	1.91	1.89	1.87	1.86	1.84	1.83	1.82	1.80	1.79	1.78	1.77	1.76
33	1.90	1.88	1.87	1.85	1.84	1.82	1.81	1.80	1.79	1.78	1.77	1.76
34	1.90	1.88	1.86	1.85	1.83	1.82	1.81	1.79	1.78	1.77	1.76	1.75
35	1.89	1.87	1.86	1.84	1.83	1.81	1.80	1.79	1.78	1.77	1.76	1.75

参 考 文 献

［1］ 庞皓．计量经济学［M］．北京：科学出版社，2007．
［2］ 茆诗松，王静龙，濮晓龙．高等数理统计［M］．北京：高等教育出版社，2006．
［3］ 李子奈，潘文卿．计量经济学［M］．北京：高等教育出版社，2005．
［4］ 达摩达尔 N 古扎拉蒂，唐 C 波特．计量经济学基础［M］．费剑平，译．北京：中国人民大学出版社，2011．
［5］ 伍德里奇．计量经济学导论［M］．费剑平，译．北京：中国人民大学出版社，2010．
［6］ 何晓群，刘文卿．应用回归分析［M］．北京：中国人民大学出版社，2001．
［7］ 詹姆斯 H 斯托克，马克 W 沃森．计量经济学［M］．沈根祥，孙燕，译．上海：格致出版社，2012．
［8］ 达摩达尔 N 古扎拉蒂．经济计量学精要［M］．张涛，译．北京：机械工业出版社，2012．
［9］ Ａ Ｈ 施图德蒙德．应用计量经济学［M］．王少平，等译．北京：机械工业出版社，2007．
［10］ 张晓峒．计量经济学分析［M］．北京：经济科学出版社，2000．